L'ÉGLISE DE PARIS

SOUS LA COMMUNE

ABBEVILLE. — IMPRIMERIE BRIEZ, C. PAILLART ET RETAUX.

A. RASTOUL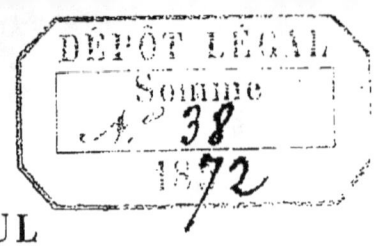

L'ÉGLISE DE PARIS

SOUS LA COMMUNE

PERSÉCUTIONS ET MARTYRS

(RÉCIT COMPLET)

PARIS

C. DILLET, LIBRAIRE-ÉDITEUR

15, RUE DE SÈVRES, 15

1871

PRÉFACE

De nombreux volumes ont déjà paru sur la Commune ; plusieurs de ces volumes ont de la valeur, mais ils ne s'occupent que très-secondairement de ce qui intéresse surtout les catholiques : la situation faite à l'Église de Paris par la Commune. A peine enregistrent-ils l'arrestation des principaux otages ecclésiastiques, la fermeture de quelques églises et de quelques écoles, les aberrations antichrétiennes de certains clubs et de certains personnages ; puis ils passent. Parfois même quelques commentaires peu bienveillants accompagnent leur récit sommaire.

Il y avait là une lacune, et mon but dans ce

volume, a été de la combler. Plusieurs ouvrages ont paru qui s'occupent spécialement des martyrs ; il y en a d'un mérite réel, ceux par exemple de M. l'abbé Perny, *Deux mois de captivité sous la Commune*, et de M. l'abbé Amodru, *La Roquette, journées de 24, 25, 26, 27 et 28 mai 1871*. Ce sont des témoins qui racontent ce qu'ils ont vu, ce qu'ils ont souffert, et qui racontent bien ; mais ils se bornent à faire connaître un épisode important de l'histoire de l'Église de Paris sous la Commune.

J'ai voulu faire un tableau fidèle et complet des actes dont l'Église de Paris a eu à souffrir. Pour cela, j'ai recueilli dans les récits des divers épisodes, dans les journaux, partout, un certain nombre de renseignements, autant que possible, j'ai laissé la parole aux témoins oculaires, me bornant à relier leurs récits. En agissant ainsi, je mettais les pièces sous les yeux du lecteur, et je ne risquais pas de faire disparaître cette émotion vraie que l'on trouve toujours dans le récit du témoin d'un événement et qui donne tant de prix aux livres de nos vieux chroniqueurs.

Je n'ai pas eu la prétention de faire une *histoire*, dans le sens ordinaire du mot ; le moment n'est pas encore venu, nous sommes trop voisins des événements ; et pour retracer dignement ces belles pages de l'histoire déjà si belle de l'Église de Paris, il faudrait une autre plume que la mienne. J'ai seulement essayé, en réunissant quelques feuillets épars de cette histoire, de faire un volume qui, tout en rappelant des souvenirs à la fois tristes et glorieux, console et édifie.

Puissé-je avoir réussi !

L'ÉGLISE DE PARIS

SOUS LA COMMUNE

LIVRE PREMIER

LES OTAGES

CHAPITRE PREMIER

Animosité du Comité central et de la Commune contre l'Église. — Excitations. — Lettre de Garibaldi. — Journaux de la Commune.

Dès ses débuts, la révolution du 18 mars se montra très-hostile à l'Église. Elle était à peine la maîtresse de Paris, que les prêtres se virent insultés et menacés ; beaucoup durent renoncer à porter l'habit ecclésiastique. Malgré ces insultes, malgré ces menaces qui permettaient de prévoir de bien mauvais jours, les prêtres et les religieux restèrent à leur poste, prenant à peine les précautions les plus indispensables. Ce sera une belle page dans l'histoire de l'Église de Paris que cette attitude de l'immense majorité du clergé (1).

L'animosité du Comité central et de la Commune contre l'Église est toute naturelle. Les habiles du parti révolutionnaire sont profondément convaincus, comme Proudhon, que la Révolution n'a qu'un seul adversaire sérieux, l'Église. La Révolution que M. Louis Blanc définit par ce mot si vague, le Progrès, n'est que la négation des droits de Dieu. Comment pourrait-elle triompher tant que l'Église restera libre, opposant ses affirmations aux négations révolutionnaires. Aussi, tout en inscrivant sur leur drapeau la liberté de conscience, les révolutionnaires habiles s'empressent de mettre la main sur l'Église. Quant aux dupes si nombreuses qui marchent derrière ces habiles et qui ne voient pas si loin, elles détestent instinctivement l'Église et, à force d'entendre les seuls journaux qu'elles lisent « aboyer à la soutane », elles finissent par être atteintes de prêtrophobie.

Du reste, si les meneurs et les menés avaient eu besoin de nouvelles excitations, elles ne leur auraient pas fait défaut. Quelques jours après le triomphe du 18 mars, Garibaldi, « le héros des deux mondes », adressait à ses concitoyens, pour les remercier de leurs félicitations à l'occasion de sa fête, les paroles suivantes:

---

(1) Pendant que nos prêtres étaient menacés et incarcérés, les cultes dissidents n'étaient nullement inquiétés, même aux plus mauvais jours du Comité de salut public. « Je suis honteuse de l'exception que la Commune fait en notre faveur », disait une dame protestante qui appartenait à l'école de M. Guizot et n'avait pas oublié que l'un des signes auxquels se reconnaît l'Église de Jésus-Christ, c'est la persécution.

« L'affection de mes concitoyens m'enhardit à donner le conseil que l'on doit abattre *en définitive* (1) ces simulacres de la boutique de la prêtraille et de substituer par exemple au saint Joseph des prêtres le très-grand nom de Dante dans le calendrier de l'Italie civilisée et respectée. »

Ces platitudes enthousiasmaient le *Movimento* et lui arrachaient cette exclamation :

« Bon est le conseil et grande est l'autorité de l'homme qui le donne. Mais nous doutons que cette parole l'emporte sur une habitude devenue une deuxième nature. Le général Garibaldi dépasse son siècle ; il marche à pas de géants, tandis que la foule n'avance que comme le limaçon. »

Et le ridicule enthousiasme du *Movimento* trouvait de l'écho non-seulement auprès des feuilles de la Commune, non-seulement auprès du *Rappel* que la poltronnerie de ses rédacteurs condamnait à forcer la note révolutionnaire, mais même chez des feuilles qui, comme le *National*, faisaient une assez vive opposition à la Commune. Déjà cependant (c'était le 28 mars) le caractère anti-social de la Révolution s'était affirmé, l'Église était menacée, et l'on excitait des gens trop disposés à « abattre la boutique de la prêtraille » à « marcher à pas de géants » sur les traces de Garibaldi. Ah ! honnêtes gens qui vous prétendez immaculés

---

(1) Lisez *définitivement* : ce qui n'est pas synonyme d'en définitive, quoi qu'en puisse croire le *National*, ce rival du *Siècle* en prêtrophobie et en cacographie

et qui montrez de si beaux étonnements lorsque, à force de souffler la haine, vous avez fait couler le sang, que feriez-vous donc si vous ne craigniez pas de voir le clocher de l'Église écraser en tombant le toit de votre maison.

Les journaux rouges n'étaient pas en reste d'excitations, mais les premiers jours ils s'occupaient surtout de M. Thiers et de ses « ruraux » ; ils laissaient les prêtres un peu tranquilles. Le 31 mars, M. Jules Vallès disait dans son *Cri du peuple :* « La garde nationale, en cas de besoin, saura retrouver son Maillard et ramener les vendeurs de patrie, dans la charrette du peuple. »

Cette délicate allusion aux massacres de Versailles en 1792 était, sinon dépassée, au moins égalée par ce décret du *Vengeur,* organe de Félix Pyat :

« A partir de ce jour (31 mars), pour Paris et les villes libres de France, pour la Commune de Paris et les Communes fédérées avec elle, l'Assemblée dite nationale siégeant à Versailles est considérée comme dissoute, ses actes comme non avenus ;

« Ses membres, tenus pour insurgés et traités comme tels dans la Commune de Paris et dans les Communes fédérées ;

« Les gardes nationales des Communes fédérées sont chargées de l'exécution du présent décret. »

Enfin, le *Père Duchêne* adressait à la Commune la sommation suivante :

« Dispersez au souffle de vos colères cette Chambre

de factieux qui, après avoir souscrit à la honte de la France, conspire maintenant la mort de la République.

« Dispersez-la !

« Sommez-la de se dissoudre !

« Écrasez-la, si elle résiste !

« Vous êtes la force, mais seulement parce que vous êtes le droit !

« Ayez conscience de vous-mêmes, et nous ne vous abandonnerons pas !

« Nous serons avec vous quand même !

« Nous irons tout droit aux factieux de Versailles.

« Et s'ils n'obéissent point à la première de vos sommations, envoyez contre eux la moitié des patriotes, amis de la Commune.

« Le soir même, cent mille de nos baïonnettes luiront autour du théâtre de Versailles ! »

CHAPITRE DEUXIÈME

Premières hostilités. — Fureur de la Commune. — Mise en accusation des ministres. — Séparation de l'Église et de l'État et confiscation des biens de main-morte. — Explications du *Journal officiel*. — Les chouans de Charette ; articles des journaux de la Commune. — Proclamation du Comité central. — Le talion. — Proclamation et décret relatifs aux otages. — Les permis de circulation.

La Commune ne pouvait résister à une pression si forte de marcher sur Versailles; ce projet, du reste, lui souriait. Habitués à voir la France accepter humblement les révolutions que Paris lui envoie par le télégraphe, la plupart de ses membres étaient surpris de trouver de la résistance, et ils espéraient en avoir facilement raison. Ce qui s'était passé le 18 mars était fait pour les encourager. Pourquoi les soldats de Versailles ne mettraient-ils pas la crosse en l'air comme le 88e à Montmartre?

Donc le 2 avril, un détachement assez fort de fédérés passa la Seine et alla s'établir à Courbevoie. On ne lui laissa pas le temps de se fortifier et il fut rejeté sur Neuilly, après avoir éprouvé des pertes assez sérieuses.

On sait maintenant que le combat commença par un assassinat ; un médecin de la gendarmerie, envoyé en parlementaire, fut tué à bout portant par un fédéré.

Cette défaite, qui leur faisait perdre l'espoir d'un triomphe facile, jeta les membres de la Commune dans une profonde irritation et le soir la Commission exécutive fit afficher la proclamation suivante où, intervertissant les faits, elle se présente comme ayant été attaquée, tandis qu'elle avait commencé la guerre civile.

« A LA GARDE NATIONALE DE PARIS

« Les conspirateurs royalistes ont *attaqué*.

« Malgré la modération de notre attitude, ils ont *attaqué*.

« Ne pouvant plus compter sur l'armée française, ils ont *attaqué* avec les zouaves pontificaux et la police impériale.

« Non contents de couper les correspondances avec la province et de faire de vains efforts pour nous réduire par la famine, ces furieux ont voulu imiter jusqu'au bout les Prussiens et bombarder la capitale.

« Ce matin, les chouans de Charette, les Vendéens de Cathelineau, les Bretons de Trochu, flanqués des gendarmes de Valentin, ont couvert de mitraille et d'obus le village inoffensif de Neuilly et engagé la guerre civile avec nos gardes nationaux.

« Il y a eu des morts et des blessés.

« Élus par la population de Paris, notre devoir est de

défendre la grande cité contre ces coupables agresseurs. Avec votre aide, nous la défendrons.

« Paris, 2 avril 1871.

« *La Commission exécutive,*

« BERGERET, EUDES, DUVAL, LE-FRANÇAIS, FÉLIX PYAT, G. TRIDON, E. VAILLANT. »

Ce mot, *attaqué*, trois fois répété et mis en lettres italiques, montre de quelles illusions se berçait la Commune.

Le lendemain, le décret suivant paraissait au *Journal officiel* de la Commune :

« Considérant que les hommes du gouvernement de Versailles ont ordonné et commencé la guerre civile, attaqué Paris, tué et blessé des gardes nationaux, des soldats de la ligne, des femmes, des enfants ;

« Considérant que ce crime a été commis avec préméditation et guet-apens, contre tout droit et sans provocation ;

« La Commune de Paris décrète :

« Art. 1er. MM. Thiers, Favre, Picard, Dufaure, Simon et Pothuau sont mis en accusation.

« Art. 2. Leurs biens seront saisis et mis sous séquestre, jusqu'à ce qu'ils aient comparu devant la justice du peuple.

« Les délégués de la justice et de la sûreté générale sont chargés de l'exécution du présent décret. »

Ce décret était suivi au *Journal officiel* d'un second décret que voici :

« La Commune de Paris,

« Considérant que le premier des principes de la République française est la liberté ;

« Considérant que la liberté de conscience est la première des libertés ;

« Considérant que le budget des cultes est contraire au principe, puisqu'il impose les citoyens contre leur propre foi ;

« Considérant, en fait, que le clergé a été le complice des crimes de la monarchie contre la liberté,

« Décrète :

« Art. 1er. L'Église est séparée de l'État.

« Art. 2. Le budget des cultes est supprimé.

« Art. 3. Les biens dits de main-morte, appartenant aux congrégations religieuses, meubles et immeubles, sont déclarés propriétés nationales.

« Art. 4. Une enquête sera faite immédiatement sur ces biens, pour en constater la nature et les mettre à la disposition de la nation. »

Le deuxième décret était encore plus injuste que le premier, auquel on pouvait à la rigueur trouver un semblant d'excuse dans l'état de lutte où se trouvait la Commune contre le Gouvernement de Versailles. Mais de quel droit prononcer la séparation de l'Église et de l'État, supprimer le budget des cultes et déclarer « propriétés nationales » les biens de main-morte, alors qu'il n'en existait plus depuis longtemps? Toutes ces observations furent faites dans un article très-modéré de l'*Univers* :

« Le décret pour la confiscation des biens appartenant aux congrégations religieuses, disait ce journal dans son numéro du 4 avril, a paru ce matin ; il n'a surpris personne. N'eût-il pas été annoncé, on savait bien que la Commune ne pouvait manquer de le rendre. Seulement on la croyait capable de le libeller autrement. Le décret parle de biens de *main-morte* ; la Commune ne sait donc pas qu'il n'y en a plus du tout, et que les biens des congrégations religieuses payent, comme tous les autres, les droits de mutation ? Le décret reconnaît que les biens en question *appartiennent* aux congrégations, comment alors peut-il les *déclarer propriétés nationales* ? C'est dire en même temps qu'ils appartiennent à la nation et qu'ils ne lui appartiennent pas, à moins toutefois que la Commune n'admette ce principe que la nation a le droit de s'attribuer la propriété de tous les biens, meubles et immeubles, de main-morte ou autres, et d'en dépouiller ceux qui les possèdent quand cela lui plaît. C'était le principe des vieux légistes gallicans, qui l'avaient pris aux légistes césariens, et il est bien possible que la Commune l'adopte. En ce cas, elle aurait dû le dire et parler clairement. Il serait bon de savoir quelle est la doctrine de la Commune sur le droit de propriété.

« Du reste, quand on admettrait que la nation est propriétaire de tous les biens meubles et immeubles, et qu'elle peut toujours en disposer suivant son bon plaisir, il ne s'ensuivrait pas que la Commune eût ce même droit, à moins qu'elle ne prétende, ce qui est encore possible, que toute commune est ainsi maîtresse de tous les biens compris dans son ressort. Mais cela même n'explique pas les termes du nouveau décret. Il faut qu'en sa qualité de commune-capitale, la Commune de Paris soit investie de tous les droits de la nation. Elle avait pourtant déclaré qu'elle ne s'attribuait qu'un pouvoir purement municipal. Elle a sans doute changé d'avis, car son décret est général et ne fait aucune distinction entre les biens des congrégations situés à Paris et les autres.

« Sur ce point, les premiers articles du décret ne peuvent laisser aucune incertitude. La Commune ne dit pas : les allocations que fait ou pourrait faire la ville de Paris pour l'entretien et les besoins du culte sont supprimées; elle dit : *le budget des cultes est supprimé*. Elle ne dit pas : l'Église est séparée de la Commune de Paris ; elle dit : *l'Église est séparée de l'État*.

« Ne demandons pas de quel droit elle confisque les biens des congrégations religieuses et le budget de l'Église, dette sacrée de la nation reconnue par la nation ? Elle répond : Tout ce qui est dans l'État appartient à l'État ; or, *l'État, c'est moi*. Dans la bouche de Louis XIV le mot pouvait paraître intolérable, mais dans la bouche des illustres citoyens de la Commune, c'est bien différent. »

La Commune, du reste, ne se dissimulait pas l'illégalité de son décret sur les « biens de main-morte » ; mais elle détestait l'Église et prenait la première occasion venue pour la frapper. C'est en partie pour justifier cette manière d'agir qu'on voit apparaitre dès le premier combat « les chouans de Charette, les Vendéens de Cathelineau, les Bretons de Trochu » ; les mesures prises contre l'Église deviennent des représailles de bonne guerre. La Commune l'expliquait elle-même ainsi, dans une longue proclamation destinée à faire comprendre sa conduite, et où on lit, après une violente attaque contre les membres du Gouvernement de Versailles :

« Mais si les plus coupables, les plus responsables sont ceux qui dirigent, il y a des coupables aussi, des responsables parmi ceux qui exécutent. Il y a surtout ce parti du passé qui, pendant la guerre, mettait sa valeur au service de ses priviléges et de ses traditions, bien plus qu'au service de la France, qui en combattant ne pouvait défendre notre patrie, puisque, depuis 89, notre patrie, ce n'est pas seulement la vieille terre natale, mais aussi les conquêtes politiques, civiles et morales de la Révolution.

« Ces hommes loyaux peut-être, mais fanatiques à coup sûr, se sont réunis sans honte aux bandes policières. Ils sont atteints dans leur parti d'après cette loi fatale de solidarité à laquelle nul n'échappe. La mesure qui les frappe n'est d'ailleurs que le retour aux principes de la Révolution française, en dehors de laquelle ils se sont toujours placés. C'est une rupture que devait amener tôt ou tard la logique de l'idée.

« Leur alliance avec le pouvoir bâtard qui nous combat n'est, en effet, au point de vue de leur croyance et de leurs intérêts, que le devoir et la nécessité même.

Rebelles à une conception de la justice qui dépasse leur foi, c'est à la Révolution, à ses principes, à ses conséquences qu'ils font la guerre. Ils veulent écraser Paris, parce qu'ils pensent du même coup écraser la pensée, la science libres ; parce qu'ils espèrent substituer au travail joyeux et consenti la dure corvée subie par l'ouvrier résigné, par l'industriel docile, pour entretenir dans sa fainéantise et dans sa gloire leur petit monde de supérieurs. »

La conclusion était facile à tirer: les «. chouans de Charette » nous combattent, nous leur répondons par la confiscation des « biens de main-morte ».

En même temps, et comme si elles obéissaient à un mot d'ordre, toutes les feuilles communeuses attaquaient à l'envi les zouaves pontificaux comme s'ils avaient été, avec les sergents de ville et les gendarmes, les seuls adversaires des fédérés.

Écoutons d'abord la *Commune*, du citoyen Duchesne :

« Ils nous ont attaqués pour la seconde fois, ces esclaves de la monarchie.

« Ils ont lancé contre nous les sacristains idiots de Charette et la tourbe immonde des ex-agents de Pietri. »

L'*Affranchi*, auquel la position officielle de Paschal Grousset, délégué aux relations extérieures, donne de l'importance, n'est ni moins affirmatif, ni moins vif ; voici ce qu'il dit dans un article signé de son rédacteur en chef:

« Les papalins et autres nourrissons des prêtres ont été les premiers à l'attaque de Paris.

« Paris leur répond en reprenant les biens immobilisés par les prêtres et en supprimant le budget des cultes.

« Guerre à mort. Constatons-le, c'est la monarchie qui a tiré la première.

« Mais le sabre tiré, que Paris ne s'arrête plus.

« Qu'il accepte jusqu'au bout la mission qui est son honneur et sa raison d'être, et devant laquelle un instant il a songé à se dérober.

« Qu'il en finisse, d'un coup, avec ce Passé impitoyable qui se dresse à chaque pas, menaçant et railleur en face de l'Avenir.

« Qu'il écrase à jamais cette Réaction avide, à laquelle il abandonnait lâchement une proie, et qui ne s'en contente pas.

« Qu'il ne recule devant rien pour assurer sa victoire.

« Paschal Grousset. »

Félix Pyat, membre de la Commission exécutive, n'était pas un moins éminent personnage que le délégué aux relations extérieures ; son *Vengeur* avait même plus d'influence que l'*Affranchi :* seulement il ne payait que rarement de sa personne et c'est un de ses séides qui vient accuser les zouaves et demander qu'il n'y ait « pas de pitié » pour eux.

« Nous allons rompre une bonne fois, dit-il, je l'espère bien, avec la tradition magnanime et *pitoyable* (1)

---

(1) Pitoyable n'a jamais eu le sens de généreux et jure à côté de magnanime ; du reste, le mot est autrement vrai que ne le voudrait le *Vengeur,* la tradition révolutionnaire est bien réellement pitoyable.

du passé. Toujours, à l'heure de ses triomphes, la Révolution a commis cette faute énorme de dédaigner ses adversaires. Au lieu d'écraser, d'un coup de pied vigoureux, la tête sifflante du reptile, elle l'a laissé ramper jusqu'à son trou, s'y refaire et revenir la mordre au talon...

« *Pas de pitié !*

« Pas de pitié pour Favre, le pleurard, qui, la bouche écumante de fiel et de mensonge, a demandé la destruction de la Cité-Reine ; pas de pitié pour Vinoy, chef de brigands, condottière infâme qui promet à sa troupe le sac de Paris ; pas de pitié pour Thiers, artisan de massacre et de guerre civile.

« Pas de pitié non plus pour les chouans de Charette et de Cathelineau, brutes féroces, dogues à la gueule baveuse et sanguinolente, qui combattent stupidement, excités par un maître prudemment caché (1).

« Pas de pitié non plus pour les sergents de ville et les gendarmes, — argousins sinistres, chevaliers du revolver et du casse-tête, — qui, furieux de ne pouvoir plus nous tyranniser comme sous l'empire, se vengent en martyrisant nos braves gardes nationaux, les éventrent, les attachent, en attendant de les fusiller, à la queue de leurs chevaux...

« Pour ces gens-là, pas de pitié !....

« Il faut écheniller l'arbre, balayer le sol, nettoyer la

---

(1) Un maître prudemment caché ! Comme ce reproche va bien dans le journal de Félix Pyat, qui a su si bien se « cacher », lorsque tant de malheureux se faisaient tuer.

place, pour établir sur une base solide, inébranlable, l'édifice glorieux de notre jeune Révolution.

« HENRI BELLENGER. »

Le *Père Duchêne* fait une exception dans une certaine mesure ; il se préoccupe beaucoup moins d'incriminer les zouaves pontificaux, que de ramener « quatre-vingt-treize ».

« *Quatre-vingt-treize*, entendez-vous !

« C'est 93 qui vient pour vous, tas de jean-f.... qui, depuis que vous avez f.... les pieds dans cette sacrée boutique à trahisons, avez vendu la France et renié la République !

« Bouclez vos malles, chenapans, peureux, couards et crétins, qui insultez de loin la Révolution qui vous fait fuir dès que vous l'entendez gronder !

« Faites vos paquets ; commandez au plus vite à votre petit foutriquet une escouade de roussins pour protéger votre retraite :

« Il n'est que temps !

« Vite, vite ! vous n'avez plus un instant à perdre !

« Car vous pourriez bien rencontrer en chemin le Père Duchêne.

« Et, f....! gare à vous ! »

Il n'est pas jusqu'aux journaux indécis, ne sachant pas encore s'ils doivent se donner à la Commune, qui ne fassent leur partie dans ce concert. Ainsi, la *Vérité* annonce gravement que « les troupes de Charette ont combattu sous le drapeau blanc, et que chaque soldat a sur sa poitrine un cœur de Jésus en drap blanc sur lequel on lit ces mots : « Arrête! le cœur de Jésus est là! » Et, le même jour, la *Vérité* publiait une correspondance de Versailles où on lui disait que ni les zouaves de Charette, ni les volontaires de Cathelineau n'étaient arrivés. Mais il fallait bien faire plaisir à la Commune et soigner la clientèle.

Ce n'était pas exclusivement pour justifier le décret de confiscation, que la Commune et ses adhérents insistaient tellement sur les zouaves pontificaux ; ils avaient un autre motif, plus sérieux. Les fédérés, surtout au commencement, avant d'avoir subi l'entraînement de la lutte, se souciaient médiocrement de s'exposer. Si on leur avait dit : vous allez avoir en face de vous 100,000 soldats bien armés, bien exercés, bien commandés, la plupart auraient hésité. En leur parlant toujours des gendarmes, des sergents de ville, des zouaves pontificaux, on avait le double avantage de les exciter et de les rassurer. Ils restaient convaincus qu'ils n'avaient à faire qu'à un nombre restreint d'adversaires, dont ils finiraient bien par triompher, surtout si, comme on le leur faisait espérer, la troupe de ligne se mettait de leur côté.

Maintenant, comment se laissaient-ils prendre à un mensonge aussi persistant? Comment le nombre toujours croissant de leurs adversaires ne leur montrait-il pas qu'ils avaient devant eux toute l'armée? C'est ce que je ne me chargerai pas d'expliquer, je dirai seulement que le 24 mai, lorsque déjà plus de la moitié de Paris était entre les mains des troupes, il se trouvait encore des fédérés pour croire l'armée prise entre deux feux par suite d'un mouvement tournant de Dombrowski.

Pour en finir avec cette question des zouaves pontificaux, voici une note sur leur rôle qui ne laisse rien à désirer sous le rapport de la précision :

« Les journaux de la Commune de Paris, les chefs des insurgés, dans leurs proclamations, se plaisent à répéter sans cesse que leurs adversaires sont les zouaves pontificaux. Ils voudraient ainsi faire croire à leurs adeptes qu'ils n'ont rien à redouter de l'armée française et exciter en même temps les haines révolutionnaires déjà si ardentes contre les héroïques soldats du Pape devenus de glorieux soldats de la France.

« Les zouaves pontificaux sont, à coup sûr, prêts à défendre tous les grands intérêts sociaux menacés par les douloureux événements de Paris ; mais du moment où l'insurrection se sert de leur nom pour tromper l'opinion publique, il importe de prouver une fois de plus que le mensonge est son arme favorite.

« Les zouaves pontificaux n'ont pas encore eu le devoir pénible d'intervenir dans nos luttes intestines ; ils sont actuellement concentrés à Rennes, où le général de Charette s'occupe activement de compléter leur effectif. »

Les échecs du 3 et du 4 mars, la mort des généraux Duval et Flourens (1) avaient diminué l'ardeur des

---

(1) La mère de Flourens avait fait réclamer le corps de son fils et l'avait fait enterrer chrétiennement ; cela déplut à Félix

fédérés. Le Comité central, l'auteur de la révolution du 18 mars qui était resté constitué malgré sa promesse de se dissoudre après l'installation de la Commune, crut devoir intervenir, et il adressa aux citoyens de Paris une proclamation des plus violentes.

« Ce qui se passe en ce moment, disait-il, est l'éternelle histoire des criminels cherchant à se soustraire au châtiment en commettant un dernier crime qui leur permette de régner impunis, par l'épouvante !

« Ils sont une poignée de parjures, de traîtres, de faussaires et d'assassins, qui veulent noyer la justice dans le sang.

« La guerre civile est leur dernière chance de salut ; ils la déchaînent : qu'ils soient mille fois maudits et qu'ils périssent !

« Citoyens de Paris, nous voici revenus aux grands jours de sublime héroïsme et de vertu suprême ! Le bonheur du pays, l'avenir du monde entier sont dans vos mains. C'est la bénédiction ou la malédiction des générations futures qui vous attendent.

« Travailleurs, ne vous y trompez pas : c'est la grande lutte, c'est le parasitisme et le travail, l'exploitation et la production, qui sont aux prises.

Pyat et, sans respect pour la douleur d'une mère, le *Vengeur* du 9 avril publia les lignes suivantes :
« Avant-hier, une mère catholique, peu soucieuse des convictions philosophiques d'un fils qui avait vécu en libre-penseur et qui était mort au service de la cause démocratique, assassiné par les séides du trône et de l'autel, a infligé à sa dépouille mortelle l'ignominie du cortége d'un prêtre catholique, d'un ministre de cette religion dont son fils s'était déclaré l'implacable adversaire ! »

« Si vous êtes las de végéter dans l'ignorance et de croupir dans la misère ;

« Si vous voulez que vos enfants soient des hommes ayant le bénéfice de leur travail, et non des sortes d'animaux dressés pour l'atelier ou pour le combat, fécondant de leurs sueurs la fortune d'un exploiteur ou répandant leur sang pour un despote ; si vous ne voulez plus que vos filles, que vous ne pouvez élever et surveiller à votre gré, soient des instruments de plaisir aux bras de l'aristocratie d'argent ;

« Si vous ne voulez pas que la débauche et la misère poussent les hommes dans la police et les femmes à la prostitution ; si vous voulez enfin le règne de la justice, travailleurs, soyez intelligents, debout! et que vos fortes mains jettent sous vos talons l'immonde réaction. »

En même temps, et pour exciter l'indignation des fédérés, les colonnes des journaux étaient remplies des récits des horribles cruautés commises par les Versaillais ; ici c'était un pensionnat de jeunes filles, qu'un obus décimait au moment où elles sortaient de l'église de Neuilly ; là c'étaient des femmes, des enfants qui étaient assassinés par des sergents de ville ; ailleurs, c'était un bataillon qui mettait la crosse en l'air, s'approchait des gardes nationaux sans défiance et faisait feu à bout portant, etc. Plus le récit était odieux et invraisemblable, plus il était colporté. Ces hideuses excitations portaient leur fruit et préparaient à cette fameuse loi des otages, dont l'*Affranchi*, le journal de

Paschal Grousset, donna l'idée dans un article intitulé le *Talion* et daté du 4 mars :

« Les gens de Versailles, écrivait-il, assassinent les prisonniers républicains et mutilent d'une manière horrible les cadavres.

« OEil pour œil, dent pour dent !

« Les portes de Paris sont fermées.

« Nul ne peut sortir de la ville.

« Nous avons en main des otages.

« Que la Commune rende un décret, que les hommes de la Commune agissent.

« A chaque tête de patriote que Versailles fera tomber, qu'une tête de bonapartiste, d'orléaniste, de légitimiste de Paris roule comme réponse.

« Allons ! soit ! Versailles le veut.

« La terreur ! »

Ces lignes étaient signées Olivier Pain.

C'était le 4 que l'*Affranchi* exposait ainsi la théorie des otages, et le 5 la Commune mettait cette théorie en pratique. Ce n'est pas la seule fois que semblable coïncidence s'est présentée et l'on est fondé à croire que la Commune se faisait ainsi suggérer les idées qu'elle avait l'intention de mettre en pratique ; elle avait l'air de céder à l'opinion.

Le 6 avril, le *Journal officiel* s'ouvrait par cette proclamation :

« Citoyens,

« Chaque jour les bandits de Versailles égorgent ou

fusillent nos prisonniers, et pas d'heure ne s'écoule sans nous apporter la nouvelle d'un de ces assassinats.

« Les coupables, vous les connaissez ; ce sont les gendarmes et les sergents de ville de l'empire, ce sont les royalistes de Charette et de Cathelineau qui marchent contre Paris au cri de : Vive le roi ! et le drapeau blanc en tête.

« Le gouvernement de Versailles se met en dehors des lois de la guerre et de l'humanité, force nous sera d'user de représailles.

« Si, continuant à méconnaître les conditions habituelles de la guerre entre peuples civilisés, nos ennemis massacrent encore un seul de nos soldats, nous répondrons par l'exécution d'un nombre égal ou double de prisonniers.

« Toujours généreux et juste même dans sa colère, le peuple abhorre le sang comme il abhorre la guerre civile, mais il a le devoir de se protéger contre les attentats sauvages de ses ennemis et, quoi qu'il lui en coûte, il rendra œil pour œil et dent pour dent.

« Paris, le 5 avril 1871.

« *La Commune de Paris.* »

La proclamation était suivie d'un décret qui ne laissait rien à désirer.

« La Commune de Paris,

« Considérant que le gouvernement de Versailles foule ouvertement aux pieds les droits de l'humanité comme ceux de la guerre ; qu'il s'est rendu coupable d'horreurs dont ne se sont même pas souillés les envahisseurs du sol français ;

« Considérant que les représentants de la Commune de Paris ont le devoir impérieux de défendre l'honneur et la vie des deux millions d'habitants qui ont remis entre leurs mains le soin de leurs destinées ; qu'il importe de prendre sur l'heure toutes les mesures nécessitées par la situation ;

« Considérant que des hommes politiques et des magistrats de la cité doivent concilier le salut commun avec le respect des libertés publiques,

« Décrète :

« Art. 1er. Toute personne prévenue de complicité avec le gouvernement de Versailles sera immédiatement décrétée d'accusation et incarcérée.

« Art. 2. Un jury d'accusation sera institué dans les vingt-quatre heures pour connaître des crimes qui lui seront déférés.

« Art. 3. Le jury statuera dans les quarante-huit heures.

« Art. 4. Tous accusés retenus par le verdict du jury d'accusation seront les ôtages du peuple de Paris.

« Art. 5. Toute exécution d'un prisonnier de guerre ou d'un partisan du gouvernement régulier de la Commune de Paris sera, sur-le-champ, suivie de l'exécution d'un nombre triple des ôtages retenus en vertu de l'art. 4, et qui seront désignés par le sort.

« Art. 6. Tout prisonnier de guerre sera traduit devant le jury d'accusation, qui décidera s'il sera immédiatement remis en liberté ou retenu comme otage. »

Et pour que les portes de la ville restent « fermées » sur les ôtages qu'on « avait en main », il était interdit de sortir de Paris sans un permis de circulation. Les permis s'obtenaient à l'ex-préfecture de police, mais un arrêté du citoyen Raoul Rigault faisait savoir à ceux qui iraient en demander que, s'ils étaient soupçonnés de vouloir se soustraire au service de la garde nationale ou d'avoir des rapports avec Versailles, ils seraient arrêtés séance tenante et détenus jusqu'à ce que le jury d'accusation ait statué sur leur sort.

CHAPITRE TROISIÈME

Mesures législatives de la Commune. — Décret pour la liberté individuelle. — Première cour martiale ; procédure et pénalité. — Commission d'enquête pour visiter les prisonniers. — Décret sur le jury d'accusation. — Le secret. — Calomnies de la Commune. — Les commissions exécutives et les comités de salut public. — Mesures terroristes. — Proposition du citoyen Urbain. — Jurys d'accusation. — Avis pour les matières incendiaires. — Liste des otages à exécuter.

Le jury d'accusation institué par la Commune dans son décret sur les otages devait être formé immédiatement ; il semblait naturel qu'on s'empressât de donner aux détenus qui devenaient chaque jour plus nombreux (chaque garde national pouvant se passer la fantaisie d'arrêter quelqu'un), l'apparence de garantie qu'on leur promettait. Il n'en fut pas ainsi et la Commune se contenta, par un décret qu'elle fit attendre plus de huit jours, de remettre au délégué à la justice le soin « d'interroger l'individu arrêté et de le faire écrouer » ou relâcher.

Voici le texte du décret rendu à cet effet :

« La Commune de Paris,

« Considérant que s'il importe pour le salut de la République que tous les conspirateurs et les traîtres soient mis dans l'impossibilité de nuire, il n'importe pas moins d'empêcher tout acte arbitraire ou attentatoire à la liberté individuelle,

« Décrète :

« Art. 1ᵉʳ. Toute arrestation devra être notifiée immédiatement au délégué de la Commune à la justice, qui interrogera ou fera interroger l'individu arrêté, et le fera écrouer dans les formes régulières, s'il juge que l'arrestation doit être maintenue.

« Art. 2. Toute arrestation qui ne serait pas notifiée dans les vingt-quatre heures au délégué de la justice sera considérée comme une arrestation arbitraire, et ceux qui l'auront opérée seront poursuivis.

« Art. 3. Aucune perquisition ou réquisition ne pourra être faite qu'elle n'ait été ordonnée par l'autorité compétente ou ses organes immédiats, porteurs de mandats réguliers, délivrés au nom des pouvoirs constitués par la Commune.

« Toute perquisition ou réquisition arbitraire entraînera la mise en arrestation de ses auteurs.

« Paris, le 14 avril 1871. »

Les garanties données à la liberté individuelle par ce décret étaient dérisoires ; les détenus se trouvaient à la merci d'un seul homme et cet homme était le citoyen Protot, l'homme selon le cœur du *Père Duchêne*. Le délégué à la justice, qui se heurtait d'ailleurs au délégué à la sûreté générale Raoul Rigault, toujours disposé à trouver les arrestations trop peu nombreuses, ne s'occupa pas des otages et se borna à faire mettre en liberté un certain nombre d'individus arrêtés avant le 18 mars pour délits de droit commun. Quant à l'art. 2 du décret du 14 mars qui menaçait de poursuites les auteurs d'arrestations arbitraires, il resta à l'état de lettre morte; pendant toute la durée de la Commune, le premier garde national venu était libre d'arrêter qui il voulait, et jamais ses excès de zèle ne lui attiraient le moindre reproche, à moins qu'il ne fût tombé sur un haut personnage de la Commune ou du Comité central.

Le premier tribunal régulier fut établi par le citoyen Cluseret, délégué à la guerre; c'était une cour martiale composée du colonel Rossel, président, du colonel Henry, du colonel Razoua, du lieutenant-colonel Collet, du colonel Chardon, et du lieutenant Boursier, membre du Comité central.

Cette cour martiale, formée le 16 avril à cause « des nécessités de la guerre » et « en présence de l'impossibilité de traduire devant les conseils des légions, qui n'existent pas encore, les cas exceptionnels qui exigent une répression immédiate », avait une procédure sommaire ainsi réglée par un arrêt en date du 17 avril :

« TITRE Ier. — *De la procédure devant la cour martiale.*

« Art. 1er. La police judiciaire martiale est exercée par tous magistrats, officiers ou délégués, procédant de l'élection, dans l'exercice des fonctions que leur assigne leur mandat.

« Art. 2. Les officiers de police judiciaire reçoivent en cette qualité les dénonciations et les plaintes qui leur sont adressées.

« Ils rédigent les procès-verbaux nécessaires pour constater le corps du délit et l'état des lieux. Ils reçoivent les déclarations des personnes présentes ou qui auraient des renseignements à donner.

« Ils se saisissent des armes, effets, papiers et pièces tant à charge qu'à décharge, et, en général, de tout ce qui peut servir à la manifestation de la vérité.

« Art. 3. Ils sont autorisés à faire saisir les inculpés, les font conduire immédiatement à la prison du Cherche-Midi, et dressent procès-verbal de l'arrestation, en y consignant les noms, qualités et signalement des inculpés.

« Art. 4. Les officiers de police judiciaire martiale ne peuvent s'introduire dans une maison particulière, si ce n'est avec l'assistance du juge de paix ou de son suppléant, ou du maire, ou d'un adjoint, ou du commissaire de police.

« Art. 5. Chaque feuillet du procès-verbal, dressé par un officier de police judiciaire martiale, est signé par lui et par les personnes qui y ont assisté.

« Art. 6. Les actes et procès-verbaux dressés par les officiers de police judiciaire martiale sont transmis sans délai, avec les pièces et documents, à la cour martiale.

« Art. 7. La poursuite des crimes et délits a lieu d'office, d'après les rapports, actes ou procès-verbaux dressés conformément aux articles précédents.

« Art. 8. La cour désigne pour l'information soit un de ses membres, soit un rapporteur qu'elle choisit : l'information a lieu d'urgence et sans aucun délai.

« Art. 9. L'accusé est défendu.

« Le défenseur, choisi par l'accusé ou désigné d'office, a droit de communiquer avec l'accusé ; il peut prendre, sans déplacement, communication des pièces de la procédure.

« Art 10 Les séances sont publiques.

« Art. 11. Le président a la police des audiences, les assistants sont sans armes.

« Les crimes ou délits commis à l'audience sont jugés séance tenante.

« Art. 12. Le président fait amener l'accusé.

« Art. 13. Le président fait lire par le greffier les pièces dont il lui parait nécessaire de donner connaissance à la cour.

« Art. 14. Le président fait appeler ou amener toute personne dont l'audition paraît nécessaire ; il peut aussi faire apporter toute pièce qui lui paraît utile à la manifestation de la vérité.

« Art. 15. Le président procède à l'interrogatoire de l'accusé et reçoit les dépositions des témoins.

« Le rapporteur est entendu.

« L'accusé et son défenseur sont entendus ; ils ont la parole les derniers.

« Le président demande à l'accusé s'il n'a rien à ajouter pour sa défense, et déclare que les débats sont terminés.

2.

« Art. 16. La culpabilité est résolue à la majorité des membres présents ; en cas de partage, l'accusé bénéficie du partage.

« Art. 17. L'arrêt est prononcé en séance publique.

« Art. 18. Tout individu acquitté ne peut être repris ou accusé à raison du même fait.

« Art. 19. Tous frais de justice sont à la charge de la Commune.

« Art. 20. Le rapporteur fait donner lecture de l'arrêt à l'accusé par le greffier, en sa présence et devant la garde rassemblée sous les armes.

« Art. 21. L'arrêt de condamnation est exécuté dans les vingt-quatre heures après qu'il a été prononcé, ou, dans le cas de condamnation à mort, dans les vingt-quatre heures après la sanction de la commission exécutive.

« Art. 22. Toutes assignations, citations et notifications aux témoins, inculpés ou accusés, sont faites par tous magistrats, officiers ou délégués procédant de l'élection, requis à cet effet par le rapporteur.

TITRE II. — *Des crimes, des délits et des peines.*

« Art. 23. Les peines qui peuvent être appliquées par la cour martiale sont :

« La mort,

« Les travaux forcés,

« La détention,

« La réclusion,

« La dégradation civique,

« La dégradation militaire,

« La destitution,

« L'emprisonnement,

« L'amende.

« Art. 24. Tout individu condamné à la peine de mort par la Cour martiale est fusillé.

« Art. 25. La Cour se conforme, pour les peines, au Code pénal et au Code de justice militaire.

« Elle applique, en outre, la jurisprudence martiale à tous faits intéressant le salut public. »

La pièce est un peu longue, mais elle fait connaître les procédés judiciaires de la Commune.

A la publication de cet arrêt, l'*Opinion nationale* disait : « Les nouveaux juges seront maîtres de la vie, de l'honneur et de la fortune des citoyens. » L'observation était juste ; il faut, du reste, constater que la première Cour martiale n'a pas abusé de ses pouvoirs, peut-être parce que l'occasion lui a manqué ; elle a peu duré, la Commune lui ayant infligé un blâme qui a amené la démission du président Rossel et dissous la Cour de fait, sinon en droit.

Malgré le décret du 14 avril, dont le citoyen Protot s'inquiétait fort peu d'assurer l'exécution, les arrestations continuaient et des plaintes s'élevaient de tous les côtés. La Commune ne put faire autrement que d'entendre et le 20 avril un de ses journaux officieux disait :

« Dans sa sollicitude pour la liberté individuelle, la

Commune, outre sa Commission de justice (qui ne faisait absolument rien pour protéger les détenus) a institué une Commission d'enquête, composée des citoyens Beslay, Gambon, Miot, pour visiter les prisons, maisons de refuge et les hospices d'aliénés. »

Parler de la sollicitude de la Commune pour la liberté individuelle à l'occasion d'une Commission qu'on savait d'avance ne devoir rien faire, l'épigramme était dure.

Ce fut seulement le 22 avril que la Commune vota un décret réglant la formation du jury d'accusation, institué depuis le 7 avril ; le voici :

« La Commune de Paris,

« Considérant que si les nécessités de salut public commandent l'institution de juridictions spéciales, elles permettent aux partisans du droit d'affirmer les principes d'intérêt social et d'équité qui sont supérieurs à tous les événements :

« Le jugement par les pairs ;
« L'élection des magistrats ;
« La liberté de la défense ;

« Décrète :

« Art. 1er. Les jurés seront pris parmi les délégués de la garde nationale élus à la date de la promulgation du décret de la Commune de Paris qui institue le jury d'accusation.

« Art. 2. Le jury d'accusation se composera de quatre sections, comprenant chacune douze jurés tirés au sort, en séance publique de la Commune de Paris, convoquée à cet effet. Les douze premiers noms sortis de l'urne composeront la première section du jury. Il sera tiré en outre, pour cette section, huit noms de jurés supplémentaires, et ainsi de suite pour les autres sections. L'accusé et la partie civile pourront seuls exercer le droit de récusation.

« Art. 3. Les fonctions d'accusateur public seront remplies par un procureur de la Commune et par quatre substituts, nommés directement par la Commune de Paris.

« Art. 4. Il y aura auprès de chaque section un rapporteur et un greffier nommés par la Commission de justice

« Art 5. L'accusé sera cité à la requête du procureur de la Commune ; il y aura au moins un délai de vingt-quatre heures entre la citation et les débats.

« L'accusé pourra faire citer, même aux frais du trésor de la Commune, tous témoins à décharge. Les débats seront publics. L'accusé choisira librement son défenseur même en dehors de la corporation des avocats. Il pourra proposer toute exception qu'il jugera utile à sa défense.

« Art 6. Dans chaque section, les jurés désigneront eux-mêmes leur président pour chaque audience. A défaut de cette élection, la présidence sera dévolue par la voie du sort.

« Art. 7. Après la nomination du président, les témoins à charge et à décharge seront entendus. Le procureur de la Commune ou ses substituts soutiendront l'accusation. L'accusé et son conseil proposeront la défense. Le président du jury ne résumera pas les débats.

« Art. 8. L'examen terminé, le jury se retirera dans la chambre de ses délibérations. Les jurés recevront deux bulletins de vote portant : le premier, ces mots : l'accusé est coupable ; le second, ces mots : l'accusé n'est pas coupable.

« Art. 9. Après sa délibération, le jury rentrera dans la salle d'audience. Chacun des jurés déposera son bulletin dans l'urne ; le scrutin sera dépouillé par le président ; le greffier comptera les votes et proclamera le résultat du scrutin. L'accusé ne sera déclaré coupable qu'à la majorité de huit voix sur douze.

« Art. 10. Si l'accusé est déclaré non coupable, il sera immédiatement relaxé.

« Art. 11. Toutes citations devant le jury et toutes notifications quelconques pourront être faites par les greffiers des sections du jury d'accusation. Elles seront libellées sur papier libre et sans frais. »

Ce décret, pour lequel on pourrait parfaitement répéter l'observation citée plus haut de l'*Opinion nationale*, ne passa pas sans protestation. On demanda que, pour offrir une réelle garantie aux accusés, les jurés fussent, non pas pris parmi les délégués de la garde nationale, mais nommés par les électeurs. La réponse du délégué Protot fut incorrecte, mais catégorique. « Nous nous adresserons à la garde nationale, se trouvant être (*sic*) les citoyens les plus intelligents et les plus dévoués à notre cause, et nous avons cru qu'il y avait là deux éléments de succès pour votre jury d'accusation. » Il fallait à la Commune des jurés dont elle fût sûre; autant supprimer, comme elle l'a fait, la formalité du jugement.

Un des rares membres de la Commune, qui ont montré parfois une lueur d'humanité et de bon sens, le citoyen Arthur Arnould demandait que les circonstances atténuantes fussent admises; il lui fut répondu, toujours par le citoyen Protot, que le décret n'étant « applicable qu'aux otages », il n'y avait pas à parler des circonstances atténuantes. Le même personnage demandant qu'on ne votât pas en bloc, et à première lecture, un décret de onze articles qui intéressait la vie de citoyens, la Commune passa outre sans s'arrêter à de semblables vétilles. Tout ce que put obtenir Arthur Arnould, ce fut de faire signaler au *Journal officiel* son abstention et sa protestation (1).

Le 24 avril, la Commune s'occupait de nouveau des détenus; elle avait voté la veille une proposition qui autorisait chacun de ses membres à visiter les prisonniers quand il le voudrait, même ceux qui seraient au secret. Le délégué à la sûreté publique, Raoul Rigault, jaloux de son autorité, lui demandait de revenir sur ce vote, prétendant qu'il rendait toute instruction impossible. La Commune maintint sa décision et Raoul Rigault

(1) Dans une conversation avec M° Rousse, bâtonnier du barreau de Paris, qui venait lui demander à voir Mgr Darboy et M. Chaudey, qu'il se proposait de défendre, le citoyen Protot ne savait que répondre au bâtonnier qui lui demandait s'il n'y aurait pas des garanties pour les accusés Après la lecture du décret sur le jury d'accusation, on comprend son embarras.

donna sa démission ; il devint quelques jours après procureur de la Commune, ce qui lui donnait peut-être encore plus de pouvoir.

La question du secret, discutée à cette occasion, amena de singuliers aveux. Tous les membres de la Commune, plus ou moins familiers avec les prisons, avaient jadis jeté feu et flamme contre le secret ; l'un d'eux, auquel on reprochait de se faire maintenant le défenseur du secret, répondit fort tranquillement : « Si j'ai protesté contre le secret sous l'Empire, c'est que j'étais détenu arbitrairement. » Un autre : « Quand vous arrêtez quelqu'un au point de vue politique, c'est un ennemi que vous arrêtez. » Ces doctrines devaient mener la Commune loin.

L'abolition du secret fut cependant proposée, et par un des membres les plus violents de la Commune, le citoyen Miot ; mais sa proposition resta enfouie dans les cartons, sans qu'il se souciât beaucoup de l'en faire sortir.

La Commune avait pour le mensonge une très-forte inclination. Non contente d'enregistrer chaque jour des succès qui ne l'empêchaient pas de perdre toujours du terrain, elle revenait fréquemment à ses calomnies contre l'armée. Elle fit surtout beaucoup de bruit du prétendu massacre de quatre gardes nationaux faits prisonniers qui auraient été assassinés à coups de revolver par un capitaine de cavalerie. Quatre récits, quelque peu divergents, de ce fait furent soit insérés au *Journal officiel*, soit affichés sur les murs de Paris. Voici le plus dramatique :

« Le 25 avril, à la Belle-Épine, près de Villejuif, quatre gardes nationaux ont été surpris par des chasseurs à cheval qui leur ont dit de se rendre. Comme il leur était impossible de faire une résistance utile contre les forces qui les entouraient, ils jetèrent leurs armes à terre et se rendirent. Les soldats les entourèrent et les firent prisonniers sans exercer aucune violence ni aucune menace envers eux.

« Ils étaient déjà prisonniers depuis quelques instants, lorsqu'un capitaine de chasseurs à cheval arriva et se précipita sur eux le revolver au poing; il fit feu sur l'un d'eux, sans dire un seul mot, et l'étendit roide mort, puis il en fit autant sur le garde Scheffer, qui reçut une balle en pleine poitrine et tomba à côté de son camarade.

« Les deux autres gardes se reculèrent, effrayés de cette infâme agression; mais le féroce capitaine se précipita sur les deux prisonniers et les tua de deux autres coups de revolver.

« Les chasseurs, après les actes d'atroce et de féroce lâcheté qui viennent d'être signalés, se retirèrent avec leur chef, laissant leurs victimes étendues sur le sol.

« Lorsqu'ils furent partis, l'une des victimes, le citoyen Scheffer, se releva et, par un effort désespéré, parvint à se rendre auprès de son bataillon, campé à quelque distance et duquel il parvint à se faire reconnaître.

« Deux des gardes nationaux tués sont restés sur le terrain et n'ont pu être retrouvés encore.

« Le cadavre du quatrième garde national a été retrouvé non loin du lieu du massacre, où ce malheureux soldat citoyen avait pu se traîner. »

C'est à l'occasion de ce récit invraisemblable et démenti par des témoins oculaires même communeux (1), que M. Tolain, député de Paris, ancien membre de l'Internationale excommunié (en apparence peut-être) pour ne s'être pas rallié à la Commune, fit au ministre de la guerre une question qui souleva un orage au sein de l'Assemblée, indignée qu'on osât s'appuyer de tels documents.

Cet assassinat imaginaire amena la Commune à s'occuper des otages, et il fut sérieusement question « d'user de représailles contre eux ». Il n'en est rien dit au compte-rendu officiel de la séance du 26 avril, mais ces comptes-rendus faits pour le public ne disaient pas tout.

Passant sur les premiers jours de mai, j'arrive au second Comité de salut public. Au début, Paris s'est vu gouverné par le Comité central, dont les seuls membres un peu connus étaient Assy, le gréviste du Creusot, Lullier, l'officier de marine démissionnaire à moitié fou, et Varlin, l'ouvrier relieur, ancien candidat à la députation. Au 27 mars, après l'installation de la Commune, le pouvoir a passé aux mains de la Commission exécu-

---

(1) D'après les récits des officiers fédérés, cinq hommes auraient été cernés par les chasseurs, un seul serait tombé roide; le second aurait pu faire quelques pas avant de tomber, c'est celui dont on a le cadavre ; le troisième, qui avait été fait prisonnier par les Versaillais, a pu s'échapper sain et sauf ; le quatrième est Scheffer ; un cinquième enfin, blessé, aurait été emmené prisonnier.

tive, composée des citoyens Félix Pyat, Tridon, Lefrançais, Eudes, Duval et Bergeret; le 3 avril, les trois derniers, qui étaient généraux, se trouvaient remplacés, afin de pouvoir mieux suivre les opérations militaires, par Delescluze, Cournet et Vermorel. Le 20 avril, sur la proposition de Delescluze, nouvelle organisation : la Commission exécutive est remerciée et remplacée par une nouvelle composée des délégués aux neuf principaux services : général Cluseret, Jourdes, Viard, Paschal Grousset, Vaillant, Protot, Franckel, Andrieu et Raoul Rigault; celui-ci donne sa démission et est remplacé le 26 mai par Cournet.

Le 2 mai, la chute de Cluseret entraîne celle de la Commission exécutive; un Comité de salut public de cinq membres est institué; il se compose des citoyens Antoine Arnauld, Léo Meillet, Ranvier, Félix Pyat et Charles Gérardin. Ce Comité dure une semaine; la démission du nouveau délégué à la guerre, Rossel, lui ôte son crédit, et le 18 mai la Commune prend les résolutions suivantes, après une orageuse séance en comité secret :

« 1º Réclamer la démission des membres actuels du Comité de salut public et pourvoir immédiatement à leur remplacement;

« 2º Nommer un délégué civil à la guerre qui sera assisté de la Commission militaire actuelle, laquelle se mettra immédiatement en permanence;

« 3º Nommer une commission de trois membres chargée de rédiger immédiatement une proclamation;

« 4º Ne plus se réunir que trois fois par semaine en

assemblée délibérante, sauf les réunions qui auront lieu dans le cas d'urgence sur la proposition de cinq membres ou sur celle du Comité de salut public ;

« 5° Se mettre en permanence dans les mairies de ses arrondissements respectifs, pour pourvoir souverainement aux besoins de la situation ;

« 6° Créer une cour martiale dont les membres seront nommés immédiatement par la Commission militaire ;

« 7° Mettre le Comité de salut public en permanence à l'Hôtel-de-Ville. »

Ces diverses résolutions furent exécutées ; le Comité de salut public, reconstitué, se composa des citoyens Antoine Arnauld, Ranvier, Eudes, Gambon et Delescluze ; celui-ci, nommé délégué civil à la guerre, fut remplacé par Billioray. Il y eut, non pas une proclamation, mais trois, savoir : deux du délégué à la guerre, et une du Comité. La cour martiale fut reconstituée également et composée du colonel Gois, président, des colonels Collet et Ledrux, du lieutenant-colonel Razoua, des commandants Levraud, Lefebvre-Roncier et Micherans, et du lieutenant Arnold, juges ; du commandant Goullé, rapporteur. On ne peut pas dire de cette cour martiale comme de la première, qu'elle n'a laissé aucun souvenir ; elle en a laissé de fort tristes.

On comptait sur l'énergie révolutionnaire du nouveau Comité de salut public et du délégué civil à la guerre ; on ne fut pas trompé. En peu de jours (le Comité fut le maître seulement du 11 au 23), les mesures les plus rigoureuses se succédèrent.

Le 15 mai, décret relatif aux cartes d'identité, qui obligeait chaque citoyen à aller chercher une carte à sa mairie et forçait les réfractaires à se faire connaître ; heureusement le temps manqua pour tenir la main à l'exécution de cette mesure, prônée par les clubs.

Le 12, le 16 et le 19 mai suppression de journaux ; il finit par n'en plus rester que de communeux et défense fut faite d'en publier de nouveaux avant la fin de la lutte.

Le 16, chute de la colonne Vendôme ; deux membres de la Commune prennent la parole à cette occasion :

« Le peuple est patient, dit Miot, celui qui avait proposé l'établissement du Comité de salut public ; il se résigne à supporter le joug et l'humiliation, mais sa vengeance n'en est que plus terrible le jour où elle éclate. Malheur à ceux qui le provoquent et excitent jusqu'au bout son légitime courroux ! Jusqu'ici notre colère ne s'est exercée que sur des choses matérielles, mais le jour approche où les représailles seront terribles et atteindront cette réaction infâme qui nous mine et cherche à nous écraser. »

Ranvier, le membre du Comité de salut public, n'est pas moins explicite :

« La colonne Vendôme, la maison de M. Thiers, la chapelle expiatoire, dit-il, ne sont que des exécutions matérielles. Mais le tour des traîtres et des royalistes viendra inévitablement si la Commune y est forcée. »

Le 17, ordre est donné aux trains de chemin de fer venant sur Paris de s'arrêter « hors de l'enceinte, au point où est installé le dernier poste avancé de la garde nationale. Les travaux nécessaires seront immédiatement exécutés pour être en mesure de détruire instantanément tout train qui essaierait de forcer la consigne. »

Le même jour, vers six heures du soir, une formidable explosion se fait entendre, c'est la cartoucherie de l'avenue Rapp qui saute, faisant un grand nombre de victimes. Le Comité de salut public sait que la trahison n'est pour rien dans ce malheur ; il n'en publie pas moins la proclamation suivante :

« Le Gouvernement de Versailles vient de se souiller d'un nouveau crime, le plus épouvantable et le plus lâche de tous.

« Ses agents ont mis le feu à la cartoucherie de l'avenue Rapp et provoqué une explosion effroyable.

« On évalue à plus de cent le nombre des victimes. Des femmes, un enfant à la mamelle, ont été mis en lambeaux.

« Quatre des coupables sont entre les mains de la sûreté générale.

« Paris, le 27 floréal an 79.

« *Le Comité de salut public* :

« ANT. ARNAULD, BILLIORAY, E. EUDES,
« E. GAMBON, G. RANVIER. »

Le lendemain, le *Journal officiel* publie un rapport signé Butin, lieutenant, et Garantie, chef de légion, et affirmant que nos soldats ont tué, après l'avoir « outragée », une cantinière prise pendant qu'elle pansait un blessé, et qu'ils ont tiré sur des parlementaires, précédés du drapeau blanc.

Cette proclamation et ce rapport amènent la fameuse proposition du citoyen Urbain dans la séance de la Commune du 17. Je cite, en supprimant quelques détails, le compte-rendu.

« Le citoyen Urbain communique à l'Assemblée un rapport du lieutenant Butin, dénonçant le viol et le massacre d'une ambulancière pendant qu'elle soignait les blessés.

« *Le citoyen Urbain*. Ce rapport est certifié par le lieutenant Butin, de la 3e compagnie du 105e bataillon.

« Je demande soit à la Commune, soit au Comité de salut public, de décider que dix des otages que nous tenons en mains soient fusillés dans les vingt-quatre heures, en représailles du meurtre de la cantinière assassinée et de notre parlementaire accueilli par la fusillade, au mépris du droit des gens. Je demande que cinq de ces otages soient fusillés solennellement à l'intérieur de Paris, devant une délégation de tous les bataillons, et que les cinq autres soient fusillés aux avant-postes devant les gardes témoins de l'assassinat. J'espère que ma proposition sera acceptée.

« *Le citoyen J.-B. Clément*. J'appuie la proposition du citoyen Urbain ; j'ai des renseignements par un parent qui revient de Versailles, où il était prisonnier. Les nôtres, qui sont détenus à Versailles, sont excessivement maltraités : on leur donne très-peu de pain et d'eau ; on débite des infamies sur leur compte, et on les frappe à coups de crosse de fusil ; il faut en finir......

« *Le citoyen Raoul Rigault, procureur de la Commune.* Je présente le projet que voici :

« La Commune de Paris, vu l'urgence,

« Décrète :

« Art. 1er. Le jury d'accusation pourra provisoire-
« ment, pour les accusés de crimes ou délits politiques,
« prononcer des peines aussitôt après avoir prononcé sur
« la culpabilité de l'accusé.

« Art. 2. Les peines seront prononcées à la majorité
« des voix.

« Art. 3. Ces peines seront exécutoires dans les vingt-
« quatre heures.

« Raoul Rigault, Urbain, L. Chalain. »

« Je suis d'avis de répondre aux assassinats des Versaillais de la manière la plus énergique, en frappant les coupables et non les premiers venus. Et cependant, je dois le dire, j'aimerais mieux laisser échapper des coupables que de frapper un seul innocent.

« Parmi les gens que nous défenons, il y a de véritables criminels qui méritent d'être considérés comme plus que des otages. Eh bien, le sort peut désigner les moins coupables, et ceux qui le sont le plus peuvent être épargnés.

« En attendant que la justice soit instituée complétement, j'ai cru utile d'établir un tribunal chargé de l'examen des crimes dont il s'agit. Je déclare, en outre, que je demanderai qu'il ne soit pas tenu compte de la prescription pour les crimes de cette espèce. Et je place sur la même ligne les hommes qui sont d'accord avec Versailles et les complices de Bonaparte.

« *Le citoyen président.* Il y a une proposition formulée par le citoyen Urbain.

« *Le citoyen Urbain.* Si l'assemblée décide que les représailles auront lieu dans un très-court délai.....

« *Le citoyen Raoul Rigault, procureur de la Commune.* Le jury d'accusation est assigné pour après-demain.

« *Le citoyen Urbain.* Si l'on nous donne les moyens d'exercer légalement, d'une façon convenable et promptement, les représailles, je serai satisfait.

« *Le citoyen président.* Voici la proposition Urbain :

« Vu l'urgence,

« La Commune

« Décrète :

« Dix individus désignés par le jury d'accusation seront
« fusillés en punition des assassinats commis par les Ver-
« saillais, et notamment de l'assassinat d'une infirmière,
« fusillée par eux au mépris de toutes les lois humaines.

« Cinq de ces otages seront fusillés dans l'intérieur
« de Paris, en présence de la garde nationale.

« Les cinq autres seront fusillés aux avant-postes, et
« aussi près que possible du lieu où a été commis le
« crime.

« URBAIN. »

« *Le citoyen Protot.* Je déclare, au sujet du projet

présenté par le citoyen Rigault, que le jury d'accusation ne peut se prononcer que sur les questions de faits, qu'il n'y a pas de peines contre les délits dont parle le citoyen Rigault. Il faut donc déterminer la peine dont ils sont susceptibles.

« *Le citoyen Amouroux*. Je suis d'avis qu'on doit user de représailles. Il y a un mois, nous avons annoncé la mise à exécution d'un projet qui a mis fin pendant quelque temps aux crimes que commettaient les Versaillais ; mais comme, en définitive, l'on n'a rien fait, les Versaillais ont de nouveau recommencé à assassiner les nôtres. En présence de ce qui se passe, je demande quel usage on fait de la loi sur les otages. Devons-nous condamner les gens retenus à ce titre ? Mais est-ce que les Versaillais jugent nos gardes nationaux ? Ils les prennent et ils les tuent sur les grands chemins. Agissons donc! et pour chacun de nos frères assassinés, répondons par une triple exécution ; nous avons des otages, parmi eux des prêtres, frappons ceux-là de préférence, car ils y tiennent plus qu'aux soldats.

« *Le citoyen Vaillant*. Je suis, je l'avoue, dans un grand embarras quand je vois, moi incompétent dans la grave question qui nous occupe, les deux seuls personnages compétents de cette assemblée sur la matière en complet désaccord. Ne serait-il pas bon que les citoyens Protot et Rigault s'entendissent pour nous apporter une résolution quelconque ?

« *Le citoyen Protot, délégué à la justice.* Il n'y a pas de résolution à prendre. Le procureur de la Commune peut traduire devant les deux premières sections du jury d'accusation les personnes qu'il veut faire juger.

« *Le citoyen Raoul Rigault, procureur de la Commune.* En présence des événements, ces moyens ne me suffisent point.

« *Le citoyen Pillot, président.* Ne perdons point de vue ce qui est en discussion, c'est-à-dire la proposition Urbain. La grande question en ce moment est d'anéantir nos ennemis. Nous sommes en révolution, et il faut agir en révolutionnaires, il faut instituer un tribunal qui juge et qui fasse exécuter ses arrêts.

« *Le citoyen Urbain.* Le jury d'accusation dont on vient de parler va-t-il fonctionner? S'il doit fonctionner, ma proposition peut subsister; dans le cas contraire, il vaudrait mieux voter sur la proposition Rigault.

« *Le citoyen Philippe, délégué au XIIe arrondissement.* Nous sommes en butte à une réaction terrible. Il faut prendre des mesures énergiques; que l'on sache que nous sommes bien décidés à briser tous les obstacles que l'on oppose à la marche triomphante de la Révolution.

« *Le citoyen Urbain.* Si l'on vote sur le projet Rigault, je retire ma proposition.

« *Le citoyen Vaillant.* Si votre jury d'accusation fonctionne régulièrement, il n'y a pas besoin d'une proposition spéciale. Vous n'avez qu'à appliquer le décret de la Commune relatif aux représailles, en déclarant que les citoyens Rigault et Protot sont chargés de l'exécution. »

Après d'autres observations, le citoyen Urbain retire sa proposition devant le vote de l'ordre du jour motivé suivant, mais en déclarant qu'il la reprendra s'il le faut dans les quarante-huit heures :

« La Commune, s'en référant à son décret du 5 avril 1871, en demande la mise à exécution et passe à l'ordre du jour (1). »

En exécution de ce vote, les jurys d'accusation furent convoqués; en deux jours, environ vingt-cinq sergents de ville ou gendarmes passèrent devant les jurys, sur lesquels trois ou quatre seulement furent renvoyés. Les autres furent déclarés otages, ce qui équivalait dans les circonstances à une condamnation à mort, sans qu'on leur reprochât autre chose que leur ancienne qualité et sans qu'ils fussent défendus.

« Vous saviez, disait le président du jury au gardien de la paix Taussin, quelle division d'opinion il y avait entre le peuple de Paris et le gouvernement; vous connaissiez les sentiments du peuple, ne fût-ce que par les journées du 31 octobre et du 22 janvier. D'autres ont donné leur démission ; pourquoi n'avez-vous pas fait de même ? »

Et le malheureux fut condamné !

---

(1) C'est après avoir eu connaissance de cette discussion, que M. l'abbé Perny rédigeait dans sa prison le projet de décret suivant :

« Une tente démocratiquement ornée sera élevée sur la place de l'Hôtel-de-Ville.

« Une table de 106 couverts sera dressée sous cette tente.

« Tous les membres de la Commune de Paris, portant l'écharpe rouge à franges d'or, assisteront à la mise à exécution du décret sur les otages. L'œuvre accomplie, tous se rendront sous ladite tente, et ses membres, à la vue du peuple de Paris régénéré, prendront un repas uniquement composé de chair humaine. Les plats d'honneur seront exclusivement composés de chair de prêtre. »

Le 22 mai, après l'entrée des troupes, les membres du Comité de salut public et le délégué civil à la guerre firent leur proclamation suprême où ils faisaient appel « au peuple, aux combattants, aux *bras nus* » et déclaraient que « l'heure de la guerre révolutionnaire avait sonné ».

Je ne signalerai plus de la Commune que deux faits :

D'abord, pour les personnes qui douteraient encore de la préméditation des incendies, deux avis du docteur Parisel, membre de la Commune, chef de la délégation scientifique ; ces avis sont au *Journal officiel* du 19 mai :

« 1° Les possesseurs de phosphore et produits chimiques qui n'ont pas répondu à l'appel du *Journal officiel* (ordonnant de faire déclaration de ces matières) s'exposent à une saisie immédiate de ces produits.

« 2° La délégation scientifique acceptera tous les jours, de huit heures à onze heures du matin, les soumissions de sulfure de carbone qui lui seront faites. »

On peut rapprocher de ces deux avis cette fin d'un article comminatoire de Jules Vallès, adressé à M. Thiers :

« Si M. Thiers est *chimiste*, il me comprendra! »

L'autre fait touche directement aux otages et a été affirmé par M. Henri Delaage.

« Dans la nuit du dimanche 21 mai, Protot, Ferré et Rigault venaient de passer la soirée au théâtre des Délassements comiques ; attablés dans le café du théâtre, ils venaient de commander un souper ; en attendant leurs convives, les membres de la Commune faisaient la liste des otages qui devaient être fusillés le lendemain matin et les jours suivants. Les événements de la nuit changèrent leur projet, mais la liste servit néanmoins (1). »

Voilà où, quand et comment aurait été dressée cette liste.

(1) EDOUARD MORIAC. — *Paris sous la Commune*, p. 369.

CHAPITRE QUATRIÈME

Les arrestations. — Les jésuites de la rue Lhomond. — L'abbé Perny et l'abbé Houillon. — Arrivée au dépôt de la préfecture ; formalités. — Interrogatoire. — Description d'une cellule. — Régime du dépôt. — Impressions d'un missionnaire. — Transfert à Mazas. — L'abbé Allard. — Mgr Darboy. — Interrogatoire. — Mᵐᵉ Coré. — Le P. Olivaint et le P. Caubert. — L'abbé Deguerry. — Les Pères de Picpus. — L'abbé Planchat. — L'abbé Sabathier. — L'abbé Bécourt. — Les séminaristes. — Le frère Néomède Justin. — Protestations de MM. de Pressensé et Monod. — Calomnies des feuilles de la Commune. — Courage du clergé. — Le délit des prêtres. — Un frère sauvé par un officier fédéré.

La Commune n'avait pas même attendu sa loi des otages pour faire des arrestations. Dès le 1ᵉʳ avril, M. l'abbé Blondeau, curé de Notre-Dame de Plaisance, et le 2, M. l'abbé Croze, aumônier de la prison de la Roquette, étaient arrêtés. Le second ne resta pas longtemps en prison ; il fut délivré, grâce en partie à l'intervention de Rochefort qui, prisonnier, avait eu à se louer de lui. Quel crime avaient commis ces deux prêtres pour être ainsi arrêtés ? Aucun, ils étaient prêtres, et ce titre suffisait pour tout justifier.

Le 3, toujours avant le décret des otages qui est daté du 5, sept Pères jésuites du collége de la rue Lhomond sont arrêtés. C'étaient les PP. Ducoudray, supérieur, Clercq, Chauveau, de Bengy, de Régnon, Biot et Guilhermy. Quatre de ces Pères, après une captivité plus ou moins longue, ont été rendus à la liberté; trois, les PP. Ducoudray, Clercq et de Bengy, sont restés prisonniers et ont été au nombre des victimes.

Après l'arrestation des Pères jésuites, les fédérés occupèrent la maison, dont ils n'oublièrent pas de visiter la cave et dont ils firent comme une espèce de souricière. Dans la journée du 4, j'ai accompagné jusqu'à la porte une personne qui allait voir si elle ne pourrait pas rendre aux religieux quelques services ou sauver quelques objets ; me défiant des fédérés, je ne voulus pas entrer, et je fis bien, car cette personne resta plusieurs heures prisonnière, et eut assez de peine à sortir.

C'est au collége de la rue Lhomond que furent arrêtés le même jour M. l'abbé Perny et M. l'abbé Houillon, des Missions étrangères. M. l'abbé Perny, échappé au massacre, a raconté sa captivité; je ne puis mieux faire que de lui emprunter les pages où il fait le récit de son arrestation :

« Le mardi saint, 4 avril, dit-il, j'avais le dessein d'aller à la campagne, mais le chemin de fer ne marchait plus. Je me décidai alors à faire quelques courses en ville, accompagné de l'un de mes confrères de la Chine (M. l'abbé Houillon). Une affaire me conduisit dans le voisinage du Panthéon. Nous avions passé, ce jour-là,

devant plus de dix postes de gardes nationaux, sans que personne fît attention à nous. Dans le quartier du Panthéon, nous n'eûmes pas le même bonheur. Des gardes nationaux du 202e bataillon, à moitié ivres, nous aperçurent et vinrent à nous. — « Citoyens, vos passe-
« ports? — Nos passe-ports sont en règle ; ils sont à
« notre domicile. Si vous avez le droit de nous les de-
« mander, venez avec nous ; on vous les montrera bien
« volontiers. » A ces mots, l'un de ces misérables, qui ne mérite pas le nom d'homme, tire de sa poche un revolver à plusieurs coups et le tient élevé à deux doigts de ma figure.

« Cet acte insensé ne me causa pas la moindre émotion. « J'ai vu la mort vingt fois encore de plus près ;
« je ne crains pas vos menaces. — Ah ! maintenant, fit
« ce malheureux, il faut en finir avec vous autres une
« bonne fois ; il faut qu'on vous coupe tous en mor-
« ceaux. » Une foule compacte de passants et de soldats nous environnait déjà. Un jeune officier accourut, me saisit le bras en criant : « Ne craignez rien, venez avec
« moi. » Nous le suivîmes au poste.

« Quel était ce poste? La maison préparatoire aux grandes écoles, tenue par les PP. de la Compagnie de Jésus. La veille, cette maison avait été occupée militairement. Tous les PP. et les frères présents avaient été faits prisonniers et conduits au dépôt de la préfecture de police. Le sac de la maison avait été immédiatement commencé. On achevait alors la sacrilége dévastation et le pillage odieux de cette demeure de la science et du religieux dévouement. Nous eûmes la douleur de voir dans une salle, en face du parloir, un jeune officier emballant tous les vases sacrés qui avaient été découverts. Cela se faisait sans doute pour justifier, une fois de plus, la fameuse devise, si chère à nos démocrates : *Liberté, Égalité, Fraternité*, gravée à neuf sur tous les monuments publics de la ville depuis le 5 septembre dernier.

« On nous écroua dans un parloir, qui est à droite en entrant. Un factionnaire montait la garde à la porte. En vain je réclamai du papier pour prier quelqu'un de notre maison de nous apporter tout de suite nos passe-ports. En vain j'offris qu'on nous accompagnât à notre domicile. Toutes les instances furent inutiles. On se bornait à nous répondre placidement : « Attendez un peu. Ne craignez rien. » Huit ou dix personnes, dont deux membres de l'ambulance internationale, vinrent successivement nous rejoindre dans cette espèce de prison. Quel était leur crime ? Celui d'avoir ignoré la dévastation de cet établissement et de venir y visiter qui un parent, qui un ami.

« Trois longues heures s'écoulèrent ainsi en expectative. Durant ce temps, nous avons eu sous les yeux de véritables scènes de dégradation et de sauvagerie humaines. Des soldats ivres étaient amenés au poste. Ils opposaient toute la résistance possible à leurs camarades. Dès leur entrée à la maison, tous les hommes du poste, comme des bêtes fauves, sans en excepter le capitaine, se précipitaient sur le malheureux soldat ivre. C'était à qui le frapperait davantage à coups de poing, on le traînait, avec efforts, dans une salle de la maison. Ce vacarme indescriptible navrait mon âme de tristesse. D'autres membres du même bataillon avaient été surpris en flagrant délit de vol. Leurs poches étaient remplies des objets dérobés. Le même vacarme, la même scène se produisait à nouveau. « Qu'on le fusille », criaient quelques voix. « Oui », répondait le capitaine, honteux sans doute d'avoir de tels hommes sous sa conduite, « oui, nous l'attacherons tout à l'heure à un « arbre et nous le fusillerons. » Cette parole me donna le frisson. Une justice aussi expéditive a-t-elle eu lieu ? Je l'ignore ; mais il est bon de faire mention du fait......

« Vers six heures du soir, le chef de cette cohorte bruyante et avinée, docile exécuteur des hautes œuvres de la Commune, prit à part chacune des personnes arrêtées. Il échangea avec elles quelques paroles pour la forme. La liberté leur fut rendue. Quant à nous, le chef nous annonça que nous irions nous expliquer devant le commandant du bataillon, qui avait son bureau à la préfecture de police. Un autre capitaine, qui se trouvait présent, voulait, au contraire, qu'on nous accordât sans délai, comme aux autres, la liberté. Mais le premier prétexta avec chaleur des ordres de son chef, et entendait, disait-il, que ces ordres fussent mis à exécution. On détacha donc du corps de garde quelques hommes pour nous conduire à la préfecture. Le trajet se fit à pied (1).

(1) L'abbé PAUL PERNY. — *Deux mois de prison sous la Commune*, p. 6 et suiv.

Ce trajet à pied dut être assez pénible, car déjà les calomnies avaient produit leur effet chez la populace exaspérée par sa défaite de la veille et par la mort des généraux Flourens et Duval. En arrivant à la préfecture de police vers six heures du soir, l'abbé Perny et l'abbé Houillon furent maintenus en état d'arrestation, quoique fort illégalement arrêtés ; ils étaient prêtres.

Je laisse de nouveau la parole à M. l'abbé Perny :

« On nous présenta au commandant « Où est le procès-verbal ? » fit-il à l'un des soldats qui nous avait amenés. — « Il n'y en a pas. Le capitaine va venir. — « Veuillez vous asseoir et attendre un peu. » Ce chef, très-affairé, nous regarda à peine du coin de l'œil. Il lisait des dépêches qui arrivaient coup sur coup, donnait des ordres avec beaucoup d'animation, appelait ses gens, se fâchait, parce que tout ne marchait pas au gré de ses désirs. Non loin de son bureau était dressée une table de huit à dix couverts. On allait servir le dîner. Après un quart d'heure d'attente, le commandant se lève tout à coup et, sous prétexte d'avoir à conférer avec un de ses collègues, nous invite à passer dans la salle voisine. A peine étions-nous dans cette salle, qu'un officier nous pria de le suivre. Nous obéissons. A la porte seulement, je devinai tout le manége. Une troupe de soldats, l'arme au bras, nous attendait là pour nous escorter, sous la conduite du même officier, jusque dans une autre partie du bâtiment. Nous traversâmes deux ou trois cours. On nous introduisit dans un bureau rempli de monde. Un jeune homme nous demanda simplement nos noms et prénoms, et les inscrivit sur une feuille à moitié imprimée...

« Quelle feuille délivrait-on à ce bureau ? On se garda bien de nous la montrer. C'était tout simplement un ordre de nous écrouer au dépôt. Voilà une justice expéditive ! Pas une seule question ne nous avait été adressée.

« On nous entraîna à un autre bureau. Nouvelle inscription de nos noms. On nous fouilla. Aucun instrument tranchant ne peut être conservé, même un canif. Si vous êtes muni d'une canne, on vous la fait déposer au bureau. Après cette visite, on nous fit passer encore dans un nouveau bureau. Inscriptions des noms et prénoms. Le chef de ce bureau échangea avec nous quelques paroles bienveillantes. Ses sentiments nous parurent très-convenables et plus élevés que tous ceux de ses collègues dans la bureaucratie. La police secrète de la Commune de Paris ne tarda sans doute pas à être informée des sentiments de cet employé. Peu de jours après, ce bon jeune homme était, lui aussi, écroué dans une cellule de ce même palais, à dix pas de nous. Je serais heureux que ces lignes pussent tomber un jour sous ses yeux et, en lui portant l'expression de notre affectueuse reconnaissance pour l'intérêt qu'il nous a témoigné, le consoler un peu des avanies qu'il aura dû souffrir ! En quittant la préfecture de police, après dix jours de détention, je l'aperçus, à ma grande surprise, dans une cellule. Il me fit un signe. Je m'approchai aussitôt, et je pus, à travers le guichet de la porte, échanger quelques paroles avec lui....

« Après une longue attente dans le couloir et toutes ces formalités, nous voici donc, cette fois, bien écroués au dépôt de la préfecture de police, dans une cellule de malfaiteurs. L'unique consolation qu'on nous laissait, et que nous devions au bon jeune homme dont je viens de parler, était de nous trouver, M. Houillon et moi, dans la même cellule. Je renonce à vous dire l'impression douloureuse que j'éprouvai quand j'entendis, pour la première fois, les lourds verrous de la porte se fermer sur nous (1).... »

A leur arrivée à la préfecture de police, M. l'abbé Perny et M. l'abbé Houillon avaient été incarcérés sans autre forme de procès ; ils restèrent ainsi jusqu'au dimanche de Pâques, 9 avril. Ce fut ce jour-là seulement qu'ils furent interrogés ; mais ils n'en furent pas moins maintenus en prison, malgré leurs observations.

« Un jeune homme de vingt-deux à vingt-cinq ans, dit M. l'abbé Perny racontant son interrogatoire, d'une tenue négligée, jointe à une grande désinvolture, se trouvait là seul assis devant une petite table. J'éprouvai un mouvement de surprise en l'abordant. Je croyais m'être trompé de salle. Mais ce jeune homme, très-éveillé, coupa court aussitôt à mon incertitude, en nous demandant nos noms. Il les inscrivit sur une feuille de papier volante.

« Ayant appris que nous étions missionnaires en Chine, il voulut engager une discussion plaisante, ironique

---

(1) *Deux mois de captivité sous la Commune*, p. 13 et suiv.

pour nous prouver que nous étions des imbéciles d'aller prêcher l'Évangile aux Chinois.

« La liberté de ce langage m'attrista. Je me bornai à lui dire : « Monsieur, nous ne paraissons sans doute pas « ici pour engager une telle discussion ; veuillez, s'il « vous plaît, passer outre. »

« Au même instant un autre individu vint s'asseoir au côté opposé de la même table.

« Celui-ci était un peu plus âgé ; ses manières aussi étaient un peu moins grossières. Mais, démocrate plus pur que son collègue, il ne souffrait pas d'autre titre que celui de « citoyen ». Quel était le plus élevé en grade ? je n'en sais rien. J'ai cherché à savoir leur titre officiel et leurs noms. Je n'ai pas réussi. La question religieuse de notre mission en Chine se trouvant écartée, on en vint à celle de notre arrestation. Je racontai les circonstances en détail. Après les avoir entendues, ils n'ont pu s'empêcher de nous dire, à deux reprises, qu'ils « regrettaient sincèrement ces actes. — Êtes-vous jésuites ? » — Notre réponse ne les satisfaisait pas. N'ayant aucune notion des sociétés religieuses, ils ne pouvaient comprendre que nous ne fussions pas jésuites. — « On « vous soupçonne de complicité avec le gouvernement « de Versailles. — Jamais on ne pourrait produire la « plus minime preuve de votre assertion. De passage en « cette ville, nous sommes en dehors de tout parti ; dans « un bref délai, nous devons quitter Paris. Si c'est un « crime que de déplorer la lutte fratricide qui est en- « gagée, nous l'avouons, nous en sommes coupables. —

« Oui, mais vous ne pouvez ignorer que c'est au nom de
« votre religion que l'on nous combat. C'est un prêtre,
« un ex-prêtre du nom de Cathelineau, qui est à la tête
« de ces armées-là. Tous ses soldats portent sur la poi-
« trine de grands sacrés-cœurs de Jésus, et c'est sous ce
« palladium qu'ils viennent nous égorger ; comment
« trouvez-vous cela (1) ? — Nous ignorons absolument
« tous ces faits ; la politique est la dernière de nos
« préoccupations. Nous sommes ici pour disposer notre
« retour en Orient. Ces soins absorbent toutes nos
« pensées et tous nos loisirs. Nous ne connaissons que
« superficiellement les événements. »

« Je n'insistai pas ; le temps manquait ; nos juges n'é-
taient point d'humeur à entendre la vérité.

« Vous pouvez vous retirer, nous verrons dans quel-
« ques jours ce que l'on veut faire de vous. Nous tenons
« à avoir des otages, et le plus grand nombre possible.
« Dans deux ou trois jours, nous espérons avoir fait fin
« des Versaillais (2). »

Dans son récit, M. l'abbé Perny consacre plusieurs pages aux traitements des otages au dépôt de la préfecture aux sentiments que lui faisait éprouver sa captivité imméritée, et enfin au transfert des otages du dépôt à Mazas ; ces pages sont trop intéressantes pour que je ne les reproduise pas et je ne m'exposerai pas à en diminuer l'intérêt en les résumant.

(1) On voit ici à la fois la preuve de l'ignorance de certains adeptes de la Commune, même haut placés, et les résultats des calomnies incessantes des feuilles des Pyat, des Delescluze et consorts.
(2) *Deux mois de captivité*, p. 30 et suiv.

Voici d'abord la description de la cellule et de son ameublement :

« Voulez-vous une description détaillée de notre cellule et de son ameublement? Ce sera probablement pour vous l'unique occasion de l'apprendre par un témoin oculaire. Tout porte à croire, vu notre amour français pour la régularité et la symétrie, que chaque cellule a la même dimension et que l'ameublement de l'une ne diffère en rien de l'autre. Si vous le voulez bien, nous allons faire ensemble le tour de la cellule n° 21. C'est justement le numéro de la chambre que j'habite dans notre maison mère. Sa largeur semble être de 2 mètres 60 centimètres sur le double de longueur. Une fenêtre élevée et petite, munie d'un grillage solide, laisse entrer un jour suffisant dans la cellule. Un petit lit de fer est fixé à la muraille. L'usage de draps de lit serait du luxe ici. Une petite crédence en bois dur d'environ 50 à 60 centimètres carrés, également fixée à la muraille et pouvant s'abattre à volonté, tient lieu de table. Le tabouret est de même fixé à la paroi de la muraille par une grosse chaîne en fer. Voilà un bidon en fer-blanc verni qui ne ressemble pas mal à un arrosoir de jardin. Il renferme l'eau destinée au détenu. Que dites-vous de cette terrine en poterie, comme on en trouve aux îles Sandwich? Il nous a fallu un moment de réflexion pour deviner que c'était probablement une sorte de cuvette à laver et pour se laver. La chose sera facile. Nous sommes sans linge. Mais ce qui nous a jetés dans le ravissement, c'est ce morceau informe de bois blanc. Les anciens peintres avaient grand soin, dit-on, de mettre au-dessus de leur tableau : *Ceci est un cheval, ceci est un chien*, etc., faute de quoi on aurait pu se méprendre sur le sujet de leur toile. Franchement, l'administration aurait dû mettre sur le morceau de bois blanc cette inscription : *Ceci peut servir de cuiller*. Effectivement, il tient lieu de cela d'abord ; puis de fourchette, puis de couteau..... Comment trouvez-vous ce gobelet en fer-blanc rouillé ?.... L'ameublement de la cellule se complète par ces deux petits balais, l'un en bouleau, l'autre en chiendent, pour la propreté de la demeure. La politesse française veut que l'on passe sous silence cette espèce de siége qui fait l'angle du coin droit et qui, vous le pensez bien, n'est point du tout un siége étrusque. C'est une fort heureuse invention. Nous en félicitons l'inventeur. Et voilà tout ! Cet ameublement n'est-il pas encore plus simple que celui des sauvages du Soudan ou des montagnes Rocheuses ? (1) »

Passons maintenant au régime de vie :

« Ce règlement est simple, peu compliqué. A l'aube du jour, un des gardiens entre dans la cellule pour éteindre le gaz. Puis vient un domestique enlever les balayures de la cellule, que chaque détenu a dû réunir sur le seuil de la chambre. Il place en même temps un bidon rempli d'eau pour la journée. Vers sept heures, on vous passe un pain de munition à travers le guichet. A huit heures, on sert dans un vase en fer-blanc, qu'on

---

(1) *Deux mois de prison*, p. 17.

oublie chaque jour de nettoyer, une espèce de bouillon aux herbes de je ne sais quel pays. Je n'ai jamais pu déterminer le goût précis de ce bouillon. A trois heures de l'après-midi, le même vase du matin vous apporte une modeste portion de légumes cuits à l'eau Ce sont des haricots, de la bouillie de riz et autres mets de ce genre. Le bon P. Houillon trouvait tout cela délicieux. Je me gardais bien de le contredire, et je m'en tenais à son opinion. Une fois ou deux par semaine, au lieu du bouillon aux herbes ci-dessus, on servait un liquide froid qui avait un peu le goût de viande. Ces jours-là, le soir, au lieu de légumes; nous avions un morceau de bœuf froid salé. Telle est la règle et l'ordinaire de la maison. Les détenus qui ont des ressources peuvent se faire servir un peu de vin, de la viande salée, du fromage par une cantinière, qui fait le tour des cellules (1). »

Pendant cette injuste captivité, quels étaient les sentiments des deux missionnaires. M. l'abbé Perny se pose lui-même la question et y répond ainsi :

« Ces impressions, bien tranchées, étaient de deux sortes. Les unes, constantes, vives, étaient les impressions religieuses ou mouvements de la grâce. Elles contenaient, tempéraient d'une manière prodigieuse les autres, c'est-à-dire les sensations humaines. Je me rendais parfaitement compte du rôle bienfaisant et salutaire des premières. Aussi plaignais-je sincèrement chaque jour les pauvres détenus qui ne ressentent au-

---

(1) *Deux mois de prison*, p. 19.

cunement les influences de la foi et de la grâce. Une ombre de couleur politique (1) a servi de prétexte à notre arrestation. Mais, après les actes officiels de la Commune, qui oserait mettre en doute que la guerre ne soit implicitement déclarée à Dieu et à son Église? N'est-ce pas comme ministres de cette Église que l'on nous a écroués ici? C'est donc bien *in odium fidei*.

« Étrangers à cette ville, en dehors de la politique, n'ayant violé aucune loi civile du pays, pas plus qu'aucun décret du pouvoir de Paris, notre seul crime était l'habit que nous portons. La conviction que nous confessions bien réellement ici la foi de Jésus-Christ, que nous allions souffrir pour la cause catholique, causait à mon âme une joie, une satisfaction, un courage surtout, inexprimables. Le sacrifice de ma vie, si j'ose employer ce mot, fut l'affaire de quelques minutes. On serait venu m'annoncer que j'allais être passé par les armes, mon cœur n'aurait pas fait une pulsation de plus. Je puis même vous assurer que j'en aurais, au contraire, éprouvé une véritable satisfaction. La vie est si misérable, si remplie de déceptions! L'homme est si fragile qu'il ne peut répondre de lui une minute! Et puis, ma carrière ne touche-t-elle pas à son terme? que sont quelques jours de plus sur la terre d'exil? Voilà pour le point de vue religieux. Quant au côté purement social, n'est-il pas bien glorieux de tomber, innocent, sous les coups de petits tyrans, lorsque l'on représente, par son

(1) *L'ombre de couleur politique* n'existe pas; les prêtres et les religieux arrêtés l'ont été uniquement comme prêtres et religieux.

caractère et ses opinions, un principe d'ordre et d'honnêteté? Voilà les dispositions que la foi et la prière mettaient en mon cœur.

« Cependant Dieu permettait que, de temps à autre, pendant quelques minutes chaque fois, la nature fît entendre sa voix. C'est un véritable bienfait, et j'en remercie sincèrement le Seigneur ; car ces moments de tentations humaines me donnaient l'occasion de mieux reconnaître toute la force et l'influence de la grâce et de les estimer à leur valeur. Vous ne sauriez croire quelles formes séduisantes revêtent ces tentations de la nature. — « Innocent, n'est-ce pas triste d'être au ca- « chot? — Encore, si c'était en pays infidèles, de la part « de sauvages idolâtres ! — Être victimes de jeunes dé- « mocrates athées! Quelle horreur! Ce triste drame ne « pourrait-il pas finir par une tragédie? Une brutale re- « présentation du massacre des Carmes pourrait bien « avoir lieu ! — Adieu Chine ! Adieu projets ! Adieu tra- « vaux prémédités ! » — Ces tentations passaient sur l'âme, comme un de ces gros nuages noirs que l'on voit marcher avec rapidité avant un orage et qui obscurcit un instant les rayons du soleil. Elles y laissaient pendant quelques instants une teinte de tristesse, un regret de la vie qui semblait s'échapper encore trop tôt. La partie inférieure de l'âme s'en révoltait et cherchait à se cramponner à quelques pensées d'espérance humaine. Heureusement cette lutte intérieure ne durait jamais que peu d'instants. La grâce avait bien vite le dessus.

4.

« Je me demandais alors quelle devait être la situation morale d'un prisonnier, qui n'a pas la foi et qui ne sait plus prier. Désormais je plaindrai davantage les pauvres prisonniers, quels qu'ils soient, et j'aurai encore à l'avenir plus d'estime pour cette œuvre de miséricorde chrétienne : Visiter les prisonniers (1). »

De ce passage si vrai, si chrétien, il faut rapprocher le suivant où parle le missionnaire qui, revenu des pays lointains, aurait cru faire injure à son pays, à cette France qui a si longtemps et si glorieusement porté le nom de fille aînée de l'Église, s'il avait appréhendé d'y rencontrer la persécution et l'assassinat :

« Que les voies de Dieu sont profondes! Vingt fois, en Chine, j'ai failli tomber sous la griffe des mandarins. J'ai couru des dangers sans nombre, errant pendant la nuit à travers les champs ou caché au fond d'une caverne profonde! Une année, le jour de Pâques, je prêchai en habits sacerdotaux devant un mandarin accompagné de toute sa suite, venu dans le but de m'arrêter. Vingt fois je me suis vu au moment d'être écharpé par une foule malveillante d'idolâtres, à qui le seul nom d'Européen n'était pas moins odieux que celui de prédicateur de l'Évangile. J'avais échappé d'une manière presque miraculeuse à ces dangers immenses.

« Pourtant, il y avait encore un côté vide dans *ma longue carrière apostolique*. Ne vous étonnez point si je

---

(1) *Deux mois de prison*, p. 36 et suiv.

souligne ces derniers mots. Le climat, les privations, déciment bien vite les missionnaires en Orient. On a calculé que leur vie moyenne était de huit à dix ans. Elle est moindre encore dans certaines régions de l'Afrique. Dans cette carrière en Chine, que de bons confesseurs de la foi n'ai-je pas reçus à leur retour d'un long exil! Ils avaient passé vingt, trente ans et plus dans la lointaine province d'Y-Ly, sur les frontières nord-ouest de la Russie. L'un d'eux avait fait tout ce long trajet à pied, malgré ses quatre-vingts ans. Que de confesseurs n'ai-je pas couchés, soutenus, nourris au fond de leur cachot! A combien même n'ai-je pas procuré la délivrance! Je vous nommerai seulement le vénérable Chapdelaine, dont j'avais réussi à obtenir l'élargissement. Le ouên-choû ou ordre mandarinal était en route depuis deux jours, quand je reçus la nouvelle de son martyre. Le mandarin subalterne qui l'avait arrêté s'était hâté de le mettre à mort. M. Chapdelaine était à quinze jours de marche de sa résidence. Ce cher martyr de Jésus-Christ aura dû m'en vouloir de cet acte qui allait le priver peut-être à jamais de la palme glorieuse de sa pieuse ambition.

« Eh bien, oui, il y avait un vide dans ma carrière apostolique. Je n'avais pas expérimenté, goûté la vie d'un captif, d'un détenu dans une cellule destinée aux malfaiteurs de la société. Aujourd'hui ce vide est comblé! Il a fallu traverser, pour la quatrième fois, toutes les mers, venir au sein du peuple qui se proclame le foyer de la civilisation, le flambeau moral du monde, pour que ce vide de mon existence fût comblé ! N'eût-on pas pris pour un insensé celui qui, au moment où je débarquais à Marseille, m'eût prédit ce qui s'accomplit aujourd'hui (1) ? »

Et ces deux missionnaires de Chine, dont l'un est tombé le 27 sous les coups des assassins, ne sont pas les seuls qui ont trouvé en France l'insulte et la captivité. L'année dernière, au mois de septembre, un membre de la Congrégation des missions étrangères, un vicaire apostolique, Mgr Fauries, était insulté à Bordeaux, dans sa ville natale ; à Lyon, un autre missionnaire de Chine, Mgr Guillemin, se voyait sur le point d'être arrêté, et à Marseille un évêque missionnaire, appartenant à la Compagnie de Jésus, était jeté en prison sous la dictature d'Esquiros !

Après avoir laissé pendant dix jours les deux missionnaires au dépôt de la préfecture, on les transféra à Mazas, où étaient déjà plusieurs otages, entre autres Mgr l'archevêque de Paris :

« Le jeudi, 13 avril, raconte M. Perny, un peu après midi, je remarquai, à ma grande surprise, qu'on avait fait sortir, dans le large corridor du bâtiment, un bon nombre d'ecclésiastiques. Je cherchai à surprendre sur leur figure un signe, un regard, qui pût me faire conjecturer leur situation. Naturellement la première pensée qui me vint fut celle de leur élargissement. Mais leur tenue incertaine me la fit aussitôt rejeter. On lisait

---

(1) *Deux mois de prison*, p. 23 et suiv.

trop visiblement, sur la figure de tous, les symptômes de prisonniers indécis, qui cherchent eux-mêmes à deviner ce que l'on va faire d'eux. « Sans doute, disions-« nous, on va les conduire à Mazas. » Pendant que nous faisions ensemble ces réflexions, la porte de notre cellule fut ouverte avec précipitation. On nous priait de sortir, mais sans aucune explication. N'ayant aucun objet à emporter, nous fûmes aussitôt réunis à nos collègues.

« Effectivement, on allait nous transporter tous à Mazas. Nous formions un groupe d'environ 25 ecclésiastiques, tous en costume, hormis trois ou quatre. Deux vicaires généraux, MM. Surat et Bayle, le secrétaire de l'archevêché, M. le curé de la Madeleine, M. le curé de Plaisance, quelques autres curés de la ville, des vicaires, le P. Olivaint et deux de ses collègues, un aumônier de l'Œuvre des Patronages, M. Planchat, sept ou huit séminaristes de Saint-Sulpice, et nous deux formions la réunion dont je parle. M. Lagarde avait demandé et obtenu l'autorisation d'accompagner Mgr Darboy le jour de son arrestation. Deux directeurs de Saint-Sulpice, MM. Icard et Hogan, avaient été arrêtés. M. Icard fut conduit à la prison de la Santé, M. Hogan s'était fait réclamer, dès le lendemain, par le consul d'Angleterre, et avait obtenu de la sorte son élargissement. Fort heureusement tout le séminaire de Saint-Sulpice avait été licencié quelques jours avant. Le bon curé de Plaisance avait été arrêté le lundi saint dans son église et au confessionnal. M. le curé de la Madeleine me demanda des nouvelles de son cousin, Mgr Desflèches, évêque de

Sinite. Il fut heureux d'apprendre que Sa Grandeur avait quitté la ville. Les Pères jésuites de la rue des Postes se trouvaient déjà internés à Mazas. Sept d'entre eux avaient été mis hier en liberté. La cause de leur élargissement ne m'est pas connue. Quelques-uns des prêtres réunis dans ce couloir de la préfecture pensaient que notre transfert à Mazas rendait notre situation beaucoup plus critique. Telle était, entre autres, l'opinion de M. le curé de Notre-Dame de Plaisance. Mais l'excellent jeune homme de la préfecture, avec lequel je causai, m'assurait que nous étions dans l'erreur. « Si l'on vous trans-
« fère à Mazas, disait-il, n'en soyez nullement inquiets.
« C'est une simple question de déblaiement. La préfec-
« ture est encombrée ; on veut y faire un peu de place.
« Vous y serez même plus en sûreté, en cas d'une
« émeute populaire, qui n'est point du tout chose im-
« probable par le temps qui court. » Ces bonnes paroles nous firent plaisir. Un Père jésuite me dit alors tout bas à l'oreille: « Tout ceci est une tragédie qui
« finira par une comédie. — Cela n'est pas sûr, mon
« père. » Un bon prêtre du clergé de Sainte-Marguerite faisait tout haut cette réflexion : « Moi qui ai fait
« sortir d'ici tant de détenus, et m'y trouver à mon
« tour ! » Cependant les gardiens allaient, venaient, se croisaient les uns les autres, sans que je comprisse rien à ce manége. Après une bonne heure d'attente, on annonça que, les voitures n'étant pas prêtes, nous allions rentrer chacun dans nos cellules respectives.

« Nous n'éprouvions, au fond, qu'une médiocre satisfaction à quitter ce lieu, ne sachant pas ce que serait notre nouvelle prison. « Qui sait, disions-nous, si notre « transfert aura lieu ? Il y a peut-être des dissensions « au sein de la Commune. Rien de plus naturel. Peut-« être est-il arrivé quelque nouvelle ! » Ces suppositione se trouvèrent point justes. Vers trois heures, on ouvrit nos cellules, et nous nous trouvâmes tous réunis au même endroit. Les fameuses voitures cellulaires étaient prêtes. On fit l'appel. Chacun répondit à son nom. Le P. Houillon et moi, nous fûmes du troisième convoi. Chaque convoi comprenait huit personnes. Le nôtre n'étant pas au complet, on fit sortir quelques autres prisonniers pour remplir le nombre voulu. Un colonel en costume complet nous suivit. C'était un homme d'une taille élevée, dans la cinquantaine, plein de vie et d'énergie. Il se fit attendre quelques minutes, ne voulant pas, paraît-il, sortir de sa cellule du dépôt de la préfecture. Quand il arriva en notre présence, il était exaspéré. « Oui, disait-il avec colère, mais jamais l'em-« pire ne m'a arrêté. » Me trouvant en tête de la ligne, je lui cédai le pas. J'éprouvais un grand désir de lui adresser quelques mots ; mais son violent état d'exaspération me retint. Nous entrâmes dans une cour. De toutes parts, nous étions environnés de soldats l'arme au bras. En arrivant dans cette cour, le colonel, que je suivais de près, cria : « Vive la République ! Je « ne sais pas pourquoi on m'arrête. Je n'ai rien fait. »

« Ces paroles impressionnèrent vivement les soldats présents. Mais le silence fut complet. Le colonel entra dans la voiture; je le suivis immédiatement. Ma plus grande humiliation, durant toute cette captivité, fut de me voir dans cette voiture cellulaire. Chacun y est enfermé à clef, dans une case si étroite qu'on ne peut s'y mouvoir. L'air faisait défaut. On éprouvait aussitôt un malaise très-pénible. Un bon prêtre du clergé de Sainte-Marguerite, d'une taille élevée et d'un grand embonpoint, s'y trouvait bien mal. Il suffoquait. « De « l'air! de l'air ! criait-on de tous côtés dans la voiture « en frappant contre les portes. — On va vous en don- « ner. » On ne venait pas. « Je meurs ; de grâce, je vous « en supplie, criait d'une voix entrecoupée de sanglots « le bon prêtre de Sainte-Marguerite, un peu d'air ou « je meurs. — J'enfonce les vasistas, si vous ne venez « pas, criaient d'autres détenus. — On va, on va, » criait-on du dehors. Et l'on ne venait pas. Les larmes me coulèrent alors des yeux, je vous l'avoue, en voyant les souffrances de mes collègues et l'inhumanité de nos bourreaux. Ce fut une véritable ironie ; on ne vint pas ; on nous laissa plus de vingt minutes dans ce douloureux état. Le tumulte était au comble dans la voiture. Enfin, la voiture s'ébranla. Mais l'air désiré ne vint pas. Le trajet me parut long, bien long. Deux ou trois fois, la voiture fit halte pendant quelques minutes, je ne sais pourquoi.

« On arriva à Mazas, cette fameuse prison dont j'avais aperçu tant de fois les murs d'enceinte, en faisant la conduite à mes jeunes confrères qui prenaient le chemin de l'Orient. « Voilà, leur disais-je, une maison

« dont un célèbre écrivain connaît fort bien la règle. »

« Grâce à notre régime bureaucratique si perfectionné, qu'il fonctionne sous la Commune aussi bien que sous les règnes déchus, ce fut ici une nouvelle série de formalités à n'en plus finir. Une double ligne de soldats armés bordait le pourtour de l'espace que nous avions à franchir pour arriver au vestibule de la maison. Cet appareil militaire si affecté pour conduire dans une prison quelques prêtres sans armes n'était-il pas, de la part de nos oppresseurs, une fanfaronnade burlesque à force d'être ridicule? On nous écrouait successivement dans les cellules d'attente, disposées *ad hoc* dans un large corridor. Au bout d'une heure, nous étions introduits dans d'autres cellules d'attente un peu plus loin. Dans ces dernières une porte était ménagée au côté opposé à celui par lequel on y entre. Cette deuxième porte donne dans le principal bureau de la maison. Après une nouvelle station en ce lieu, cette porte s'ouvrit. Nous nous trouvions en face des trois employés du bureau. Le chef nous fit approcher, et nous demanda nos noms, prénoms, etc. Chacun des autres employés écrivait avec le premier nos réponses. La formalité remplie, je demandai à être placé dans une même cellule avec mon confrère de Chine, comme au dépôt. « Cela n'est pas « possible ; on ne l'a pas même accordé à l'archevêque « de Paris. » Un gardien me prit par le bras et me montra le couloir que j'avais à suivre.

« A l'extrémité de ce couloir se trouve une rotonde assez spacieuse, élevée et terminée en forme de dôme.

Elle ouvre de six ou huit côtés, dans son pourtour, une voie qui fait entrée dans autant de corps de bâtiment. Au centre du rond-point est un bureau d'inscription. Cela ne pouvait manquer. Ce bureau est entouré de colonnes en pierres, supportant un plafond. Sur le dessus est dressé un bel autel en marbre blanc, que l'on peut apercevoir depuis les couloirs de chaque aile de bâtiment dans toute leur hauteur. C'est la chapelle de la maison. Au dessus des colonnes en pierre, dans le contour du cintre, je lus, avec une grande satisfaction, ce texte évangélique : « *Gaudium erit in cœlo super uno peccatore pœnitentiam agente quam super nonaginta novem justis...* » (S. Luc, XV). Il est assez étonnant qu'après avoir supprimé ici le culte catholique, expulsé les aumôniers, on n'ait pas gratté cette inscription.

« Dans ce bureau de la Rotonde, on remet à chacun un billet sur lequel on inscrit le nom du prisonnier nouveau venu. Un employé montre la direction que l'on doit suivre. Peu après, un autre vous arrête au passage et vous fait entrer dans une cellule qui renferme une baignoire. Je regardais avec calme, mais non sans un certain ébahissement. Cet employé, un carnet à la main, inscrit vos noms. — « Avez-vous quelque chose sur vous ? De l'argent ? Combien ? Un couteau, un rasoir, etc. ? » Il inscrit vos réponses. — « Voulez-vous prendre un bain ? » Sur votre refus, un signe de main vous indique le chemin à suivre.

« Cette fois, c'est fini ! votre cellule est ouverte. Vous

entrez. Le gardien vous fait remarquer votre ameublement et surtout la manière de monter votre lit. Ici c'est une sangle qui s'attache à des anneaux de fer fixés aux parois des murs d'une largeur à l'autre de la cellule. Ce lit est donc un véritable hamac. On ne permet pas de le tendre durant le jour. Ces renseignements donnés, l'employé se retire et ferme les verrous sur vous (1). »

Revenons à la préfecture de police. Le 4 avril, au moment où se terminait l'inscription sur le registre d'écrou de M. l'abbé Perny et de M. l'abbé Houillon, « on amenait un aumônier militaire, ayant au bras et à son chapeau tous les insignes que les aumôniers portaient durant le siége. Il venait d'être arrêté dans la rue de Vaugirard, où il demeure, bien qu'il portât avec lui son passeport et d'autres pièces de ce genre. « L'exas-
« pération de la foule était si grande, ajoutait-il, que je
« m'attendais à être massacré sur place. Je me félicite
« d'avoir été amené ici. » Ce bon M. Allard, du diocèse d'Angers, n'avait pas, le moins du monde, l'air attristé de son aventure. Le jour même il avait consacré tout son temps à soigner les blessés sur le champ de bataille et à prodiguer les secours de son ministère à ceux qui les réclamaient (2). »

---

(1) *Deux mois de prison*, p. 38 et suiv.

(2) M. l'abbé Allard n'avait pas été le seul à s'occuper des blessés ; voici ce que racontait du curé de Courbevoie le *Moniteur universel*, le jour même où était votée la sanglante loi des otages.

« Au plus fort de la bataille, ce matin, à l'heure où les projectiles sifflaient de toutes parts, pendant que la mitraille faisait des ravages dans les rangs des fédérés, un modeste

Mais la principale arrestation, celle qui émut surtout les fidèles, ce fut l'arrestation de Mgr l'archevêque de Paris. Le 4, vers deux heures de l'après-midi, des agents de la Commune, accompagnés d'un fort piquet de gardes nationaux, se présentèrent à l'archevêché. Après une longue perquisition qui, de même que toutes les perquisitions analogues, n'amena aucun résultat, Mgr Darboy fut mis en état d'arrestation, ainsi que sa sœur mademoiselle Darboy, ses grands-vicaires, Mgr Surat et M. l'abbé Lagarde, et M. l'abbé Petit secrétaire-général. Le mandat d'amener décerné contre Mgr Darboy était ainsi conçu : « Ordre d'arrêter le citoyen Darboy (Georges), se disant archevêque de Paris. »

Malgré cela, on promit à Mgr Darboy de le traiter avec les égards dus à son rang ; on l'arrêtait non pas

---

héros, un prêtre, le curé de Courbevoie, arriva sur le champ de bataille pour porter secours aux malheureux blessés.

« Il allait de l'un à l'autre, relevant celui-ci, exhortant celui-là, prodiguant aux agonisants les consolations les plus touchantes.

« De tous côtés, ceux qui souffraient s'écriaient à la fois :

« — A moi, monsieur le curé, à moi !

« Et le digne homme se multipliait pour courir vers ceux dont les souffrances paraissaient vouloir un plus prompt soulagement.

« Après avoir parcouru une partie du champ de bataille, donnant à boire à l'un, aidant l'autre à s'asseoir, il commença la plus pénible besogne. Il prit sur son dos un blessé, l'installa le mieux qu'il pût, et le transporta non loin de là, derrière une maison effondrée au dessus de laquelle flotte le drapeau de l'Internationale, et où un chirurgien fait les premiers pansements.

« Après avoir déposé son précieux fardeau, le bon curé retourne sous le feu du champ de bataille et ramène un deuxième blessé, puis un troisième..... A l'heure où nous sommes forcé de revenir, le brave homme accablé de fatigue, en est à son onzième voyage

« A Courbevoie et à Nanterre, il n'y a qu'un cri d'admiration pour ce prêtre courageux. »

comme criminel, mais comme ôtage, et il fut emmené à la préfecture de police dans sa propre voiture. Mais à partir de l'arrivée à la préfecture, tous les égards cessèrent et Mgr l'archevêque de Paris fut traité comme un malfaiteur.

Le délégué à la sûreté publique était Raoul Rigault; c'est devant lui que Mgr Darboy dut paraître pour être interrogé ; et voici le récit que l'illustre prélat a fait de son interrogatoire, le 24 mai, à M. l'abbé Delmas, vicaire de Saint-Ambroise, entré de la veille à la Roquette et qui a survécu au massacre :

« Ce ne fut pas un interrogatoire, me répondit-il. Quand j'arrivai, le *citoyen* (Raoul Rigault), à demi tourné vers moi, me dit : « Depuis dix-huit cents ans « vous nous *embastillez*, vous nous *torturez!* »

« Je répondis : A quoi pensez-vous, mes enfants ?... Car ils parlaient tous à la fois. Ils ne répliquèrent rien, sinon : *Nous ne sommes pas des enfants, mais des hommes; nous ne sommes pas non plus des magistrats*, ainsi qu'on l'a supposé.

« Ils me demandèrent ensuite mes nom et prénoms, après quoi ils écrivirent : *Ex-archevêque de Paris.* — Vous ne voulez pas me faire signer cela, je pense. — Et pourquoi pas ? — Parce que d'abord il ne vous est pas plus possible de défaire un archevêque que d'en faire un; en second lieu, parce que j'ai été, je suis et je serai jusqu'à la fin de ma vie archevêque de Paris ; en dernier lieu, quand je serais à Pékin même, je n'en serais pas moins archevêque de Paris. » Alors ils biffèrent ce mot et le remplacèrent par ceux-ci : « *Le sieur Darboy qui se dit archevêque de Paris.* »

Le récit de Mgr Darboy est confirmé par un article paru le 7 avril dans la *Sociale*, feuille patronnée par Raoul Rigault, et où ce misérable se faisait féliciter de l'énergique fermeté qu'il avait déployée vis-à-vis d'un vieillard sans défense.

Il nous a été raconté de plus par une personne bien informée que Mgr Darboy se voyant ainsi insulté, se tourna vers son grand-vicaire et échangea avec lui un de ces sourires pleins de tristesse qui veulent dire que tout espoir est perdu ; les misérables séides de Raoul Rigault surprirent ce sourire, prétendirent que l'archevêque leur manquait de respect et redoublèrent d'insolence. Le fait n'est que trop vraisemblable (1).

D'une lettre signée Gerspach et publiée par le *Journal officiel*, il résulterait qu'au dépôt de la préfecture comme à Mazas, Monseigneur aurait eu beaucoup à se louer des attentions de madame Coré, femme du directeur du dépôt avant le 20 mars, et remplacé depuis et mis en prison parce qu'il refusait de servir la Commune.

« Le 4 avril, à cinq heures et demie du soir, écrit M. Gerspach, l'archevêque, sa sœur et plusieurs ecclésiastiques furent incarcérés au dépôt.

(1) D'après une feuille assez favorable à la Commune pour avoir mérité de paraître jusqu'au dernier jour, la *Vérité*, « pendant toute la nuit qui suivit l'arrestation de Mgr Darboy, on vit sortir de la cour des voitures chargées des objets pillés dans les appartements de l'archevêché ; objets du culte, ornements, argenterie, furent mis pêle mêle dans les paniers. »
Et les journaux communeux osaient demander « quel pillage la Commune avait ordonné ! »

« Madame Coré se mit aussitôt à leur disposition pour leur faire avoir du linge, des aliments, de l'argent. Elle s'attacha surtout à être utile à l'archevêque et à sa sœur. L'archevêque, par la lettre suivante, lui témoigna sa reconnaissance :

« Madame,

« Combien je suis touché des sentiments religieux et français que vous voulez bien m'exprimer ! Je vous prie d'en agréer mes remercîments. Je vous remercie surtout de songer à ma sœur, qui partage ma captivité, on ne sait pourquoi. Tout ce que vous aurez la bonté de faire pour elle m'ira au cœur, et je me ferai un devoir de vous en tenir compte ici-bas, si j'y reste, ou là-haut, car on ne m'empêchera pas d'y aller. Je ne puis la voir, mais j'aurais l'intention de demander son élargissement au délégué chargé de sauvegarder la liberté individuelle. Seulement, je ne sais pas ce qui se passe, et tout va si vite que ce n'est peut-être déjà plus M. Protot qui fait ce service. Je recevrais volontiers vos indications à ce sujet.

« Ma sœur a été très-sensible à vos bons soins et vous demandera la permission de s'en souvenir. J'ai connu tout de suite l'épreuve envoyée à M. Coré, et j'y ai pris une part bien vive à raison des qualités qu'il déployait dans sa mission.

« Permettez-moi de vous encourager à supporter ces chagrins qui finiront bientôt, je l'espère, et veuillez, si c'est possible, lui offrir mes condoléances.

« Je prendrai la liberté de profiter de vos offres si c'est nécessaire ; je suis reconnaissant de ce que vous avez déjà fait pour ma sœur et pour moi.

« Veuillez, Madame, agréer l'hommage de mes sentiments respectueux et dévoués.

« Signé G., archevêque de Paris. »

« Le 6 avril, l'archevêque, M. Bonjean, M. Coré et des ecclésiastiques furent transférés à Mazas. La sœur de l'archevêque fut conduite à Saint-Lazare ; elle ne tarda pas à être mise en liberté.

« Aussitôt que madame Coré apprit que l'archevêque allait quitter la Conciergerie, elle voulut le voir ; elle parvint après de grandes difficultés jusqu'à sa cellule.

« Je rapporte l'entrevue telle que madame Coré l'a racontée à M. Picard, qui la voyait journellement pour la consoler et l'aider dans sans tâche.

« Monseigneur Darboy se leva, se découvrit et vint lui prendre les deux mains.

« — Monseigneur, lui dit-elle, vous partez pour Mazas.

« — Je le sais, répondit-il.

« — Du courage, Monseigneur; ne vous formalisez pas de ce que je vais vous dire. Vous êtes sans doute sans argent ?...

« Sur un signe affirmatif de l'archevêque :

« — Voulez-vous me faire le plaisir et l'honneur de partager avec moi?

« Il accepta.

Puis il dit à Mme Coré :

« — Merci, mon enfant ; je laisse ma sœur captive ici, pouvez-vous me promettre d'être sa sœur pendant la durée de ces terribles événements ?

« Elle lui en donna l'assurance formelle, et, tout en larmes, se mit à genoux.

« L'archevêque étendit les bras et lui donna sa bénédiction. »

Ce dévouement console au milieu de faits si tristes.

Mgr Darboy ne resta que trois jours au dépôt de la préfecture et le 8 il était transporté à Mazas dans la même voiture cellulaire que le président Bonjean.

Le 5 avril, de nouvelles arrestations eurent lieu. M. l'abbé Moléon, curé de Saint-Séverin, fut amené au dépôt, d'où il fut transféré le 13 à Mazas.

Le même jour, dans la soirée, on arrêta le R. P. Olivaint et le R. P. Caubert de la Compagnie de Jésus, le premier supérieur, le second procureur de la maison de la rue de Sèvres

« Hier soir, vers six heures et demie, dit l'*Univers* du 8 avril, quelques gardes nationaux des bataillons de Montrouge, dit-on, commandés par un officier, accompagnés d'un commissaire M. Lagrange et conduits par un membre de la Commune, M. le docteur Goupil, délégué, si je ne me trompe, à l'instruction publique, se sont présentés, tambour en tête, à la maison des Pères jésuites de la rue de Sèvres. Les portes n'étaient point fermées. Une partie des gardes nationaux a pénétré dans la maison, les autres ont établi devant la façade un cor-

5.

don coupant dans toute sa largeur la rue de Sèvres. Ces gardes nationaux ont stationné là jusqu'à onze heures et demie du soir, car la perquisition a duré tout ce temps.

« Le but était de rechercher des armes et de l'argent. On n'a trouvé ni armes ni argent. Ce dernier point a paru sensible aux perquisiteurs. Ils ont visité tous les étages, les diverses chambres et les plus petits recoins, accompagnés par ceux des religieux qui se trouvaient dans la maison. Les Pères allaient se mettre à table pour la collation au moment de l'invasion : les tables étaient garnies, et au réfectoire, les gardes nationaux ayant manifesté quelque soif, on leur versa un coup à boire, qu'ils acceptèrent volontiers.

« Après avoir tout visité, sans rien trouver à prendre, les perquisiteurs quittèrent enfin la maison, non sans faire menace de revenir, et ils emmenèrent prisonniers deux des religieux, les Pères Olivaint et Caubert. Ils serviront toujours d'otages, disaient les gardes nationaux. »

Dans la nuit ce fut le tour de M. l'abbé Deguerry, curé de la Madeleine, vieillard de soixante-quatorze ans :

« Il s'est passé cette nuit, écrivait le *Soir*, dans un des quartiers du centre de Paris, à cent pas de la place Vendôme, un fait qui n'a pas besoin d'être qualifié.

« A deux heures du matin, une douzaine de gardes nationaux conduits par un jeune officier se présentèrent à la porte de la maison attenante à l'Assomption et qui sert de presbytère au curé de la Madeleine.

« Après avoir agité en vain la sonnette, ils sommèrent la concierge d'ouvrir, et n'ayant pas obtenu de réponse, ils se mirent en devoir d'enfoncer la porte à coups de crosse.

« Comme l'opération ne réussissait pas: « Allons chercher un canon ! » fit l'un d'eux, en entraînant deux de ses compagnons vers la place Vendôme.

« Ils ne rapportèrent pas un canon, mais une pince, et aussitôt les coups redoublèrent sur la porte, entremêlés de jurons et de cris de colère.

« Les carreaux de la maison volaient en éclats.

« Les battants s'ouvrirent enfin. Mais dans le vestibule, obscurité complète ; on dut aller quérir une lanterne, et l'on se mit en devoir d'enfoncer la seconde porte. Elle céda bientôt, et l'on trouva derrière une vieille femme plus morte que vive, qui cependant refusa de fournir aucun renseignement sur son maître.

« Les gardes nationaux se répandirent alors dans la maison dont les fenêtres s'éclairèrent subitement, et procédèrent au déménagement des objets précieux.

« Les ornements du culte, l'argenterie, le linge, furent successivement emballés et placés dans une voiture réquisitionnée à cet effet.

« Les perquisitions se continuèrent jusqu'à six heures et demie du matin, du grenier à la cave.

« A cette heure, le vénérable curé de la Madeleine fut amené dans la rue.

« Ce grand vieillard aux longs cheveux blancs, qui porte si gaillardement ses soixante-quatorze ans, jeta un regard de tristesse vers sa maison dévalisée, puis monta silencieusement avec deux gardes nationaux dans une voiture qui s'éloigna aussitôt.

« Cependant les passants commençaient à s'attrouper dans la rue Saint-Honoré, et à protester contre ces actes. Les gardes nationaux sortirent peu à peu de la maison et fermèrent la porte tant bien que mal ; mais les preuves de l'effraction ne pouvaient être effacées complétement, et toute la matinée les groupes, où l'on remarquait de pauvres femmes qui vivent de la charité de M. Deguerry, manifestaient hautement leur indignation (1). »

Un autre récit ajoute cette particularité :

« Pendant qu'on faisait le siége de sa porte, l'abbé Deguerry avait eu le temps de revêtir un costume civil, de traverser le jardin qui se trouve derrière l'Assomption, et de passer avec son domestique par dessus le mur du bâtiment annexe du ministère des finances. Le clair de lune permit à un garde national de le reconnaître ; il fut alors arrêté : ce digne prêtre à cheveux blancs jeta un regard mélancolique sur sa maison dévastée, puis monta silencieusement avec deux gardes nationaux dans une voiture qui s'éloigna aussitôt. »

Le 8, un commissaire de police et trois personnages en costume bourgeois se rendirent, accompagnés d'un certain nombre de gardes nationaux, à la maison des

---

(1) VICOMTE DE LA VAUSSERIE. — *Les Martyrs de la seconde Terreur*, p. 51.

pères de la congrégation des Saints-Cœurs, dite de Picpus.

Ils enfermèrent les Pères et les Frères dans une pièce, où ils les laissèrent jusqu'à dix heures sous la garde de deux sentinelles. Pendant ce temps-là ils faisaient seuls la visite de la maison, n'oubliant ni la cave, ni l'office, qu'ils mirent à contribution.

A dix heures et demie, ils se retirèrent, emmenant prisonniers les douze Pères et un Frère auxquels ils laissèrent à peine le temps de prendre quelque chose ; quelques gardes nationaux restaient pour garder la maison ; ils s'emparèrent des lits des Frères, qui passèrent la nuit comme ils purent et qui furent gardés à vue pendant vingt-quatre heures.

On fit un certain bruit à propos d'habits militaires trouvés chez les Pères de Picpus, mais ces habits avaient été laissés à la garde du frère portier par l'officier d'habillement du 49e bataillon de la garde nationale, qui pendant le siége logeait chez les religieux de Picpus.

Parmi les Pères arrêtés se trouvaient quatre des victimes du 27 mai, le P. Armand Radigues, prieur, le P. Polycarpe Tuffier, procureur, le P. Marcelin Rouchouze, secrétaire du supérieur général, et le P. Frézal Tardieu, conseiller du supérieur général.

Le même jour était arrêté M. l'abbé Planchat, directeur, avec M. l'abbé Paul de Broglie, du patronage des jeunes apprentis de Sainte-Anne à Charonne. Ce n'est pas M. l'abbé Planchat, que se proposait de faire arrêter la Commune, mais M. l'abbé de Broglie, otage beaucoup plus important, puisqu'il était le frère du député envoyé comme ambassadeur à Londres par M. Thiers. Prévenu, M. l'abbé de Broglie s'était soustrait aux recherches des agents de la Commune et l'on dit que M. Planchat s'offrit volontairement à sa place.

Le 11 on arrêtait M. l'abbé Sabatier, vicaire à Notre-Dame de Lorette, M. l'abbé Bécourt, curé de Notre-Dame de Bonne-Nouvelle, et sept séminaristes de Saint-Sulpice : MM. Delfau, diacre, Barbequot, sous-diacre, Déchelette, Guitton et Raynal, minorés, Gard et Seigneret, tonsurés. Ils furent arrêtés à la préfecture de police où ils s'étaient rendus pour demander des permis afin de se rendre dans leurs familles. Deux d'entre eux seulement, MM. Gard et Seigneret, ont été transférés à la Roquette le 22 mai, et le dernier a été assassiné le 26. Les autres sont restés à Mazas ; ils allaient monter en voiture où déjà MM. Guitton et Déchelette avaient pris place, lorsqu'on leur dit, les voyant si jeunes : « Vous n'êtes que des séminaristes, il nous faut des otages plus sérieux, des prêtres, des gendarmes et des sergents de ville, descendez ! »

Enfin, je ne dois pas oublier le frère Néomède-Justin, Philippe Saguet, de la communauté d'Issy, arrêté avec les autres frères le 8 mai et conduit à Mazas, d'où il n'est sorti le 25 que pour tomber entre les mains des fédérés qui l'ont retenu prisonnier et l'ont gardé près d'une barricade derrière laquelle il a été tué par un éclat d'obus (1).

(1) Je n'ai pas donné toutes les arrestations; je me suis borné

Lorsque ces arrestations eurent lieu, elles soulevèrent d'énergiques protestations, auxquelles s'associèrent même quelques feuilles sympathiques à la Commune. Parmi les protestations, il en est deux que je me fais un devoir de citer parce qu'elles furent remarquées et qu'elles font honneur à ceux qui les ont écrites ; je veux parler des lettres de MM. de Pressensé et Guillaume Monod, pasteurs protestants ; elles étaient adressées, je crois, au *Temps* et au *Journal des Débats*. Les voici :

« Paris, le 11 avril 1871.

« Monsieur le rédacteur,

« Permettez-moi, en m'associant à vos généreuses et courageuses protestations contre un état de choses sans pareil dans notre histoire contemporaine, d'insister sur l'une des plus graves atteintes qui aient été portées à la liberté depuis le 18 mars ; je veux parler de l'injuste incarcération de l'archevêque de Paris et de quelques-uns des membres les plus éminents de son clergé.

« Appartenant à une Église qui n'est pas la sienne et s'en distingue par son principe même, je suis d'autant plus poussé par ma conscience à déclarer que tous les chrétiens, je dirai plus, tous les amis de la liberté religieuse sont atteints par le coup qui a frappé le clergé catholique de Paris.

« Nous avons défendu en toute occasion le droit sacré de la conscience ; nous ne nous tairons pas quand il est

---

à celles des otages tombés sous les coups des assassins. D'autres arrestations seront indiquées au troisième livre.

foulé aux pieds, avec tant d'autres, dans notre malheureuse cité. Nous portons notre protestation au grand tribunal de la conscience publique, qui finira bien par se faire entendre.

« Recevez.....,

« E. DE PRESSENSÉ, pasteur. »

« Paris, le 11 avril 1871.

« Monsieur le directeur,

« Permettez-moi d'emprunter la voie de votre journal pour exprimer la douleur avec laquelle j'ai appris l'incarcération de l'archevêque de Paris et d'un assez grand nombre de prêtres entourés de l'estime publique.

« J'appartiens à une Église dont les pasteurs et les fidèles furent dans un temps mis en prison ou à mort, en France, ou forcés à l'exil ; mais je me souviens que l'un des premiers actes de l'Assemblée des représentants de la France, après la révolution de 1789 (1), fut de rappeler les protestants exilés ou leurs enfants, et je me fais gloire d'être moi-même un de ces enfants des exilés.

« Comment ne protesterais-je pas, quand des chrétiens français appartenant à une communion différente de la mienne sont traités par des concitoyens comme s'ils étaient des malfaiteurs ? Que si quelque ministre de la religion, protestante ou catholique, avait commis un dé-

(1) Les souvenirs de M. Monod le trompent ; Louis XVI n'avait pas attendu 1789 ni l'Assemblée constituante.

lit, ce n'est pas moi ni, je pense, aucun des prêtres dont je parle qui demanderions qu'il ne fût pas puni, après avoir été jugé.

« Mais, en voyant frapper sans jugement et même sans accusation des hommes que la France vénère, je sens que c'est la France même que l'on frappe, et j'ai besoin de protester, et je prie pour eux et pour la France. Si j'ai pleuré sur mon pays lorsque l'étranger le désolait et l'ensanglantait, je pleure plus amèrement lorsque ses propres enfants lui déchirent les entrailles et le poussent à se déchirer de ses propres mains.

« Si quelqu'un me reprochait ma douleur, si l'on m'en faisait un crime, je répondrais : Emprisonnez-moi, si vous le voulez, à la place de ceux dont je prends la défense ; je continuerai de prier pour la France, et je prierai aussi pour vous comme je crois que le font ces prêtres eux-mêmes ; et je demeurerais persuadé que le salut de la France est dans la constitution d'une république unie au vrai christianisme, à celui de la repentance, de la foi et de la charité.

« Agréez....,

« GUILLAUME MONOD, pasteur. »

Ce soulèvenemt général de l'opinion n'arrêta pas la Commune, mais elle chercha à justifier ses actes, et ses fidèles eurent recours à leur arme habituelle, la calomnie ; seulement, ils ne s'entendirent pas et par leurs contradictions détruisirent tout l'effet de leurs mensonges.

Ainsi, le citoyen comte de Rochefort-Luçay, dans son *Mot d'ordre*, disait :

« Il paraît certain que l'arrestation de l'archevêque Darboy, du curé de la Madeleine, ancien confesseur de l'Impératrice, et de divers autres prêtres, se rattache à des tentatives de détournement des biens du clergé déclarés, comme on sait, biens nationaux.

« Notons en passant que le trésor de Notre-Dame, composé d'une collection d'objets précieux de toutes les époques, pour la plupart ornés de diamants et de pierreries inestimables, vaut à lui seul plusieurs millions.

« Nous engageons fortement les membres de la Commune et le délégué civil à la préfecture de police à s'assurer de l'intégrité de cette collection (1). »

Cette accusation de détournement à laquelle ne croyait pas le citoyen Rochefort lui-même se trouve démentie par un article très-violent de la *Sociale*, sinon dicté par Raoul Rigault, au moins fait sous son inspiration, car on y trouvait des détails que lui seul avait pu donner.

« Des renseignements actuellement en possession du délégué de l'ex-préfecture de police, disait la *Sociale*, il résulte la preuve que depuis longtemps le haut clergé parisien a non-seulement abandonné la cause nationale pour celle de l'Église et sacrifié les intérêts de Paris à ceux de Rome, mais encore trahi la France de toutes les façons, y compris les plus révoltantes, et livré autant qu'il l'a pu faire la patrie à l'envahisseur....

(1) La dénonciation du citoyen Rochefort pour le trésor de Notre-Dame n'a pas été perdue.

« Pendant tout le siége de Paris, et notamment depuis l'arrivée des nouvelles relatives à la reprise de Rome par le royaume italien, les ecclésiastiques de toutes robes et de tous grades qui, sur la recommandation de M. Trochu, circulaient librement et continuellement entre nos avant-postes et ceux de l'ennemi, n'ont cessé d'être d'actifs agents de délation, ayant pour mission de faire parvenir aux états-majors prussiens tous les renseignements militaires que leur situation leur permettait de se procurer. »

Un accusation de trahison partant de gens qui ont refusé de marcher contre les Prussiens pendant le siége, réservant tout leur courage pour l'insurrection, ne mérite pas d'être discutée. D'ailleurs, si le délégué Rigault avait eu des preuves de la « trahison » du clergé, il se serait empressé de les produire, lui qui se plaignait à M⁰ Rousse, bâtonnier des avocats, de ce qu'on ne l'avait pas laissé arrêter assez de prêtres.

L'*Affranchi*, du citoyen Paschal Grousset, donnait à peu près la même note que la *Sociale*, seulement il insistait sur « des amas d'armes considérables et de munitions de tout genre trouvés dans le repaire de la rue des Postes », où l'on n'avait rien trouvé.

A toutes ces accusations, l'on pouvait répondre avec l'*Univers :*

« Les journaux de la Commune, qui élèvent d'infâmes accusations contre les prêtres incarcérés, devraient constater au moins que pas un de ceux qu'ils osent déclarer traîtres à la patrie, espions de la Prusse, agents de guerre civile, complices de Bonaparte, n'a fui devant les menaces de la Terreur. Évêque, curés, supérieurs de communautés religieuses, tous ont été trouvés à leur poste, arrêtés chez eux, fidèles au devoir, tranquilles en face de la persécution.

« Les coupables fuient ; les martyrs restent.

« Cependant ces prisonniers savent qu'ils sont les otages de la Commune ; ils n'ignorent pas le sort qui les attend. Malgré l'exemple d'odieuses arrestations, il n'y a pas, à l'heure actuelle, un curé de Paris qui ne soit publiquement à son église, exposé aux poursuites de la Commune. Leur conduite seule devrait les justifier de tout soupçon, si ceux qui les accusent avaient, non pas même un peu de bonne foi, mais quelque bon sens.

« Que leurs accusateurs, leurs juges et leurs geôliers d'aujourd'hui restent comme eux jusqu'au bout au poste qu'ils se sont donné, imperturbables devant les représailles qui les menacent, fermes en face de la mort même, nous les absoudrons de tous leurs actes et nous croirons à leurs bonnes intentions. Mais l'histoire des insurrections ne nous a pas fait connaître beaucoup d'héroïsmes de ce genre ; les dominateurs de la veille sont toujours les plus empressés à fuir quand la force se retourne contre eux. »

Les prévisions de l'*Univers* se sont réalisées, et les membres de la Commune ont disparu plus vite encore qu'on n'aurait osé le supposer ; ils n'ont pas même attendu le dernier moment pour fuir ou se cacher.

Le véritable motif de l'acharnement déployé contre

les prêtres et les religieux, c'est la haine de l'Église. S'il était possible d'avoir des doutes à cet égard, voici un fait concluant :

« Le jour où l'on me transféra, en une voiture cellulaire, de la Conciergerie à Mazas, je fus interrogé au greffe. Le chef du bureau me demanda et écrivit devant trois autres employés mon nom, celui de mon père, celui de ma mère, celui de mon pays, et enfin il m'interrogea sur ma profession, que mon habit ecclésiastique désignait suffisamment. Je répondis : « Prêtre, vicaire à Notre-Dame des Victoires. — *C'est le délit*, ajouta-t-il. — Si c'est le délit, lui dis-je, inscrivez-le deux fois, et bien lisiblement ; je suis Prêtre et vicaire à Notre-Dame des Victoires. » Puis, je m'approchai du registre, sans y être invité, pour m'assurer qu'on avait bien tenu compte de ma réclamation. Ils parurent surpris de mon indiscrétion, qui m'a permis de constater une surcharge, qu'on trouvera sur les registres de Mazas, s'ils existent encore. L'espace laissé en blanc sur le registre était insuffisant (1). »

Je terminerai ce chapitre consacré aux arrestations par un récit un peu consolant.

« Un officier de la garde nationale arrive de grand matin dans une communauté. Il demande le frère X... Le vénérable frère se hâte de se présenter. « Mon frère, dit l'officier, dans une heure on va venir vous arrêter. Je le sais de bonne source. C'est moi qui suis chargé

---

(1) L'abbé Amodru. — *La Roquette*, p. 15.

de cette belle besogne. Il faut fuir, et vite! » — « Comment, dit le bon frère? je ne ferais pas quatre pas sans être arrêté, avec mon habit. » — « Voici des vêtements laïques que je vous apporte. Mettez-les tout de suite. » — « Mais, où irai-je? » — « A telle porte. Voici un passeport en règle, c'est le mien. Une fois la porte franchie, vous irez chez madame P..., la mère de deux de vos anciens élèves. Elle est prévenue, et vous attend. » — « Mais, cher Monsieur, objecte encore le bon frère, ce passeport donne votre signalement. Vos cheveux sont noirs, et les miens tout blancs! » — Voici de quoi les teindre. Permettez que je vous rende ce service. » En quelques minutes, le bon frère devint méconnaissable. Il partit, et l'officier alla rejoindre son poste. Une heure après, il revint à la tête de ses hommes, fouilla la maison du grenier à la cave, cria, tempêta, au grand scandale des voisins, et s'en alla d'un air aussi furieux que possible. — Pendant ce temps, le bon frère arrivait chez madame P.... Jamais tour ne fut mieux joué! »

CHAPITRE CINQUIÈME

Mazas. — Description d'une cellule. — Règlements. — Vexations. — Souffrance de Mgr Darboy. — Mme Coré. — Réclamations de M. l'abbé Perny. — Visite d'un délégué. — Visite de M Washburne à Mgr Darboy. — M Plou. — Délivrance de Mlle Darboy. — Anecdote sur Dombrowski. — Visite de M. Rousse à Mgr Darboy; à M. l'abbé Deguerry ; au R. P. Caubert. — Lettre de Mgr Darboy pour le corps du général Duval. — Lettre de Mgr Darboy à M. Thiers. — Lettre de M. l'abbé Deguerry. — Mission de M. l'abbé Bertaux. — Réponse de M. Thiers. — Négociations pour un échange avec Blanqui. — *La Montagne.* — *Le Cri du Peuple.* — *Le Journal officiel.* — Lettres de Mgr Darboy, de M. l'abbé Lagarde. — Réponse du *Moniteur universel* au *Journal officiel.* — Transfert de la Roquette. — Voyage. — Arrivée.

Le régime des prisonniers à Mazas était plus rigoureux qu'au dépôt de la Préfecture. Au dépôt, deux prisonniers pouvaient être ensemble, et M. l'abbé Perny et M. l'abbé Houillon avaient pu obtenir de ne pas être séparés. A Mazas, rien de semblable; c'était le régime cellulaire dans toute son horreur. Je laisse encore la parole à M. l'abbé Perny qui nous décrira Mazas, mieux que je ne pourrai le faire, comme il nous a décrit le dépôt de la préfecture.

« Le lendemain de mon arrivée, après avoir achevé mes prières, une pensée bien naturelle se présenta à mon esprit : faire connaissance avec ma nouvelle cellule de Mazas, n° 54, 3e division Je ne sais comment expliquer cette manie des prisonniers à laisser, sur les murs de leur cachot, ceux-ci leurs noms, ceux-là une plainte, un gémissement, une sentence. Dans ma cellule, vous liriez des sentences dont l'immoralité dépasse ce qu'une plume dévergondée oserait à peine exprimer, de même qu'on y voit des croquis, tracés grotesquement, il est vrai, mais qui sont dégoûtants au dernier point. Jamais, dans une prison chinoise, on ne trouverait rien d'aussi ignoble. C'est le vice éhonté qui, dans sa turpitude sauvage, prend une voluptueuse jouissance à s'afficher, à se manifester ! Ne faut-il pas que des êtres bien pervers, bien pourris par le vice, aient passé dans cette cellule ? Comment l'administration de Mazas néglige-t-elle de faire de temps à autre une revue soignée de ces cellules ? Il n'est pas besoin de vous dire que je n'y ai trouvé aucun signe de repentir et de pénitence. Voici les deux seules inscriptions tolérables que j'y aie lues :

> Si fractus illabatur orbis,
> Impavidum ferient ruinæ.

L'autre est en italien :

> Questi non hanno che sete di morte
> E labor circa vista e tanto bassa
> Che invidiosi son dell'una e dell'altra sorte.

« Voilà ma demeure ; voilà ma cellule à Mazas. Son

ameublement est exactement le même qu'à la préfecture de police. L'ordinaire des repas ne diffère non plus en rien. Seulement il faut convenir qu'à Mazas tout est moins propre, surtout la vaisselle en fer-blanc. On nous donna de la lumière le soir, mais c'était une faveur, disait-on. En effet, quelque temps après, on nous la supprima. Quant à mon installation, elle fut bientôt faite. *Omnia mecum porto.*

« L'isolement, la solitude, sont plus complets à Mazas. Au dépôt, le guichet de notre porte demeurait ouvert une partie de la journée ; ici, il est constamment fermé. Au dépôt, les domestiques servent le repas ; à Mazas, on confie ce soin aux gardiens de service eux-mêmes. Toutes les mesures sont prises ici pour que le prisonnier ne reçoive aucune nouvelle, n'entende rien du dehors, ne voie personne, même du coin de l'œil, parmi ses co-détenus. Les Chartreux, les Trappistes, ne jouissent assurément pas de ces avantages au même degré (1). »

Après la description de la cellule, les règles à observer. M. l'abbé Perny en a trouvé une copie dans une cellule de l'infirmerie où il avait été momentanément transporté.

I

« *Règles à observer par le détenu placé dans cette cellule.*

« Il est expressément défendu de chanter, de parler à haute voix, ou de chercher à établir des communications

---

(1) *Deux mois de prison*, p. 48 et suiv.

avec les autres détenus, soit dans la maison, soit au promenoir.

« Le détenu doit tenir sa cellule constamment propre, et ne faire aucune inscription ni dessin sur les murs, sous peine de punition.

« Il lui est expressément recommandé de ne faire aucune dégradation dans sa cellule ni aux livres et objets mobiliers ou de literie, qui lui sont confiés : en cas d'infraction, le détenu, outre la punition qu'il encourra, sera responsable des dégâts.

« Il doit tenir dans la plus grande propreté le siége et la cuvette du conduit d'aisances, et n'y jeter que l'eau absolument nécessaire au maintien de la propreté.

« Pour assurer l'aération de la cellule et enlever toute mauvaise odeur, il faut, lorsque la fenêtre est *ouverte*, boucher l'orifice du siége d'aisance à l'aide du tampon de bois à ce destiné, et il faut, au contraire, ôter ce tampon lorsque la fenêtre est refermée. Le couvercle à charnières doit, dans tous les cas, *être abaissé*.

« Tous les matins, à l'heure qui sera indiquée par le surveillant de la section, le détenu roulera son hamac et son matelas, et les placera bien empaquetés sur la tablette.

« La couverture et les draps seront pliés avec régularité et placés sur la tablette qui se trouve au dessus de la porte.

« L'heure de dresser le lit, le soir, sera également indiquée par le surveillant, les lits ne devant jamais être tendus pendant le jour.

« Lorsque le détenu a besoin de parler au surveillant, il doit tirer la poignée de bois placée à côté de sa porte pour le prévenir. Il ne doit point appeler de la voix, et surtout ne pas déranger, sans un motif urgent, les préposés à la surveillance.

« Lorsque le détenu ira au parloir, au promenoir ou au greffe, il devra s'y rendre avec célérité et en observant le plus grand silence.

« Il recevra à sa sortie de cellule une petite plaque qu'il devra rendre au surveillant à sa rentrée.

« Après avoir mangé, et au plus tard une demi-heure après la distribution des vivres, le détenu placera sa gamelle sur la planchette, située devant le vasistas de sa porte.

« Si le détenu désire être visité par le médecin ou avoir d'urgence un entretien avec le directeur, l'aumônier ou autres employés, il en préviendra le surveillant. Le détenu peut également réclamer la visite de l'inspecteur général ou lui faire passer ses réclamations.

« Le détenu qui veut interjeter appel du jugement qui le condamne doit, dans les dix jours qui suivent, écrire à M. le procureur impérial, mais il ne signera pas sa lettre. Il sera appelé, à cet effet, au greffe, où sa signature doit être légalisée. Dans le cas où le détenu ne saurait pas écrire, il ferait connaître verbalement au surveillant son intention de faire appel.

« Lorsque le détenu sera au parloir avec son visiteur, il ne devra élever la voix qu'autant qu'il sera nécessaire pour se faire entendre; dans le cas contraire, le surveillant, chargé de la police, le ferait immédiatement rentrer dans sa cellule.

« Toute infraction sera punie.

II

« *Règles à observer par le détenu dans le promenoir.*

« Le détenu, pendant la promenade, doit observer le plus grand silence ; il ne doit rien jeter par dessus les murs, ni chercher à établir des intelligences par signes ou par paroles avec d'autres détenus ou gens du dehors.

« Il ne doit commettre aucune dégradation, ni écrire ou tracer des caractères sur les murs, de quelque manière que ce soit.

« S'il a besoin d'aller aux lieux d'aisances, il frappera à la porte intérieure et le surveillant lui ouvrira.

« Si, pour une cause imprévue et urgente, il avait quelque chose à demander, il s'adresserait au surveillant placé à l'extérieur du promenoir.

« Toute infraction à ces prescriptions sera punie conformément aux règlements.

III

« *Catalogue de la bibliothèque de faveur.* »

« Chaque détenu doit prendre connaissance ou copie du présent catalogue et le retourner, dans les vingt-quatre heures du jour où il lui a été confié.

« Il peut joindre à chacun des livres qu'il envoie à l'échange au bibliothécaire une petite note indiquant le titre des quatre ou cinq ouvrages qu'il désire lire les premiers.

« Les ouvrages ordinaires ne seront changés que le troisième jour.

« Les ouvrages illustrés ne seront changés que le cinquième jour.

« Tout détenu qui détériorera un ouvrage, soit en écrivant sur les pages, soit en les déchirant ou les salissant, sera sévèrement puni par M. le directeur et tenu de payer les dégâts (1). »

Cette bibliothèque était assez bien choisie ; cependant la part faite à la morale et à la philosophie était trop peu importante ; quant aux livres religieux, il n'y en avait pas. L'omission ne laisse pas que d'être singulière pour la bibliothèque d'une prison ; il semble que l'on devrait chercher à convertir le prisonnier, et ne pas se borner à le punir en l'enfermant quelques années, quitte à le rendre à la société plus mauvais qu'au moment de sa condamnation.

A partir du 15 avril, les prisonniers eurent la faculté de se promener chaque jour pendant environ une heure; toutes les précautions étaient prises pour les empêcher de communiquer, et ils étaient l'objet d'une surveillance incessante. « Il est fort difficile, dit M. l'abbé Perny, de savoir qui l'on a pour voisin de cellule. »

Au dépôt de la préfecture, dès les premiers jours de leur captivité, les otages s'étaient vus privés, contrairement à ce qui se fait d'ordinaire pour les détenus, de la

---

(1) *Deux mois de prison*, p. 102 et suiv.

faculté d'écrire et de recevoir des lettres. A Mazas, on finit par se relâcher un peu de cette sévérité, mais la correspondance était soumise à un examen.

Pour compléter le règlement, il ne sera pas inutile de faire connaître la manière dont il est exécuté, et de donner une idée des gratuites vexations qu'on y ajoute.

« On a forgé ici, dit M. l'abbé Perny, tout un système de molestations. Soient quelques exemples. Le hasard, une maladresse peut-être d'un gardien, si vous le voulez, vous laisse la possibilité d'entrevoir un ami codétenu ; pouvez-vous ne pas lui faire de loin un simple sourire ? Aucune parole n'a été échangée. Aussitôt une rude et solennelle objurgation vient vous faire froncer les sourcils. Vous recevez de la ville des provisions en nature et en espèces pour vous et pour un ami. Impossible de rien faire parvenir à cet ami, qui est là, à quatre pas, en face même de votre cellule. « La règle s'y op-« pose », vous dit-on. — « Portez au directeur. » — « Je n'ose. » En disant ce mot, le gardien jette un regard furtif au fond du couloir, comme pour voir si personne ne l'observe durant ce court dialogue. « Voilà une lettre « pour la poste. » — « Ah ! ce n'est pas l'heure. » — « Quelle est l'heure ? » — « Huit heures. » Vous reprenez votre lettre et attendez au lendemain à huit heures. Le jour suivant, voici un autre gardien. « Une « lettre, s'il vous plaît. » — « Ah ! l'heure est passée. » — « Quelle est l'heure ? » — « Six heures. » C'est justement alors que la veille vous remettiez votre lettre. Vous attendez quelquefois deux et même trois jours avant d'avoir pu livrer votre lettre. Je vous citerais mille traits de ce genre.

« Pour définir ce système de molestations incessantes, infligées au prisonnier, je dirais que c'est « la persécution la mieux organisée que l'on connaisse ». Elle est étudiée avec un soin parfait ; elle est savante avec un art raffiné ; elle est appliquée avec une froide politesse ; en un mot, elle va droit au but. C'est le supplice lent du détenu ; elle l'agace, l'irrite, le décourage, lui fait maudire justement ce système (1). »

Encore quelques détails pris dans une biographie de Mgr Darboy ; on ne doit pas craindre de s'étendre sur ce sujet ; tout ce qui regarde les otages intéresse les catholiques :

« Le lit est plus que simple, il consiste uniquement dans une sangle qui s'attache à des anneaux de fer fixés aux parois des murs d'une largeur à l'autre de la cellule : c'est un véritable hamac. Il n'est pas permis de le tendre durant le jour.

« L'ameublement de la cellule en dehors du lit se compose d'un petit banc de bois attaché au mur par une grosse chaîne en fer, d'un bidon en fer-blanc verni, semblable à un arrosoir de jardin et qui renferme l'eau de la journée destinée au détenu, d'un morceau de bois blanc taillé en forme de cuiller, et d'un gobelet en fer-blanc plus ou moins rouillé.

« Cet ameublement se complète par deux petits balais,

---

(1) *Deux mois de prison...*, p. 67 et suiv.

l'un en bouleau, l'autre en chiendent pour la propreté de la demeure. Nos lecteurs nous pardonneront de ne point leur parler d'une espèce de siége qui fait l'angle d'un des coins de la cellule et de ne leur en point dire l'usage.

« Toutes les mesures sont prises pour que les prisonniers vivent dans l'isolement le plus complet ; ils ne reçoivent aucune nouvelle, n'entendent rien du dehors, ne voient personne, pas même leurs codétenus.

« Chaque matin le prisonnier doit réunir les balayures de sa cellule vers le seuil de la porte pour qu'elles soient enlevées par le gardien quand il apporte l'eau pour la journée. Vers sept heures il reçoit à travers le guichet un pain de munition. A huit heures on lui sert, dans un vase en fer-blanc, qu'on oublie chaque jour de nettoyer, un bouillon aux herbes de nous ne savons quel pays. A trois heures de l'après-midi, le même vase du matin lui apporte une modeste portion de légumes cuits à l'eau : ce sont des haricots, de la bouillie de riz et autres mets de ce genre. Une fois ou deux par semaine, au lieu du bouillon aux herbes, on sert un liquide froid qui a plus ou moins le goût de viande. Ces jours-là, le soir, au lieu de légumes, le détenu a du bœuf froid salé (1). »

On voit d'après ces détails combien l'*Univers* était fondé à se plaindre du sort fait aux otages.

« Les prêtres détenus, disait-il le 17 avril, reçoivent

---

(1) *Les Martyrs de la seconde Terreur*, p. 13 et suiv.

pour nourriture, le matin, une ration de pain noir et à peine cuit, à neuf heures on leur apporte un prétendu bouillon, et à trois heures, une portion de riz ou une petite part de viande. Pas de couteau, pas de fourchette, une simple cuiller en bois, de forme ronde. Par une mesure spéciale, on a interdit aux prêtres détenus le privilége, dont jouissent ordinairement tous les détenus, de se procurer à la cantine un couteau, une fourchette ou une nourriture plus fortifiante. Il faut remarquer que plusieurs des ecclésiastiques détenus sont des vieillards.

« Nous ne sommes pas renseignés sur le mode du coucher. Ces vieillards infirmes ont-ils des couchettes? Sont-ils réduits au hamac en usage dans les maisons cellulaires, une simple pièce de toile sans matelas, se bouclant aux deux murs de la cellule? Le mobilier de la cellule se compose-t-il d'autre chose que d'une table et d'un tabouret de bois immobiles? Toujours est-il que dans ces cellules les prêtres sont enfermés le jour comme la nuit; et l'usage du préau, recommandé à tous les détenus en cellule, leur est absolument interdit. On le refuse même à leur demande. Il va sans dire qu'on leur refuse toute communication entre eux si courte qu'elle soit ; quelques-uns avaient demandé à jouir de cette faveur sous l'œil de leurs gardiens : il s'agissait pour eux de se confesser, mais leur demande a été repoussée.

« Le jour de Pâques plusieurs ont sollicité la permission de célébrer la sainte messe. Les prisons possèdent des chapelles. Le refus le plus absolu a répondu à leur demande, on leur a même refusé d'assister au saint sacrifice.

« Il ne peut être question pour eux de recevoir ou d'écrire des lettres. Les règlements des prisons autorisent bien les détenus à recevoir et écrire des lettres ouvertes, pour les prêtres il n'y a pas de règlements..., l'égalité nouvelle inaugurée par la Commune le veut ainsi. »

A cette attaque trop justifiée, il fut répondu par une subtilité. L'*Univers* avait, par erreur, parlé de la Conciergerie; on lui répondit qu'il n'y avait jamais eu à la Conciergerie qu'un très-petit nombre de prêtres, qu'ils n'avaient fait qu'y passer et qu'ils y étaient bien traités. Mais on se garda bien de rien dire de Mazas. Du reste, il aurait été difficile de soutenir que les otages se trouvaient bien à Mazas, lorsque le citoyen Gambon, membre de la Commune, faisait des déclarations comme celle-ci :

« Nous avons demandé à aller à Mazas voir Cluseret. J'y suis allé, et j'ai vu le général; il m'a déclaré n'avoir encore vu personne, et qu'il demandait à être interrogé. Cela est de toute justice, et je crois qu'il y a urgence à nommer une commission qui interrogera Cluseret sans retard. Il est *un peu malade*, la cellule dans laquelle il se trouve est *malsaine, il y étouffe ;* on ferait bien d'y aller aussi rapidement que possible. »

Si la cellule du général Cluseret était « malsaine », s'il y « étouffait », comment devaient être les otages?

On avait promis à l'archevêque, au moment de son arrestation, qu'il serait bien traité. Il était arrêté simplement à titre d'otage et pour servir de garantie contre les Versaillais; on ne lui reprocherait rien personnellement; pourquoi le traiterait-on comme un criminel ! Toutes ces belles promesses furent bien vite oubliées ; Mgr Darboy fut soumis au régime des condamnés ; il y eut même pour lui des aggravations, qui témoignent en faveur du génie inventif des geôliers.

« Les gardiens avaient reçu, dit-on dans la biographie déjà citée, l'ordre d'aggraver pour l'archevêque les rigueurs de la prison. Aussi ces misérables inventaient-ils chaque jour de nouvelles tortures pour leur auguste captif : ils venaient devant sa cellule et là redisaient entre eux des horreurs abominables. Une autre fois, sous prétexte de parler de Paris, ils donnaient sur la ville les détails les plus extravagants et les plus sinistres ; ils détaillaient avec une atroce volupté les soi-disant cruautés des Versaillais et semblaient vouloir en faire retomber toute l'horreur sur l'archevêque et sur ses prêtres.

« La santé de Monseigneur, déjà si délicate, se détériora promptement sous l'influence d'un tel régime ; le mal même fit de tels ravages que le médecin en chef de la prison dut intervenir et déclarer aux bourreaux de l'archevêque que, s'ils ne le plaçaient pas dans une autre cellule, et que s'ils ne lui permettaient pas de suivre un autre régime que celui de la prison, dans quinze jours ils n'auraient plus qu'un cadavre.

« Cette perspective déconcerta un peu les potentats de la Commune : dans leur haine contre la religion et le clergé, ils ne demandaient pas mieux que de faire souffrir l'archevêque, mais ils ne voulaient pas encore sa mort : ils l'avaient pris comme otage, dans la pensée que, pour obtenir sa liberté, le gouvernement de Versailles ferait grâce à quelques-uns des leurs, retenus captifs.

« Monseigneur fut donc transféré dans une cellule plus vaste et mieux aérée : on lui permit d'avoir une table pour écrire, même des livres, et il put recevoir ses repas du dehors (1).

C'est donc à ce moment que se place un voyage dont parle M. Gerspach (2), dans une lettre dont j'ai déjà cité quelques lignes. A la suite de ce voyage, M. Gerspach disait que « par les soins des personnes qu'il avait vues, l'archevêque était dans des conditions matérielles aussi bonnes que possible en prison et que, d'une conversation qu'un de ses amis avait eue avec Raoul Rigault, il était résulté qu'on n'avait pas l'intention d'infliger au prisonnier de mauvais traitements. »

M. Gerspach ajoute :

« Le jour même du transfèrement des otages (à Mazas), madame Coré se rendit chez le restaurateur Butelot, domicilié près de Mazas, et lui donna des instructions pour que, par l'intermédiaire des commissionnaires accrédités pour cette besogne, les nommés Huguet et Millet, — je cite les noms de ces braves gens, — l'archevêque, M. Bonjean et M. Coré reçussent, matin et soir, les

---

(1) *Les Martyrs de la seconde Terreur*, p. 16 et 17.
(2) M. Gerspach avait été chargé par le ministre de l'intérieur d'avoir des nouvelles précises de l'archevêque, qu'on disait fusillé et d'essayer de faire adoucir sa captivité s'il vivait encore.

aliments qu'ils demanderaient et qu'on pouvait leur apporter du dehors, selon le règlement de la prison.

« Elle prit en même temps des mesures pour que du linge de sa maison leur fut fréquemment remis.

« Dès le premier repas qu'il fit à Mazas, Mgr Darboy vit bien que la personne qui veillait sur eux était là ; il envoya un billet à M. Bonjean, son voisin : « Notre bon ange nous suit. Avez-vous reçu votre repas quotidien? »

» C'est à ce moment que se place mon voyage, et vous voyez, monsieur le ministre, que je pouvais en toute assurance vous affirmer que l'archevêque était l'objet de tous les soins qu'il était humainement possible de lui prodiguer du dehors.

« Madame Corée, secondée par M. Picard (chef du bureau central de contributions indirectes, chez qui elle avait dû se réfugier), fit alors, jour par jour, heure par heure, les efforts les plus courageux, les plus ingénieux, pour soulager le sort des malheureux prisonniers. Deux fois elle fut menacée dans sa liberté, comme il résulte des notes trouvées dans les bureaux du dépôt ; mais ni les menaces ni les difficultés n'ébranlèrent son dévouement.....

« A plusieurs reprises, elle vit l'archevêque par la lucarne de sa cellule, et elle lui fit parvenir des renseignements de sa sœur, réfugiée à Nancy, avec laquelle elle était en correspondance. De son côté, l'archevêque parvenait quelquefois à lui faire donner de ses nouvelles.

« Le 22 mai, Mgr Darboy fut transféré à la Roquette

7

avec d'autres otages. Au moment de monter en voiture, il aperçut un des commissionnaires dont j'ai parlé, le nommé Millet ; il éleva la voix et dit en regardant : « N'oubliez pas rue Richelieu, 43 ; de mes nouvelles là-bas, avec toutes mes bénédictions. »

« Et la voiture partit. »

J'ai donné ce récit, ne voulant laisser échapper aucun détail relatif à nos martyrs, surtout et ne voulant pas passer sous silence des actes de dévouement ; mais je dois faire une observation. Ce n'est pas le jour même de son arrivée à Mazas que Mgr Darboy put profiter des bons offices de madame Corée, ce fut seulement lorsque la Commune, de crainte de voir mourir le plus important de ses otages, eut donné l'ordre de le traiter avec moins de rigueurs.

En passant en revue les actes législatifs de la Commune nous l'avons vue affecter une certaine préoccupation de la liberté individuelle. Un délégué à la justice est nommé pour mettre fin aux arrestations arbitraires ; il est chargé de faire délivrer les citoyens injustement écroués ; une commission de trois membres est chargé de faire la visite des prisons ; chaque membre de la Commune a même le droit de voir les prisonniers, de les interroger, et de s'assurer de la validité de leur arrestation. Si l'on pouvait prendre toutes ces mesures au sérieux, il suffirait, pour être détrompé, de ce qui est arrivé à M. l'abbé Perny. Après vingt-quatre jours de détention, le 28 avril, il adressa de Mazas au délégué de la justice la réclamation suivante :

« Citoyen délégué à la justice,

« Arrêté, au milieu de la rue, par des gardes nationaux ivres, sans mandat, et sans être connu d'eux, uniquement parce que je n'avais pas sur moi mon passeport, voilà plus d'un mois que je suis écroué dans une prison, sans qu'aucun juge d'instruction soit encore venu examiner ma cause. Étranger à la ville, je n'y suis que de passage, me disposant à repartir pour l'Orient. Je viens faire appel à votre justice pour que ma cause soit examinée et que l'on ne dise pas que, sous la Commune comme au temps des règnes déchus, « Mazas continue à être une boîte aux oubliettes. » Aucun soupçon politique ne peut peser sur moi. Je puis, au reste, parmi mes amis, donner la garantie d'hommes entièrement dévoués à la Commune de Paris. Ce mois de prévention porte un grand préjudice à mes affaires. En respectant la justice et l'égalité, la Commune de Paris s'honorera aux vœux de tous et gagnera des sympathies d'autant plus nombreuses (1). »

Cette réclamation n'eut même pas les honneurs d'une réponse et rien ne fut changé dans la situation de M. l'abbé Perny.

Quelques jours après, nouvelle lettre, adressée cette fois en même temps au délégué de la sûreté publique et au procureur de la Commune.

« Citoyen,

« Je viens de l'extrême Orient. Mon retour provisoire en France, après de longues années passées en

(1) *Deux mois de captivité.*., p. 91

Chine, a eu un but purement patriotique. J'ai voulu enrichir mon pays d'une foule de productions nouvelles. Le Muséum du Jardin des Plantes, la Société d'acclimatation dont le siége est rue de Lille, 11, peuvent confirmer la vérité de mon assertion.

« Avant de regagner la Chine, je fais imprimer à Paris un Dictionnaire pratique de la langue chinoise pour nos nationaux qui vont faire le commerce en Chine. Sans ce malheureux siège, si fatalement terminé, mes travaux seraient achevés et je ne serais plus en France.

« En me rendant pacifiquement à une bibliothèque publique de la ville, pour mes travaux scientifiques, deux gardes nationaux ivres m'ont arrêté, en pleine rue, parce que je n'avais pas sur moi mon passe-port. Depuis quarante jours, je suis détenu en prévention, sans avoir subi aucun interrogatoire.

« Citoyen, je viens faire appel à vos sentiments d'équité et de justice, non pour solliciter un privilège, mais pour qu'il vous plaise de me faire comparaître le plus tôt possible devant qui de droit pour mon interrogatoire. Si le moindre soupçon pèse sur moi en matière politique, je m'inclinerai devant la sentence qui prolongera ma détention.

« Dans l'espoir que cette juste requête ne demeurera pas sans effet, » etc. (1)

Ni le citoyen Raoul Rigault, ni le citoyen Cournet ne s'émurent de cet appel à leurs « sentiments d'équité et de justice. »

(1) *Deux mois de captivité*, p. 116 et suiv.

Quelques jours avant, un « délégué de la Commune » avait fait une visite à M. l'abbé Perny ; c'était sans doute un membre ou un délégué de la commission chargée d'inspecter les prisons :

« Le jeudi 20 avril, sur le soir, dit M. l'abbé Perny, la porte de ma cellule s'ouvre. On introduit un citoyen portant la barbe; sa taille est médiocre ; il est jeune, mais assez posé. — « Je viens voir comment vous vous
« trouvez ici. Avez-vous besoin de quelque chose ? —
« Je dois l'honneur de cette visite au directeur de l'éta-
« blissement ? — Non pas. — Monsieur est le docteur
« de la maison ? Non. — En tout cas, je serais pour-
« tant, charmé de savoir à qui j'ai l'honneur de parler?»
Mon insistance, en face de ce personnage inconnu, lui causait un visible embarras. Je ne voulais pas engager un dialogue avant de savoir quel était mon interlocuteur. Il finit par me dire, mais sans déclarer son nom, qu'il était *délégué de la Commune*. Délégué de quoi et pour quoi, je n'en sais rien. J'en ai fait la remarque; les membres de la Commune prennent tous le titre de délégués. Qui leur donne cette délégation? La Commune, laquelle se délègue elle-même dans chacun de ses membres....

« Je m'empressai de faire, avec modération, au citoyen délégué de la Commune, qui venait si fraternellement s'enquérir de nos besoins, quelques remarques sur
« l'inconvenance et l'arbitraire de mon arrestation. » Il fut embarrassé, je dois en convenir. Il essaya, mais timidement, quelques paroles pour justifier ces « pauvres

« gardes nationaux. Les temps sont bien durs. Ils ont
« beaucoup souffert. Il faut bien leur pardonner quelque
« chose. Au reste, Monsieur, je crois que vous vaquez à
« des travaux scientifiques. Vous êtes parfaitement ici
« pour cela. Je sais ce que c'est, car j'y ai passé aussi.
« Je m'en suis bien trouvé. Vous rendez ici un grand
« service à l'humanité. Depuis que les messieurs du
« clergé sont ici, les choses vont beaucoup mieux. Ainsi,
« Monsieur, si vous avez l'esprit de vos ordres, vous
« devez-vous féliciter d'être ici. » J'écoutais la bouche
« béante. Service à l'humanité, monsieur le délégué. —
« Oh ! oui ! il se passait, voyez-vous, des choses atroces,
« qui ont heureusement déjà cessé. »

« Je compris qu'il y avait dans ces paroles une allusion
au gouvernement de Versailles. Je voulus lui présenter
une lettre qu'un consul français en Chine, actuellement
en congé à Paris, m'avait adressée le jour même. « Un
« consul de Chine ! N'êtes-vous pas Français ? — Oui.
« — Un consul de Chine n'est rien pour nous. Voyez-
« vous, à présent, c'est l'égalité. Voilà un monsieur,
« poursuivit-il en touchant un des gardiens qui était au-
« près de lui, qui est honnête homme ; il est autant à
« nos yeux qu'un consul de Chine. C'est l'égalité au-
« jourd'hui. » Je n'avais plus qu'à garder le silence.
C'est ce que je fis aussitôt. « Soyez tranquille, mon-
« sieur, fit le délégué en se retirant, vous rendez bien
« service à l'humanité. »

« Cette petite harangue humanitaire du délégué a été
probablement colportée de cellule en cellule à tous les

ecclésiastiques détenus à Mazas. Je ne sais s'ils en ont été aussi touchés que moi-même. (1) »

Pendant son séjour à Mazas, Mgr Darboy reçut trois visites, celles de M. Washburne, ministre des États-Unis, et de deux avocats Mᵉ Plou Mᵉ Rousse, bâtonniers du barreau de Paris.

M. Washburne a raconté lui-même l'entrevue qu'il eut avec le vénérable prélat.

« En compagnie de mon secrétaire intime, de M. et Madame Kean, je me rendis à la prison de Mazas, où je fus admis sans difficulté. Ayant été introduit dans une cellule vacante, l'archevêque y fut immédiatement amené. Je dois avouer que je fus profondément touché de l'aspect de cet homme vénérable. Sa personne maigrie, sa taille mince et légèrement courbée, sa longue barbe qui, selon les apparences, n'avait pas été rasée depuis sa captivité, son visage hagard et indiquant une santé ébranlée, tout en lui était de nature à affecter douloureusement les plus indifférents mêmes.

« Je dis au prélat que, sur les instances de ses amis, je m'étais empressé d'intercéder en sa faveur, et que, bien que je ne pusse pas me promettre la satisfaction d'obtenir son élargissement, j'étais on ne peut plus charmé d'avoir obtenu la permission de lui rendre visite, pour m'informer de ses besoins et pour tâcher d'apporter quelque adoucissement à la cruelle position où il se trouvait.

(1) *Deux mois de captivité...*, p. 71 et suiv.

« L'Archevêque me remercia cordialement et avec effusion des bonnes dispositions que je lui témoignais. Je fus on ne peut plus charmé de sa sérénité, et, le dirai-je? de sa gaieté d'esprit ainsi que de son intéressante conversation. Il semblait cependant avoir conscience de sa position critique, et être parfaitement préparé pour le pire de tout ce qui pouvait lui arriver. Nulles paroles amères ou reproches ne furent prononcés par lui contre ses persécuteurs.

« Il attendait, ajouta-t-il, avec patience la marche logique des événements, et priait pour que la Providence trouvât une solution à ces terribles troubles sans qu'il en résultât une plus longue effusion de sang humain...

« J'étais le premier homme que l'Archevêque eût vu jusque-là dans sa prison, hormis ses gardiens et ses juges, et il ne lui avait pas été permis de se procurer des journaux ou des nouvelles de ce qui se passait au dehors. »

M. Whasburne dit en finissant son récit que « les plus grands dangers menacent l'archevêque » et il exprime son désir « de pouvoir devenir l'instrument qui le sauve du sort fatal auquel il est exposé. » Le ministre des États-Unis n'a rien pu obtenir, pas plus que le général prussien de Fabrice qui était intervenu auprès du général Cluseret, encore tout puissant alors. La Commune ne voulait pas lâcher sa proie ; elle si souple d'ordinaire devant les Prussiens, elle n'a rien cédé, et peut-être la bonne volonté montrée par le général Cluseret a contribué à hâter sa chute.

Les visites des deux avocats à Mgr Darboy s'expliquent tout naturellement. Quoique sachant que la Commune ne reculerait devant aucun excès, on croyait au moins à un simulacre de jugement pour les otages devant le jury d'accusation. Dès lors il fallait les défendre, quoique la condamnation fût prônée d'avance, surtout pour les membres du clergé.

Ce fut M. l'abbé Amodru, vicaire à Notre-Dame-des-Victoires, plus tard otage lui-même qui « procura à Mgr Darboy un défenseur dévoué dans la personne de M. Plou. » Cet avocat, quoique atteint de cécité s'empressa de faire des démarches pour se mettre en rapport avec les otages, et il obtint, non sans peine, la permission de voir Mgr Darboy, M. l'abbé Deguerry, M. Bonjean, etc. C'était de sa part un acte de dévouement; il s'exposait à être lui-même arrêté par ordre de la Commune, qui aurait pu incriminer sa bonne volonté pour les prisonniers.

M. Plou a vu plusieurs fois Mgr Darboy, qui ne se dissimulait pas les dangers auxquels il était exposé ; il s'entremit activement pour obtenir la mise en liberté de mademoiselle Darboy, arrêtée en même temps que son frère et détenue alors à Saint-Lazare. Il a rendu compte de ses démarches dans une lettre à la *Liberté*, datée du 3 juin et dont nous extrayons les lignes suivantes :

« A la demande, notamment, de M. l'abbé Amodru, l'un des prisonniers échappés aux assassins de la Roquette, je m'étais mis en rapport le 25 avril avec le citoyen Protot, dans le but d'obtenir l'élargissement, au besoin sous caution, de Mgr Darboy, de mademoiselle Darboy, de MM. les abbés Deguerry, Icard, Bayle, Roussel, etc. Il me sembla convenable d'engager la négociation d'abord pour mademoiselle Darboy, dont l'arrestation était encore plus inexplicable que celle des autres victimes. Le citoyen Protot parut adopter mes raisons et m'adressa au citoyen Moirey, juge chargé de l'instruction.

« Le 26 je me rendais auprès du citoyen Moirey : il avait déjà interrogé mademoiselle Darboy, détenue alors au dépôt; il parut reconnaître encore mieux que le citoyen Protot l'opportunité de l'élargissement, même dans l'intérêt de la Commune, et il me donna rendez-vous, pour le lendemain 27, dans le cabinet du délégué à la justice.

« De nouvelles explications eurent lieu; on ne me promit rien, mais le citoyen Protot me délivra un permis, que je possède encore, pour visiter ma cliente, qui avait été transportée la veille à Saint-Lazare, et j'allais lui porter des paroles d'espérance.

« Le même jour, vers quatre heures, mademoiselle Darboy était mise en liberté. Sa première visite était pour l'autel de Notre-Dame-des-Victoires; elle rencontrait dans l'église monsieur l'abbé Amodru, et c'est grâce aux instances de ce dernier qu'elle partait dans la soirée même de Paris pour se rendre à Conflans-Charenton (1). »

Cette lettre était une réponse à un récit fait par la

---

(1) *La Roquette*, p. 7.

Liberté du 1ᵉʳ juin et où la mise en liberté de mademoiselle Darboy était attribuée exclusivement au général Dombrowski. Ce général, d'après le récit de la *Liberté*, avait son état-major dans l'établissement des Dames de la Providence; la supérieure de ces Dames, dont il avait pu apprécier le mérite, obtint de lui qu'il ferait des démarches pour faire relâcher mademoiselle Darboy; il promit et tint parole. Il exigea et obtint l'ordre de mise en liberté qu'il remit à la supérieure, en lui disant de faire sortir mademoiselle Darboy et de l'inviter à quitter Paris immédiatement, parce que si on l'arrêtait de nouveau, il n'aurait peut-être plus le pouvoir de la délivrer. Nous résumons ce récit sans le garantir; il n'est peut-être pas inconciliable avec la lettre de M. Plou qui aura pu agir de son côté en même temps que Dombrowski.

M. Rousse, comme bâtonnier de l'ordre des avocats, devait défendre M. Chaudey, rédacteur du *Siècle*, avocat, qui avait été arrêté pour sa participation à la répression de l'émeute du 22 janvier. Il demanda à Raoul Rigault l'autorisation de voir non-seulement M. Chaudey, mais aussi Mgr Darboy, M. l'abbé Deguerry et le R. P. Caubert, qu'il se proposait également de défendre. L'autorisation lui fut accordée sans trop de difficulté par le procureur de la Commune.

« En sortant du palais, dit-il, je remontai en voiture, et je me fis conduire à Mazas. Je demandai à voir l'archevêque dans sa cellule et non au parloir des avocats; cela me fut accordé de bonne grâce.

« — Il est bien malade, me dit le gardien en chef.

« En effet, en entrant dans la cellule du pauvre archevêque, je fus frappé de son air de souffrance et de son abattement. Grâce au médecin de la maison, on avait remplacé par un lit le hamac réglementaire des détenus. Il était couché tout habillé, les moustaches et la barbe longues, coiffé d'un bonnet noir, vêtu d'une soutanelle usée sous laquelle passait un bout de ceinture violette, les traits altérés, le teint très-pâle. Au bruit que je fis en entrant, il tourna la tête. Sans me connaître il devina qui j'étais, et me tendit la main avec un sourire doux et triste, d'une finesse pénétrante.

« — Vous êtes souffrant, monseigneur, et je vous dérange. Voulez-vous que je revienne un autre jour ?

« — Oh ! non. Que je vous remercie d'être venu ! Je suis malade, très-malade. J'ai depuis longtemps une affection de cœur que le manque d'air et le régime de la prison ont aggravée. Je voudrais d'abord que vous puissiez faire retarder mon affaire puisqu'ils veulent me juger. Je suis hors d'état d'aller devant leur tribunal. Si l'on veut me fusiller, qu'on me fusille ici...

« Je me hâtai de l'interrompre.

« — Monseigneur, lui dis-je, nous n'en sommes pas là.

« Et je lui rapportai, en insistant sur tout ce qui le pouvait rassurer, la conversation que j'avais eue avec Rigault. En causant ainsi, Mgr Darboy s'animait, s'égayait même peu à peu. Il développa en quelques mots des idées qu'il jugeait utiles à sa défense.

« — Je ne sais, me dit-il, d'où vient leur animosité

contre moi. Après mon arrestation, on m'a fait subir des interrogatoires ridicules. Ce Rigault ou Ferré m'a dit que j'avais accaparé les biens du peuple.

« — Quels biens! lui ai-je dit.

« — Parbleu, les églises, les vases, les ornements.

« — Mais, ai-je répondu, vous ne savez pas ce dont vous parlez : les vases, les ornements, tout ce qui sert au culte appartient à des personnes qu'on appelle des *fabriques*, qui ont parfaitement le droit de les posséder, et, si vous vous en emparez, vous vous exposez à des peines écrites dans les lois.....

« Il revint ensuite à sa défense, à la nécessité d'un sursis, à la composition du jury. Il parlait avec une grande douceur, une liberté d'esprit parfaite, quelquefois avec une ironie sans amertume. Il me dit que pendant longtemps on l'avait laissé se promener dans le préau, soit avec l'abbé Deguerry, soit avec le président Bonjean.

« — Le président, a-t-il ajouté, m'a proposé de me défendre ; mais je lui ai dit qu'il aurait assez à faire de se défendre lui-même.

« L'archevêque me parla ensuite de sa sœur, qui a été arrêtée avec lui, puis relâchée il y a quinze jours. Je lui demandai si je pouvais lui rendre quelque service, s'il avait besoin de quelque chose.

« — Rien, me dit-il, je n'ai besoin de rien, si ce n'est qu'on me laisse ici ; qu'on vienne m'y fusiller, si l'on veut ; mais je ne pourrai pas aller là-bas, le docteur a dû le leur dire.

« Après une demi-heure de conversation, je lui tendis la main et pressai la sienne avec émotion. Plus d'une fois je sentais les larmes me gagner. Il me dit adieu avec effusion, me remerciant vivement de ma *charité*. Ma visite, l'assurance que je lui donnais que le jugement n'aurait pas lieu de suite, la promesse que je lui fis de venir le voir souvent, l'avaient évidemment remonté. Quand je me levai, il rejeta vivement la couverture de laine grossière qui l'enveloppait à moitié, descendit de son grabat, sans que je pusse l'en empêcher et me serrant la main dans les siennes, il me reconduisit jusqu'à la porte.

« — Vous reviendrez bientôt, n'est-ce pas ?

« — Mardi, Monseigneur, et je sortis.

« Sa cellule porte le n° 62. »

De là, M. Rousse se rendit chez M. l'abbé Deguerry dont la cellule était trois ou quatre numéros plus loin.

« Lorsque j'entrai, dit-il, M. Deguerry était assis entre le lit et la table sur l'unique chaise de la cellule. Sur la table étaient quelques livres, des journaux et un petit crucifix en cuivre, comme ceux que portent les religieuses. Sans se lever, le pauvre curé me tendit les bras et m'embrassa longuement, puis il me força de prendre sa chaise.

« — Ah ! j'ai bien le temps d'y être, me dit-il.

« Et il s'assit près de moi, sur le pied de son lit. Je ne le trouvai pas changé, seulement il avait maigri. Sa barbe et ses moustaches blanches se détachaient sur son eint rouge et sur les grands traits qu'encadraient les restes de sa plantureuse chevelure. Avec son abondance ordinaire, le bon curé se mit à me raconter les propos burlesques que lui avaient tenus Rigault et Dacosta.

« — Qu'est-ce que c'est que ce métier que vous faites?

« — Ce n'est pas un métier, c'est une vocation, un ministère moral que nous remplissons pour améliorer les âmes.

« — Ah! des blagues, tout cela. Enfin quel tas d'histoires faites-vous au peuple?

« — Nous lui enseignons la religion de Notre-Seigneur Jésus-Christ.

« — Il n'y a plus de Seigneur ; nous ne connaissons pas de Seigneur.

« Voici ce que disait au bon abbé le directeur de la prison dans un moment d'épanchement.

« — Moi aussi, j'ai des idées religieuses ; j'ai voulu me faire frère morave; après çà, j'ai eu l'idée de me faire chartreux ; mais j'aime mieux me faire mormon.

« L'abbé Deguerry ajouta qu'il n'avait besoin de rien.....

« — Vous pouvez revenir, n'est-ce pas ?

« — Assurément, tant que je voudrai ; ma permission n'est pas limitée.

« — Ah! j'en suis bien heureux, bien heureux ; que je vous remercie !

« Le digne homme, en disant cela, s'attendrissait, et les larmes le gagnèrent. Je m'étais levé ; en faisant les deux ou trois pas qui nous séparaient de la porte, il me tenait la main. Arrivés au bout de la cellule :

« — Allons, me dit-il, cher ami, portez mes tendresses à votre mère. Vous lui direz que j'ai pleuré.

« En effet, il m'embrassa en sanglottant.

« — Allons, allons, dit-il en se remettant, à mardi.... (1) »

Et le mardi suivant, les otages étaient à la Roquette !

M. Rousse vit également le R. P. Caubert, et voici ce qui m'a été raconté sur cette entrevue. M. Rousse était au parloir, lorsqu'il vit venir un petit homme habillé en civil. Il lui demanda s'il était le P. Caubert, et sur sa réponse affirmative, il lui dit qu'il venait s'entendre avec lui pour sa défense devant le jury d'accusation.

« — Ma défense, bâtonnier ; à quoi bon ? Je dois être fusillé. Et sur les observations de M. Rousse, il reprit :

« — Oui, bâtonnier ; je dois être fusillé ; je veux être fusillé. Adieu et merci, bâtonnier, je prierai pour vous. »

Et il repartit aussi gai que s'il avait été à la résidence de la rue de Sèvres.

Dans son entrevue avec M. Rousse, Mgr Darboy lui parla des négociations engagées avec le gouvernement pour l'échange des prisonniers ; Raoul Rigault lui en avait également parlé ; et de ce qui fut dit à cette occasion il paraîtrait résulter que, jusqu'aux derniers jours de la Commune, des négociations étaient pendantes. On ne sait rien de ce qui s'est fait les derniers jours, mais

---

(1) DE PRESSENSÉ. *Le 18 mars : Paris sous la Commune*, *Revue des deux Mondes*, n° du 15 juin 1871.

on connaît les premières négociations, et mon récit ne serait pas complet si je les passais sous silence.

Dès le commencement de sa captivité, Mgr Darboy donna une lettre qui lui était demandée pour madame Duval, veuve du général fédéré tué le 3 avril. Madame Duval désirait avoir le corps de son mari et Monseigneur appuyait sa demande au général Vinoy, alors commandant en chef de l'armée de Versailles. Ce furent deux prêtres de Saint-Sulpice, MM. Sire et Hogan, qui furent chargés de porter la lettre ; ils avaient promis de revenir et revinrent en effet, mais sans avoir réussi dans leur démarche. Loin de savoir gré à Mgr Darboy de la complaisance qu'il avait montrée, madame Duval écrivit à une feuille rouge une lettre où elle insultait l'archevêque prisonnier.

Le 13 avril, l'*Affranchi*, journal de Paschal Grousset, publiait les deux lettres suivantes :

« Prison de Mazas, le 8 avril 1871.

« Monsieur le président,

« Hier vendredi, après un interrogatoire que j'ai subi à Mazas, où je suis détenu en ce moment, les personnes qui venaient m'interroger m'ont assuré que des actes barbares avaient été commis contre des gardes nationaux par divers corps de l'armée dans les derniers combats : on aurait fusillé les prisonniers et achevé les blessés sur le champ de bataille. Ces personnes voyant combien j'hésitais à croire que de tels actes pussent être exercés par des Français contre des Français, m'ont dit ne parler qu'après des renseignements certains.

« Je pars de là, Monsieur le président, pour appeler votre attention sur un fait aussi grave, qui, peut-être, ne vous est pas connu, et pour vous prier instamment de voir ce qu'il y aurait à faire dans des conjonctures si douloureuses. Si une enquête forçait à dire qu'en effet d'atroces excès ont ajouté à l'horreur de nos discordes fratricides, ils ne seraient certainement que le résultat d'emportements particuliers et tout individuels. Néanmoins il est possible, peut-être, d'en prévenir le retour, et j'ai pensé que vous pouvez plus que personne prendre à ce sujet des mesures efficaces.

« Personne ne trouvera mauvais qu'au milieu de la lutte actuelle, étant donné le caractère qu'elle a revêtu dans ces derniers jours, j'intervienne auprès de tous ceux qui peuvent la modérer ou la faire finir.

« L'humanité, la religion me le conseillent et me l'ordonnent. Je n'ai que des supplications; je vous les adresse avec confiance.

« Elles partent d'un cœur d'homme qui compatit, depuis plusieurs mois, à bien des misères; elles partent d'un cœur français que les déchirements de la patrie font douloureusement saigner ; elles partent d'un cœur religieux et épiscopal qui est prêt à tous les sacrifices, même à celui de la vie, en faveur de ceux que Dieu lui a donnés pour compatriotes et pour diocésains.

« Je vous en conjure donc, monsieur le président, usez de tout votre ascendant pour amener promptement la fin de notre guerre civile et en tout cas, pour en adoucir le caractère, autant que cela peut dépendre de vous.

« Veuillez, monsieur le président, agréer l'hommage de nos sentiments très-respectueux.

« † G. Darboy,
« Archevêque de Paris.

« *P. S.* — La teneur de ma lettre prouve assez que je l'ai écrite d'après la communication qui m'a été faite ; je n'ai pas besoin d'ajouter que je l'ai écrite non-seulement en dehors de toute pression, mais spontanément et de grand cœur.

« † G. »

« Paris, le 7 avril.

« *A Messieurs les membres du gouvernement à Versailles.*

« Messieurs,

« De mon libre mouvement et sous l'inspiration de ma conscience, je viens vous demander avec instance d'empêcher toutes les exécutions soit de blessés, soit de prisonniers.

« Ces exécutions soulèvent de grandes colères à Paris et peuvent y produire de terribles représailles.

« Ainsi, l'on est résolu, à chaque nouvelle exécution, d'en ordonner deux des nombreux otages que l'on a entre les mains.

« Jugez à quel point ce que je vous demande comme prêtre est d'une rigoureuse et absolue nécessité.

« J'ai l'honneur d'être respectueusement votre très-humble serviteur.

« H. Deguerry,

« Curé de la Madeleine,
au dépôt de la Conciergerie.

« Je crois devoir vous déclarer que j'ai conçu et écrit cette lettre sans aucune pression, mais comme je l'ai dit au commencement, de mon libre mouvement.

« H. Deguerry. »

Lorsque ces deux lettres furent publiées, le premier mouvement fut de douter de leur authenticité. La caution de l'*Affranchi* n'était pas une garantie, et les quelques lignes dont il faisait précéder les lettres, n'étaient pas de nature à augmenter la confiance.

« Un certain nombre de prêtres, inculpés de complicité avec Versailles, disait-il, sont présentement détenus à la maison d'arrêt de Mazas.

« Informés de la création du jury d'accusation institué par la Commune, et des conséquences que pourrait avoir pour certains d'entre eux un verdit de culpabilité, qui en ferait les otages de Paris et les sujets des représailles nécessitées par les assassinats commis sur les gardes nationaux parisiens, ces ecclésiastiques ont demandé et obtenu l'autorisation d'envoyer l'un d'eux à M. Thiers, pour lui *apporter* les deux lettres suivantes. »

Comment croire que des ecclésiastiques tenus au secret le plus rigoureux aient eu l'idée « de demander l'autorisation d'envoyer l'un d'eux à M. Thiers pour lui *apporter* (d'autres diraient porter) des lettres ? » Aussi ne voulait-on pas accepter ces documents. L'*Univers* même ne crut pas devoir reproduire les lettres avant d'avoir un garant plus sérieux que l'*Affranchi*. Maintenant, l'envoi de ces deux lettres s'explique facilement; Mgr Darboy et M. l'abbé Deguerry étaient au secret; Monseigneur était en butte aux mauvais traitements que nous avons signalés plus haut; on dut lui dire que ces mauvais traitements n'étaient que des représailles des fusillades ordonnées par les généraux Vinoy et de Galiffet; on s'adressa à son cœur, en lui demandant d'user de son influence pour faire cesser ces massacres. Sous le coup d'obsessions incessantes, Mgr Darboy, trompé par des renseignements faux, écrivit la lettre qu'on lui demandait, et M. l'abbé Deguerry en fit autant.

Les lettres écrites, il fallait les envoyer à Versailles par une personne sûre, qui rapporterait la réponse de M. Thiers. Ce fut M. l'abbé Bertaux, curé de Saint-Pierre-Montmartre qui fut chargé de cette mission. Le *Temps* a publié, du voyage de M. l'abbé Bertaux, un récit dont il affirme l'authenticité et qui paraît très-vraisemblable. Le voici :

« Le mercredi 12 avril, à cinq heures du soir, furent extraits des cellules de la Conciergerie et conduits chez le chef de cabinet du délégué à la sûreté générale, à l'ex-Préfecture de police, six ecclésiastiques, arrêtés depuis quelques jours ; c'étaient les abbés :

« Surat, protonotaire apostolique, archidiacre, grand-vicaire de Paris ;

« Deguerry, curé de la Madeleine ;

« Petit, secrétaire général de l'archevêque ;

« Bertaux, curé de Saint-Pierre Montmartre ;

« Levayer, vicaire de la même église ;

« Dorveau, aumônier des Bénédictins de Nancy.

« Le chef de cabinet, M. Gaston Dacosta, jeune étudiant de 22 à 23 ans, annonça aux ecclésiastiques qu'il s'agissait que l'un d'entre eux allât porter à Versailles deux lettres écrites, l'une par Mgr Darboy, archevêque de Paris, l'autre par M. Deguerry, curé de la Madeleine, ayant toutes deux pour objet d'inviter le gouvernement de Versailles à empêcher l'exécution des prisonniers après le combat ou l'achèvement des blessés.

« Ces lettres, ajouta M. Dacosta, ont été envoyées à Versailles ; l'envoyé n'est pas revenu et la réponse n'a pas été faite. Si l'un d'entre vous veut, à ses risques et périls, se rendre à Versailles, à travers les lignes ennemies, il recevra un sauf-conduit pour traverser nos lignes, et à l'aide d'un brassard ou drapeau d'ambulance, il cherchera à franchir les postes de l'armée de Versailles. »

« M. l'abbé Bertaux s'offrit pour cette mission, faisant toutefois observer que sa propre influence serait loin de valoir celle de ses supérieurs hiérarchiques, ici présents. A quoi il fut répondu qu'il n'était pas question d'influence ni de diplomatie, mais d'une mission périlleuse. On avait songé à employer un frère des écoles chrétiennes, mais il semblait plus convenable de confier cette mission à un curé.

« Sur les instances de MM. Surat et Deguerry, l'offre de M. Bertaux fut acceptée.

« Lecture fut donnée alors de la lettre de M. Darboy. Le chef du cabinet n'avait pas sous la main la lettre de M. Deguerry. Celui-ci déclara s'en rappeler assez exactement les termes pour la reproduire de mémoire, ce qu'il fit, et le chef du cabinet en reconnut tous les termes.

« Il fut convenu que le curé de Montmartre partirait le lendemain, jeudi, à six heures du matin.

« Les six ecclésiastiques furent réintégrés à la Conciergerie.

« Par suite d'événements militaires, c'est seulement le jeudi, à onze heures, que M. l'abbé Bertaux fut mis en liberté provisoire, après avoir signé l'engagement de revenir, sous trois jours, avec une réponse ; il emportait, outre un sauf-conduit, une lettre cachetée pour M. Thiers, et une autre pour les membres de l'Assemblée.

« M. Bertaux partit à pied ; il dut suivre la Seine jusqu'à la porte du Point-du-Jour, et de là gagner, toujours à pied, Sèvres, où il parvint sans danger sinon sans fatigue, et où il monta dans une voiture publique allant à Versailles. Il y arriva un peu après deux heures.

« Avec quelque peine, le curé de Montmartre pénétra dans la salle des Pas-Perdus de l'Assemblée, écrivit pour le chef du pouvoir exécutif et pour le président de l'Assemblée deux billets où il indiquait l'objet de sa mis sion et sollicitait un entretien.

« L'huissier à qui il remit ses missives parut surpris de voir qu'un simple prêtre, aux vêtements poussiéreux, eût la prétention d'arriver ainsi auprès des deux principaux personnages du gouvernement, et ne dissimula pas qu'il y avait peu de succès à espérer.

« Tandis que M. l'abbé Bertaux attendait, un député vint, demandé par une personne qui, trop impatiente, était partie. M. Bertaux profita de l'occasion, aborda M. G..., lui exposa la cause de son voyage et le pria de l'introduire auprès de ceux qu'il avait à voir.

« M. G... mit le curé en rapport avec un autre député, M. de M..., qui se chargea de la lettre au président et promit son concours pour ménager une entrevue avec M. Thiers ; puis il fit placer le curé dans une tribune.

« Au bout d'une demi-heure, M. de M... revint chercher M. Bertaux, lui annonça que sa lettre à M. Grévy était remise. « Maintenant, dit-il, allons porter l'autre à M. Thiers. »

« Ils se rendirent, en effet, à la Préfecture, où ils furent reçus par M. Barthélemy Saint-Hilaire, qui prit la lettre pour la porter au chef du pouvoir exécutif.

« Bientôt M. Thiers, la lettre à la main, arriva et exprima au curé sa surprise, qu'un prélat aussi éclairé que M. Darboy eût pu croire que le gouvernement traitât de la sorte des prisonniers de guerre et des blessés.

« Dites bien, monsieur le curé, ajouta-t-il, dites bien

à votre archevêque que nous n'agissons pas ainsi envers des hommes égarés ; que, dans la chaleur du combat, nous ne pouvons pas, il est vrai, répondre des malheurs communs à toutes les guerres ; mais qu'une fois le combat terminé, les prisonniers et les blessés sont protégés et soignés, comme cela se pratique chez les nations civilisées. »

« M. Bertaux fit alors observer qu'il ne pouvait retourner à Paris qu'avec une réponse *écrite.*

« C'est bien certain, monsieur le curé, répondit M. Thiers ; revenez demain, vous aurez une lettre. »

« M. Bertaux retourna à l'Assemblée, et, la séance achevée, fut conduit au cabinet de M. Grévy. Le président, montrant la suscription de la lettre « aux membres de l'Assemblée », émit l'avis qu'il y avait là une erreur, et que la lettre s'adressait évidemment au conseil des ministres ; il la remit sous enveloppe avec l'adresse rectifiée.

« Le lendemain vendredi, le curé de Montmartre revint à la Préfecture à l'heure du conseil, envoya sa lettre et attendit une réponse.

« Après la séance, il fut introduit auprès de M. Thiers, qui tenait la réponse préparée en conseil, mais dans laquelle, dit-il, il avait à modifier quelques expressions ; que d'ailleurs la lettre serait prête entre une heure et deux.

« En effet, à l'heure indiquée, M. Barthélemy Saint-Hilaire remit la réponse, après lui en avoir donné lecture, à M. Bertaux, avec un sauf-conduit, pour traverser les lignes de l'armée de Versailles, il y ajouta des paroles de bienveillance et de bon espoir.

« Il était trop tard pour partir le jour même et arriver aux avant-postes à la nuit tombante ou close.

« M. l'abbé Bertaux quitta Versailles le vendredi 14, à neuf heures du matin, par la voiture de Sèvres, rentra à Paris par le Point-du-Jour, et à deux heures et demie se présentait à la Préfecture de police, au cabinet de M. Gaston Dacosta, entre les mains de qui il déposa la lettre de M. Thiers.

« M. Bertaux avait devancé de vingt-quatre heures le terme assigné à sa mission.

« M. Dacosta porta la lettre de Versailles à M. Raoul Rigault, puis écrivit l'ordre de mettre en liberté « le nommé Bertaux ».

« Vers quatre heures, le curé de Montmartre était libre d'aller chercher un asile où il pourrait, car son presbytère était changé en corps-de-garde, et le commissaire de police du quartier (le citoyen Le Moussu) lui faisait faire défense d'y rentrer, comme aussi d'en retirer le mobilier, qui est pourtant sa propriété personnelle. »

La lettre de M. Thiers, d'abord assez mal résumée par les feuilles de la Commune a été depuis publiée ; à cause de son importance, je la reproduis intégralement :

« Versailles, 14 avril 1871.

« Monseigneur,

« J'ai reçu la lettre que M. le curé de Montmartre m'a remise de votre part, et je me hâte de vous répondre avec la sincérité de laquelle je ne m'écarterai jamais.

« Les faits sur lesquels vous appelez mon attention *sont absolument faux*, et je suis véritablement surpris qu'un prélat aussi éclairé que vous, monseigneur, ait admis un instant qu'ils pussent avoir quelque degré de vérité (1). Jamais l'armée n'a commis ni ne commettra les crimes odieux que lui imputent des hommes, ou volontairement calomniateurs, ou égarés par le mensonge, au sein duquel on les fait vivre.

« Jamais nos soldats n'ont fusillé les prisonniers ni cherché à achever les blessés. Que dans la chaleur du combat ils aient usé de leurs armes contre des hommes qui assassinent leurs généraux, et ne craignent pas de faire succéder les horreurs de la guerre civile aux horreurs de la guerre étrangère, c'est possible ; mais, le combat terminé, ils rentrent dans la générosité du caractère national, et nous en avons ici la preuve matérielle exposée à tous les regards.

« Les hôpitaux de Versailles contiennent quantité de blessés appartenant à l'insurrection, et qui sont soignés comme les défenseurs de l'ordre eux-mêmes. Ce n'est pas tout, nous avons eu dans nos mains 1,600 prisonniers, qui ont été transportés à Belle-Isle et dans quelques postes maritimes, où ils sont traités comme des prisonniers ordinaires, et même beaucoup mieux que ne le seraient les nôtres, si nous avions eu le malheur d'en laisser dans les mains de l'insurrection.

« Je repousse donc, monseigneur, les calomnies qu'on

(1) Lorsqu'il exprimait si vivement sa surprise, M. Thiers ignorait comment était traité Mgr Darboy, et avec quelle impudente habileté mentaient les gens de la Commune.

vous a fait entendre ; j'affirme que jamais nos soldats n'ont fusillé les prisonniers, que toutes les victimes de cette affreuse guerre civile ont succombé dans la chaleur du combat ; que nos soldats n'ont pas cessé de s'inspirer des principes d'humanité qui nous animent tous, et qui seuls conviennent aux convictions et aux sentiments du gouvernement librement élu que j'ai l'honneur de représenter.

« J'ai déclaré, et je déclare encore, que tous les hommes égarés qui, revenus de leurs erreurs, déposeraient les armes, auraient la vie sauve, à moins qu'ils ne fussent *judiciairement* convaincus de participation aux abominables assassinats que tous les honnêtes gens déplorent ; que les ouvriers nécessiteux recevraient pour quelque temps encore le subside qui les a fait vivre pendant le siége, et que tout serait oublié une fois l'ordre rétabli.

« Voilà les déclarations que j'ai faites, que je renouvelle, et auxquelles je resterai fidèle quoi qu'il arrive, et je nie absolument les faits qui seraient contraires à ces déclarations.

« Recevez, Monseigneur, l'expression de mon respect et de la douleur que j'éprouve en vous voyant victime de cet affreux système des otages, emprunté au régime de la Terreur, et qui semblait ne devoir jamais reparaître chez nous.

« *Le président du conseil, chef du pouvoir exécutif de la République française,*

« A. THIERS. »

On était encore occupé des lettres de monseigneur Darboy et de M. l'abbé Deguerry à M. Thiers, lorsque l'*Indépendance belge* publia la nouvelle suivante :

« Le conseil des ministres a discuté hier (14 avril) la question de savoir si, comme l'avait proposé la Commune, à la demande de M. Darboy et de ses amis, le gouvernement rendrait Blanqui en échange de l'archevêque. La question a été résolue négativement ; M. Blanqui est sous le coup d'une condamnation à mort par contumace, il est donc régulièrement emprisonné, et la justice doit suivre son cours. C'est cette considération qui a dicté la décision qu'a prise le gouvernement.

« D'ailleurs, la vie de M. Blanqui n'est nullement en danger, et il est évident que la vie de l'archevêque sera respectée ; mais le gouvernement, comme je vous l'avais fait pressentir hier, n'a pas voulu assumer sur lui seul la responsabilité d'une pareille décision ; il s'est adressé à la commission des Quinze et lui a demandé son avis ; la commission, à l'unanimité, a refusé l'échange des prisonniers ; M. Thiers a répondu en ce sens à la lettre de l'archevêque. »

Cette nouvelle trouva beaucoup d'incrédules ; on doutait que la proposition d'échange eût été faite ; on doutait surtout que l'initiative fut partie de l'archevêque et de ses amis. Les doutes étaient fondés sur ce dernier point.

Le silence se faisait sur ces négociations, auxquelles beaucoup ne croyaient pas, lorsque les feuilles avancées, comme si elles obéissaient à un mot d'ordre, se mirent à attaquer le clergé avec une violence excessive. Je citerai seulement deux des articles publiés à cette occasion.

Voici d'abord, le citoyen Gustave Maroteau, un séminariste défroqué, dans la *Montagne*.

« Les chiens ne vont plus se contenter de regarder les évêques, ils les mordront ; nos balles ne s'aplatiront pas sur les scapulaires ; pas une voix ne s'élèvera pour nous maudire le jour où l'on fusillera l'archevêque Darboy.

« Il faut que M. Thiers le sache, il faut que M. Favre, le marguillier, ne l'ignore pas.

« Nous avons pris Darboy comme otage, et si l'on ne nous rend point Blanqui, il mourra.

« La Commune l'a promis ; si elle hésitait, le peuple tiendrait le serment pour elle.

« Et ne l'accuserait pas !

« — Que la justice des tribunaux commence, disait Danton au lendemain des massacres de Septembre, et celle du peuple cessera...

« ... Ah ! j'ai bien peur pour monseigneur l'archevêque de Paris. »

On sait maintenant que de pareilles excitations ne tardent pas à porter leurs fruits.

Le *Cri du Peuple* n'était pas aussi violent en apparence, le citoyen Casimir Bouet ne voulait, disait-il qu'exposer des faits, mais que de haine, que de fiel dans son récit, et quel effet il devait produire sur des esprits ulcérés et trompés par d'incessantes calomnies :

« La Commune, disait le citoyen Bouet, savait que dans les fers, dans un cachot inaccessible, torturé sans doute, s'éteignait lentement un condamné à mort...

« Cet homme, c'était Blanqui...

« Or, dans la prison de Mazas, il y avait un archevêque, l'archevêque de Paris.

« La Commune avait accusé cet archevêque de haute trahison contre la République. Mais elle l'avait traité comme les républicains traitent leurs prisonniers.

« Elle dit à ce prisonnier : « Vous serez libre, mais à la condition que Blanqui sera relâché. Vous serez libre, vous et votre vicaire-général, arrêté comme vous. »

« L'archevêque écrivit une lettre à M. Thiers, — une lettre dont nous avons entre les mains l'autographe.

« Pour la porter à Versailles, l'archevêque choisit son vicaire-général, prisonnier comme lui.

« Mais, avant le départ, il fit jurer à ce vicaire de revenir quand même, et, en cas de refus de la part de Versailles, de revenir se reconstituer prisonnier.

« Le vicaire-général jura sur son honneur d'homme et de prêtre de revenir.

« L'archevêque de Paris promit le retour de son vicaire.

« Il jura, lui aussi, sur son honneur d'homme et de prêtre, — et sur sa tête.

« Eh bien ! ce double serment, — le prêtre et l'homme l'ont foulé sous leurs pieds.

« Depuis huit jours, le vicaire-général est à Versailles, tergiversant, temporisant, jouant avec le serment donné, disant qu'il est aux ordres de M. Thiers, et que M. Thiers lui défend de revenir encore.

« Pendant ce temps, le citoyen Blanqui, malade au moment de l'arrestation, agonise peut-être dans son cachot.

« Où ?... Nul ne le sait et nul ne peut le savoir, pas même sa famille.

« Voilà les faits.

« Nous ne voulons pas les juger aujourd'hui.

« Nous avons entre les mains toutes les pièces. Nous allons les publier.

« Le peuple appréciera.

« Ce nous est cependant un devoir de constater que le clergé français a, dans la personne de monseigneur Darboy et de son vicaire-général, trahi un serment juré sur la tête de son archevêque.

« Que Paris juge maintenant où est la modération, l'honneur, la justice, et sur qui devra retomber la responsabilité des événements ! »

Le *Journal officiel* parla à son tour et, sous ce titre : *Une page d'histoire,* il fit le récit des négociations et publia toutes les pièces. Le récit est trop long pour que je puisse le reproduire ; je le résume.

L'idée d'un échange de Blanqui contre une partie des otages détenus à Mazas n'est nullement de monseigneur Darboy, mais du citoyen Flotte, ex-cuisinier, compromis en 1848 dans toutes les tentatives révolutionnaires et ami de Blanqui. Monseigneur Darboy ne fut que l'intermédiaire de la proposition.

Flotte obtient de Raoul Rigault la permision de voir monseigneur Darboy ; après divers pourparlers, il fut convenu que l'archevêque écrirait à M. Thiers pour lui proposer l'échange et que M. l'abbé Lagarde, vicaire-général, serait chargé de porter la lettre. On avait d'abord parlé de M. l'abbé Deguerry, mais Raoul Rigault s'y opposa.

Le 12, M. l'abbé Lagarde partit après avoir promis de revenir, quel que fût le résultat de sa mission ; il portait à M. Thiers la lettre suivante :

« Prison de Mazas, 12 avril 1871.

« Monsieur le président,

« J'ai l'honneur de vous soumettre une communication que j'ai reçue hier soir, et je vous prie d'y donner la suite que votre sagesse et votre humanité jugeront la plus convenable.

« Un homme influent, très-lié avec M. Blanqui par certaines idées politiques, et surtout par le sentiment d'une vieille et solide amitié, s'occupe activement de faire qu'il soit mis en liberté. Dans cette vue, il a proposé de lui-même aux commissaires que cela concerne cet arrangement : Si M. Blanqui est mis en liberté, l'archevêque de Paris sera rendu à la liberté avec sa sœur, M. le président Bonjean, M. Deguerry, curé de la Madeleine, et M. Lagarde, vicaire-général de Paris, celui-là même qui vous remettra la présente lettre. La proposition a été agréée, et c'est en cet état qu'on me demande de l'appuyer près de vous.

Quoique je sois en jeu dans cette affaire, j'ose la recommander à votre haute bienveillance ; mes motifs vous paraîtront plausibles, je l'espère.

« Il n'y a déjà que trop de causes de dissentiment et d'aigreur parmi nous ; puis qu'une occasion se présente de faire une transaction qui, du reste, ne regarde que les personnes et non les principes, ne serait-il pas sage d'y donner les mains et de contribuer ainsi à préparer l'apaisement des esprits ? L'opinion ne comprendrait peut-être pas un tel refus.

« Dans les crises aiguës comme celles que nous traversons, des représailles, des exécutions par l'émeute, quand elles ne toucheraient que deux ou trois personnes, ajoutent à la terreur des uns, à la colère des autres, et aggravent encore la situation. Permettez-moi de vous dire, sans autres détails, que cette question d'humanité mérite de fixer toute votre attention, dans l'état présent des choses à Paris.

« Oserai-je, monsieur le Président, vous avouer ma dernière raison ? Touché du zèle que la personne dont je parle déployait avec une amitié si vraie en faveur de M. Blanqui, mon cœur d'homme et de prêtre n'a pas su résister à ses sollicitations émues, et j'ai pris l'engagement de vous demander l'élargissement de M. Blanqui le plus promptement possible. C'est ce que je viens de faire.

« Je serais heureux, monsieur le Président, que ce que je sollicite ne vous parût point impossible ; j'aurais rendu service à plusieurs personnes, et même à mon pays tout entier. « G. Darboy,

« Archevêque de Paris. »

M. l'abbé Lagarde devait revenir au bout de huit jours, le 15 il écrit de Versailles au citoyen Flotte :

« Monsieur,

« J'ai écrit à Monseigneur l'archevêque, sous le couvert de monsieur le Directeur de la prison de Mazas, une lettre qui lui sera parvenue, je l'espère, et qui vous a sans doute été communiquée. Je tiens à vous écrire directement, comme vous m'y avez autorisé, pour vous faire connaître les nouveaux retards qui me sont imposés. J'ai vu quatre fois déjà le personnage à qui la lettre de Monseigneur l'archevêque était adressée, et je dois, pour me conformer à ses ordres, attendre encore deux jours la réponse définitive. Quelle sera-t-elle ! Je ne puis vous dire qu'une chose, c'est que je ne néglige rien pour qu'elle soit dans le sens de vos désirs et des nôtres.

« Dans ma première visite, j'espérais qu'il en serait ainsi et que je reviendrais sans beaucoup tarder avec cette bonne nouvelle. On m'avait bien fait quelques difficultés ; mais on m'avait témoigné des intentions favorables. Malheureusement la lettre, publiée dans l'*Affranchi*, et apportée ici après cette publication aussi bien qu'après la remise de la mienne, a modifié les impressions. Il y a eu conseil et ajournement pour notre affaire. Puisqu'on m'a formellement invité à différer mon départ de deux jours, c'est que tout n'est pas fini, et je vais me remettre en campagne. Puissé-je réussir encore une fois ! Vous ne pouvez douter ni de mon désir ni de mon zèle. Permettez-moi d'ajouter qu'outre les intérêts si graves qui sont en jeu et qui me touchent de si près, je serais heureux de vous prouver autrement que par des paroles la reconnaissance que m'ont inspirée vos procédés et vos sentiments. Quoi qu'il arrive, et quel que soit le résultat de mon voyage, je garderai, croyez-le bien, le meilleur souvenir de notre rencontre.

« Veuillez, etc.
« E.-J. LAGARDE. »

Le 18, M. Flotte n'ayant pas reçu de nouvelle lettre et ne voyant pas revenir M. l'abbé Lagarde, alla trouver monseigneur Darboy, et lui demanda un « mot de sa main » pour M. l'abbé Lagarde ; l'Archevêque lui remit le billet suivant :

« *L'archevêque de Paris à M. Lagarde, son grand-vicaire.*

« M. Flotte, inquiet du retard que paraît éprouver le retour de M. Lagarde, et voulant dégager, vis-à-vis de la Commune la parole qu'il avait donnée, part pour Versailles à l'effet de communiquer son appréhension au négociateur.

« Je ne puis qu'engager M. le grand-vicaire à faire connaître au juste à M. Flotte l'état de la question, à s'entendre avec lui, soit pour prolonger son séjour encore de vingt-quatre heures, si c'est absolument nécessaire, soit pour rentrer immédiatement à Paris, si c'est jugé plus convenable.

« De Mazas, 19 avril 1871.
« G..., archevêque de Paris. »

M. Flotte voulait porter lui-même ce billet; sur les observations de ses amis, qu'il pourrait courir le danger d'être arrêté, il fit remettre le billet à M. Lagarde qui répondit au crayon :

« M. Thiers me retient toujours ici, et je ne puis qu'attendre ses ordres, comme je l'ai plusieurs fois écrit à Monseigneur. Aussitôt que j'aurai du nouveau, je m'empresserai d'écrire. »

Le *Journal officiel* conclut que M. Lagarde refusait de revenir ; ce billet n'implique pas cette conclusion ; M. Lagarde dit que « M. Thiers le retient toujours à Versailles », mais il ne déclare pas qu'il ne reviendra pas.

M. Flotte alla de nouveau trouver Mgr Darboy qui lui remit un nouveau billet pour M. Lagarde.

« Au reçu de cette lettre, et en quelque état que se trouve la négociation dont il a été chargé, M. Lagarde voudra bien reprendre immédiatement le chemin de Paris et rentrer à Mazas. On ne comprend guère que dix jours ne suffisent pas à un gouvernement pour savoir s'il veut accepter ou non l'échange proposé. Ce retard nous compromet gravement, et peut avoir les plus fâcheux résultats.

« De Mazas, le 23 avril 1871.

« G..., archevêque. »

Le *Journal officiel* termine par cet aveu que lui arrache l'évidence :

Dans le cours de cette affaire, dont nous avons été à

même de suivre tous les détails, M. Darboy nous a toujours paru de bonne foi.

Le dernier mot de M. Darboy vient confirmer encore davantage notre impression. Notre impartialité nous fait un devoir de dégager la responsabilité de ceux que nous croyons innocents de cette violation de la foi jurée.

Une observation en passant sur cette *page d'histoire :* l'auteur, M. Vuillaume, disait : « Les otages ne courent avec nous qu'un seul danger : les reproches amers de ceux qu'on a si indignement trompés. » Hélas ! ils couraient d'autres dangers !

Il a paru au *Moniteur universel* une réponse à l'article du *Journal officiel*, dont elle est à la fois le complément et le correctif ; la voici :

« Dans le numéro du 23 avril du journal le *Cri du Peuple*, M. Casimir Bouït, sur des renseignements sans doute incomplets, racontait, sous le titre : *le Serment*, des faits dont il tirait de graves imputations contre l'honneur de Mgr l'archevêque de Paris et d'un de ses grands-vicaires qui n'était pas nommé.

« Plusieurs autres journaux, paraissant appuyer les mêmes circonstances d'une manière encore plus exagérée, sont venus ensuite provoquer à une indigne vengeance contre Mgr Darboy.

« Enfin, le *Journal officiel* de la Commune, dans son numéro du 29 avril, contient, — sous le titre : *Une page d'histoire*, — la relation plus étendue des mêmes faits; mais cette fois, M. Maxime Vuillaume, auteur de l'article, dégage, avec une louable impartialité, Mgr Darboy de toute responsabilité.

« M. l'abbé Lagarde est nommé; nous le connaissons depuis longtemps ; nous avons été très-impressionné de la position qui résultait, en apparence, pour lui, des narrations du *Cri du Peuple* et du *Journal officiel*, et des renseignements dignes de toute confiance nous mettent aujourd'hui à même de rétablir les faits dans un ordre d'idées qui maintient à juste titre la loyauté, jusqu'alors incontestée, de M. l'abbé Lagarde.

« Le 11 avril, M. Lagarde, qui avait voulu partager, à Mazas, la captivité de son archevêque, était chargé par Flotte d'aller porter à M. Thiers la lettre de Mgr Darboy sollicitant l'échange de M. Blanqui, malade et prisonnier, contre divers prisonniers de la Commune de Paris. Il avait accepté cette mission de grand cœur, avec l'espérance que ce serait peut-être un premier pas dans la voie d'une conciliation.

« M. Lagarde partit le 12, et dès le 13 il remettait la lettre que l'on connaît, en ajoutant quelques mots inspirés par la religion et le dévouement.

« M. Thiers promit une réponse pour le lendemain, et la bienveillance de son accueil donnait un certain espoir ; mais le même jour, lorsque M. Lagarde se présenta pour recevoir cette réponse, une autre lettre de Monseigneur, apportée par M. l'abbé Bertaut, curé de Montmartre, avait causé une telle impression, que les bonnes dispositions de la veille s'en trouvaient gravement modifiées.

« M. Lagarde, douloureusement affecté, regretta alors que le silence eût été gardé envers lui sur cette lettre confiée à M. Bertaut, car elle rendait sa mission inopportune, et devait en tout cas en compromettre le résultat.

« M. Thiers ajourna sa réponse ; le devoir de M. Lagarde était de se soumettre et d'attendre, pour ne point brusquer un dénouement qui n'était que compromis. Sa lettre du 15 avril renseignait M. Flotte. Néanmoins, le 19, la nièce de ce dernier arrivait à Versailles, et, après de sincères explications, M. Lagarde donnait le billet destiné à les confirmer.

« Le 23 avril, après dix jours d'attente, un membre du ministère remettait enfin à M. Lagarde un pli cacheté contenant la réponse si désirée. Par dignité, M. Lagarde refusa de recevoir ainsi cette réponse : il lui sembla que son caractère exigeait que les termes lui en fussent au moins indiqués de manière à soumettre au besoin des observations et à redoubler d'efforts.

« M. Lagarde ne pouvait se résoudre à rompre volontairement les négociations commencées. C'était un sentiment des plus honorables qui l'entraînait à agir en ce sens : il pensait que toutes les personnes mêlées à ces négociations l'apprécieraient ainsi ; il était fort de sa conscience, lorsque l'article du *Cri du Peuple* lui fut communiqué.

« Les autres articles, les lettres de Monseigneur lui donnèrent enfin cette conviction que par suite d'impatiences inexplicables, d'appréciations injustes, il devenait une victime sacrifiée, que ses sentiments étaient absolument méconnus, et qu'il ne devait pas céder à une pression morale, injuste à tous égards.

« Telle nous paraît être la réalité et une appréciation impartiale dégagera de l'exposé qui précède les conclusions suivantes :

« Une amitié des plus sincères a poussé M. Flotte à obtenir la délivrance de M. Blanqui, et M. Vuillaume à écrire l'article du *Journal officiel*.

« L'importance par eux donnée à la mise en liberté de M. Blanqui prouve la difficulté de la tâche acceptée par M. Lagarde.

« Toutefois, grâce aux termes de la demande, aux efforts du négociateur, des espérances pouvaient être fondées, lorsque la démarche s'est trouvée compromise par des circonstances indépendantes de M. Lagarde.

« Cependant, rien n'était désespéré. Mais M. Flotte, que son affection pour M. Blanqui rend d'une impatience extrême, veut une réponse après cinq ou six jours, temps bien court quand on songe aux difficultés d'obtenir des audiences et de se mettre en rapport avec des personnages moins occupés que M. le Chef du pouvoir exécutif.

« Il suffit que M. Lagarde n'obtienne pas une réponse, comme s'il disposait d'une baguette magique, pour qu'on lui impute de manquer à la foi jurée, pour que son honneur soit violemment attaqué. On rend son retour impossible, et on lui reproche de ne pas revenir occuper auprès de son archevêque la place qu'il avait cru devoir prendre sans y être contraint.

« Nous ne croyons pas à la culpabilité de M. Lagarde, et MM. Flotte et Vuillaume nous paraissent trop loyaux pour maintenir une opinion contraire, formée trop à la hâte. »

Les lecteurs ont toutes les pièces sous les yeux.

Revenons aux prisonniers de Mazas; le 22, ils apprirent l'entrée des troupes à Paris, et ils étaient pleins d'espoir lorsque l'ordre arriva de les transférer à la Roquette. Ici je laisse de nouveau parler l'abbé Perny.

« Nous étions à discuter ensemble (avec le gardien, très-brave homme) les chances de notre salut, quand un autre gardien vint tout ému me dire de préparer au plus vite mes effets, qu'on allait me transporter ailleurs. « Et où donc? — A la Roquette. — Tout est perdu », dis-je à mon gardien. Je recueillis avec précipitation mes habits. Il était environ cinq heures du soir. Quelques instants après, le gardien reçut l'ordre d'ouvrir ma cellule et de me conduire au bureau. Il me serra la main avec affection, prit mon paquet et le porta en m'accompagnant jusqu'auprès du bureau de la Rotonde. Là se trouvaient debout plusieurs brigadiers de Mazas, installés par la Commune, un Délégué de la Commune avec son écharpe rouge.

« Peut-être était-ce le directeur de Mazas. Ce délégué tenait en main un billet. Il me demanda mes nom et prénoms. Puis il ajouta : « N'avez-vous rien à réclamer? » Je compris que sa question voulait faire allusion à des objets que j'aurais laissés en dépôt et que je pouvais réclamer alors. Il est probable que mes collègues auront tous compris ainsi le sens de cette question. Mais j'ai su depuis, par un gardien, que cela voulait dire : « Avez-vous à réclamer contre votre jugement? » Jouer ainsi, tromper de la sorte un malheureux prisonnier, quelle infamie ! — « Suivez ce gardien. » — Je longe le couloir d'entrée. On m'écroue dans la cellule d'attente qui donne sur le greffe de la prison. Après quelques minutes, la porte s'ouvre. Je retrouve le même greffier en chef, qui dresse une double copie de l'acte de mon arrivée à Mazas. On me conduit à la cour d'entrée. Une double et triple haie de soldats en bordait le pourtour. Je monte dans une voiture de déménagement. Je trouve là Mgr Darboy avec son secrétaire. Je suis donc le troisième sur la liste ! Je m'empresse d'offrir mes hommages au vénérable Prélat, et je prends place à son côté gauche. Sa Grandeur paraissait bien affaissée. Sa voix était altérée. La veille, on lui avait mis les vésicatoires. Il n'y avait pas de siége dans la voiture : nous étions assis sur la planche posée de champ qui se trouve de chaque côté de la voiture. Après moi, arriva un vieillard que je ne connaissais pas. C'était M. Bonjean, premier président de la Cour de cassation. Puis, vint M. le curé de la Madeleine ; Mgr Surat, vicaire-général; M. Bayle, promoteur du diocèse ; un laïque que personne de nous ne connaissait, et qui, durant tout le trajet, ne prononça aucune parole. C'était M. Jecker, le fameux banquier du Mexique. En dernier lieu venait M. Houillon, mon confrère de Chine. Une deuxième voiture stationnait dans la même cour et devait faire le trajet avec nous. Pendant qu'on préparait la deuxième voiture, les personnages qui formaient le personnel de la première échangeaient entre eux quelques paroles avec un sourire mélancolique. M. le curé de la Madeleine me demanda, avec empressement, si j'avais des nouvelles fraîches de son cousin, évêque en Chine. « Voyez donc, Monseigneur, disait-il à Mgr Darboy, ces deux Orientaux qui viennent se faire martyriser à Paris ! N'est-ce pas curieux ? » Monseigneur souriait, puis redevenait soucieux. M. Bonjean rappelait avec amabilité à Monseigneur des circonstances de sa vie, des entrevues d'autrefois. M. le curé de la Madeleine me semblait aussi calme, aussi peu soucieux que s'il se fût rendu, en temps ordinaire, chez un de ses amis.

« J'admirais la fermeté d'âme de ce prêtre distingué ; malgré son grand âge, M. Deguerry ne semblait pas avoir souffert à Mazas.

« M. Bonjean avait, au contraire, beaucoup souffert dans cette prison. Néanmoins, il était très-calme ; sa conversation était encore enjouée et spirituelle.

« Quant à Mgr l'archevêque, il parlait peu ; il souriait seulement, en entendant la conversation de ses voisins, et retombait continuellement dans un état de préoccupation. J'ai tout lieu de croire qu'il faut en attribuer la cause aux souffrances endurées à Mazas et à l'état de santé fort délicate de Sa Grandeur.

« Pour ma part, je ne cessais alors d'admirer le calme, la résignation de tous ces personnages, naguère au faîte des honneurs civils et ecclésiastiques, et maintenant traités par une vile populace comme les plus insignes scélérats.

« Aucune plainte sur le passé et sur le présent, aucun murmure contre les odieux traitements dont nous étions l'objet. Il ne fut pas même question des motifs qui avaient déterminé notre translation ailleurs ni de la situation politique du moment.

« Nous demeurâmes plus d'une heure dans cette voiture, stationnant dans la cour de Mazas. Au dehors, la foule était immense et impatiente. Elle savait que l'on allait transférer le clergé à la Roquette. Elle frappait avec violence à la porte, menaçant de l'enfoncer si l'on n'ouvrait pas. A la vue de cette foule d'enfants des deux sexes, de femmes du peuple, d'hommes en blouse à la figure sauvage, exaspérés, poussant des cris d'une joie féroce, j'éprouvai peut-être la plus pénible impression de toute ma vie. Ce flot populaire, grossissant de minute en minute, accompagnait la voiture. Les injures les plus basses, les vociférations les plus éhontées sortaient à la fois de toutes ces bouches, *hideuses à voir*. Jamais, non, jamais vous ne sauriez imaginer quelque chose d'aussi épouvantable. Je croyais voir une légion de démons acharnés à notre suite.

« Mgr l'archevêque baissait les yeux. Je fixais de temps en temps les miens sur ce vénérable prélat, lui disant dans mon for intérieur : « Voilà votre peuple ! »

« Une fois ou deux, M. le curé de la Madeleine dit à Monseigneur : « Vous entendez, Monseigneur ? » Le prélat garda le silence.

9.

« Arrêtez ! arrêtez ! A quoi bon aller plus loin ? A bas les calotins ! Qu'on les coupe en morceaux ici. N'allez pas plus loin. A bas ! à bas ! »

« Vous eussiez dit une troupe de tigres altérés de sang !

« Quelle honte pour l'humanité ! Les soldats de la Commune avaient de la peine à retenir ce flot populaire. La voiture allait au pas, comme pour nous laisser épuiser jusqu'à la lie ce calice d'amertume. Au lieu de suivre la grande voie des boulevards, on nous fit traverser la rue du Faubourg-Saint-Antoine et tous ces quartiers-là si dévoués à la Commune. Le trajet semblait long à tous. M. le curé de la Madeleine demandait de temps en temps : « Où sommes-nous ? »

« Il était environ huit heures du soir quand nous arrivâmes à la Roquette. On nous fit tous entrer dans une salle d'attente qui est au côté gauche de la porte. Nous attendîmes là plus d'une heure et demie. On faisait, je présume, l'inscription de nos noms au greffe. J'entendis également un gardien faisant cette réflexion que les cellules n'étaient pas prêtes, parce que notre translation à la Roquette avait été subitement ordonnée. On fit deux fois l'appel de nos noms, comme pour bien s'assurer que nous étions tous présents. Il est bien inutile de vous faire observer que Mgr l'archevêque n'avait que le privilége d'être à la tête des otages, sous le titre de citoyen Darboy. Lorsque la Commune arrêta ce Prélat dans son palais, on lui annonçait que, tout en s'emparant de sa personne comme otage, on voulait le traiter

avec tous les égards dus à son rang, qu'il aurait son domestique avec lui, etc. On se servit de sa voiture pour le transporter au dépôt de la préfecture. Mais, une fois là, Monseigneur ne fut plus qu'un criminel vulgaire....
On prit la première cellule venue ; peut-être même en choisit-on à dessein une qui était traversée par un des tuyaux de conduit, qui laissait dans la cellule une atmosphère malsaine. Les instances du docteur de Beauvais déterminèrent les chefs de Mazas à donner une cellule plus convenable à Monseigneur.

« On nous rangea au bas de l'escalier du 1er étage de la 4e division. Un brigadier, tenant une lanterne à la main, ouvrait la marche. Chacun suivit dans l'ordre d'appel. On arrive à la première cellule du corridor. La porte est ouverte à moitié. Mgr Darboy entre, on referme aussitôt. Ainsi jusqu'à la fin. Ni le corridor ni les cellules n'étaient éclairés. L'obscurité était profonde. Chaque cellule renfermait une paillasse et une couverture. Pas de banc, pas de table, aucun meuble. C'est en palpant avec les mains que l'on cherchait à connaître la disposition de la cellule et de son ameublement. Les gardiens se retirèrent aussitôt après nous avoir tous écroués dans nos cellules. La reconnaissance m'oblige à signaler ici un des gardiens, qui a constamment bien mérité des otages. Il fermait la marche, lorsqu'on nous introduisit au premier étage. Ce gardien s'approcha auprès de moi et me dit, d'un ton de voix très-ému : « Ah ! monsieur, c'est la rage dans le cœur que je fais cette triste besogne. » Le silence de cette première nuit à la Roquette était lugubre. On sentait, depuis sa cellule, que toutes les poitrines étaient oppressées par l'émotion et l'expectative des sanglants événements qui allaient avoir lieu. Des soupirs, des gémissements de cœurs plongés dans la prière interrompaient seuls le silence de cette nuit mémorable du 22 au 23 mai. Qui aurait pu se livrer au sommeil? Vers le milieu de la nuit, on introduisit dans notre corridor quelques nouveaux détenus, transférés de Mazas ici. Ce fut un moment de nouvelle émotion. Si je ne me trompe, le nombre des otages de notre division se trouvait être de quarante-trois personnes, dont onze laïques. »

FIN DU LIVRE PREMIER.

LIVRE DEUXIÈME

LES MASSACRES

CHAPITRE PREMIER

Les premières journées à la Roquette. — Premier ordre d'exécution. — Réunion des otages. — Visite du directeur. — M. Bonjean. — M. Derest. — Récréation en commun. — Fermeté de Monseigneur et des ecclésiastiques. — Récréation du mercredi matin. — Espérances. — M. l'abbé Deguerry et les soldats prisonniers. — Ordre général de massacres. — Refus du greffier. — Liste des otages de la quatrième division. — Communion des otages. — Dernier entretien de Mgr Darboy. — Cellule occupée par Monseigneur.

Dans cette nouvelle partie du douloureux, mais consolant récit que j'ai entrepris, je laisserai plus que jamais la parole aux témoins oculaires; essayer de résumer leurs impressions, ce serait certainement les affaiblir.

M. l'abbé Perny raconte avec plus de détails qu'aucun autre témoin, les faits qui se sont passés dans la quatrième division de la Roquette, celle où se trouvaient Mgr Darboy et la plupart des martyrs, pendant les journées du mardi 23 et du mercredi 24 mai jusqu'au moment où l'on est venu faire l'appel des premières victimes.

« Quand le jour arriva, dit-il, nous connûmes alors la disposition de nos cellules. Si nous avions pu douter de notre sort, l'installation même de ces cellules nous en eût avertis. C'étaient vraiment des cellules de passage pour un séjour de quelques heures. Une simple paillasse avec une couverture, voilà tout l'ameublement.

« L'ordre avait été transmis par la Commune au citoyen directeur de nous faire passer immédiatement par les armes, mais celui-ci fut effrayé de l'accablante responsabilité que l'on voulait faire peser sur lui. Il opposa, pour gagner du temps, aux ordres de la Commune un défaut de forme. Aux termes du règlement, paraît-il, le directeur de la Roquette ne doit laisser sortir aucun condamné sans avoir une copie du jugement. Cette copie du jugement n'avait pas été envoyée, par la raison toute simple qu'aucun jugement n'avait été rendu. L'exécution des ordres de la Commune se trouva ainsi différée.

« La cloche de la maison sonna le lever des détenus vers six heures du matin. Une heure après on commença à entendre les pas des surveillants de notre couloir. Deux jeunes détenus faisaient les fonctions de domestiques au service des prisonniers de notre quatrième division. Le régime alimentaire est absolument le même qu'à Mazas. Vers huit heures du matin on ouvrit nos cellules, et, *à notre profonde surprise*, l'on nous permit de nous réunir tous dans le corridor, pendant que les domestiques nettoieraient un peu les cellules.

« Vous comprenez avec quelle vive effusion de cœur,

avec quelle tendre charité, tous ces condamnés à mort s'embrassèrent et quelle fut leur joie de pouvoir, après une longue et dure captivité à Mazas, épancher leurs cœurs les uns dans les autres. Un bon nombre d'entre nous ne se connaissaient pas, mais les douleurs d'une même captivité produisirent incontinent un lien étroit d'affectueuse amitié entre nous tous, prêtres et laïques. La Commune nous avait choisis entre tous les otages pour les premières victimes de son choix.

« Notre crime à nous, prêtres, était notre foi et notre caractère sacerdotal. Quant aux otages laïques, ils étaient victimes de la plus criminelle injustice ou de vengeances particulières des membres de la Commune. En écrivant ces lignes, je suis encore sous l'impression de la surprise que me causa la vue de l'un de mes confrères, M. l'abbé Guerrin, directeur au séminaire des Missions étrangères. Ce fut alors seulement que je connus son arrestation. Ce bien cher confrère me raconta, en peu de mots, comment il avait été arrêté à la préfecture de police en allant faire une réclamation, et me causa une grande joie en m'apprenant que notre maison-mère avait été préservée jusqu'alors.

« Vers neuf heures du matin, on nous fit rentrer dans nos cellules. Cette entrevue commune avait été une immense consolation pour le cœur de tous, malgré la gravité de la situation. J'en remerciai Dieu pour ma part, avec la plus affectueuse reconnaissance. Quelques instants après, la porte de ma cellule fut de nouveau ouverte. Le directeur de la Roquette faisait le tour des cellules « pour nous présenter, disait-il, le citoyen chargé de la cantine de la maison ». Cet acte me sembla étonnant. N'était-ce pas un prétexte imaginé pour voir de près tous les otages? Le directeur était petit de taille, maigre, d'un teint pâle, et très-embarrassé dans ses manières. Je l'examinai attentivement pendant qu'il me parlait. Son regard s'étant rencontré avec le mien, il baissa aussitôt les yeux. Il était revêtu de son écharpe rouge. C'est la seule fois que je l'ai vu. Je suis persuadé que tous mes collègues auront dû être frappés de l'air gêné de ce directeur en notre présence.

« Du sein de nos cellules, nous entendions, avec une profonde douleur, la bataille qui se livrait dans divers endroits de la ville. L'écho violent et répété du canon, le sifflement aigu et continuel des obus tombant avec fracas, les incendies qui se manifestaient dans plusieurs endroits de la ville, tout annonçait l'heure de la lutte suprême entre la Commune et l'armée régulière. Il ne fallait alors aucun effort d'esprit pour se sentir sous la main de Dieu et porté au plus profond recueillement. On commençait à compter son existence par les minutes qui s'écoulaient. Le moindre bruit dans le corridor tenait les oreilles en suspens.

« Vers dix heures du matin, on introduisit dans le préau qui est au-dessous de ma fenêtre les otages civils et militaires de la 2e et 3e divisions. Les soldats avaient été faits prisonniers dans les premiers engagements hors des murs. Ils me saluaient avec une respectueuse compassion. Je fis l'aumône à quelques-uns. Plusieurs jeunes artilleurs, surtout un turco, attirèrent d'une manière toute spéciale mon attention. Un sentiment particulier amenait sans cesse ce dernier à passer et à repasser sous ma fenêtre. Il me manifestait le bonheur qu'il aurait à me parler autrement que par des signes.

« Les surveillants ne demeuraient point avec eux durant la récréation. On se contentait de fermer la grille aux deux extrémités du préau. Il s'établit aussitôt entre ces braves soldats et plusieurs d'entre nous des relations qui semblaient adoucir leur captivité, car ils devinaient bien la cause qui nous avait fait conduire à la Roquette.

« La nudité complète de nos cellules nous prêchait éloquemment, mon cher ami, le dépouillement de toute affection humaine. *Nudus nudam crucem sequar.* On l'a dit bien souvent et avec raison : « Pour bien prier, il faut être sur mer, surtout pendant une tempête. » J'en ai fait l'expérience, ayant traversé déjà quatre fois toutes les mers de l'Orient. Aujourd'hui, je dis : « Pour bien prier, il faut être sur mer ou à la Roquette, sous la Commune de Paris. » J'ai la conviction qu'aucun des otages échappés miraculeusement au massacre des barbares de la Commune ne contredira mon assertion.

« Laissez-moi vous dire, à la louange de la bonté divine, que la foi chrétienne, endormie dans le cœur de quelques otages laïques, s'est merveilleusement réveillée en face du suprême danger. Plusieurs ont sollicité eux-mêmes avec un empressement édifiant la faveur « de se réconcilier avec Dieu et avec leur conscience ».

« Les autres ont accepté avec le même bonheur la première offre qui leur fut adressée par quelques-uns d'entre nous des secours de notre ministère. Vous connaissez le talent et l'érudition de M. Bonjean, ancien sénateur, premier président à la Cour de cassation ; vous savez l'éclat qu'il a jeté dans la magistrature ; personne n'ignore ses qualités sociales, etc. Les catholiques de France n'ont pas oublié non plus que M. Bonjean, à la tribune du Sénat, défendait avec esprit les vieilles traditions gallicanes, dont il était devenu peut-être la personnification la plus complète de notre temps. Imbu de ces anciens préjugés parlementaires, vous vous souvenez des attaques de M. Bonjean contre certains ordres religieux notamment contre la Compagnie de Jésus. Eh bien ! admirez le soin merveilleux de la Providence ! A cette heure, M. Bonjean se trouve en présence de quelques membres distingués de cette Compagnie, qui a la gloire d'être constamment persécutée, parce qu'intimement unie à l'Église de Dieu et au Vicaire de Jésus-Christ, elle combat sans cesse les erreurs de l'époque. Le jour où les attaques publiques et privées contre la Compagnie de Jésus cesseront, la Compagnie aura cessé elle-même d'être animée de l'esprit de son illustre fondateur. M. Bonjean voit de près ces membres de la Société de Jésus, persécutés comme lui. Avec ce tact et ce rare discernement qui le distingue, il a le bonheur de les apprécier aussitôt. Le moment suprême de la vie approchait. M. Bonjean veut être prêt à paraître devant Dieu. Il a le choix entre quarante à cinquante prêtres qui l'entourent. C'est un Père de la Compagnie de Jésus qui devient le dépositaire des secrets de sa conscience et le médiateur entre lui et le ciel. Cet acte simple et touchant nous semble la plus belle rétractation des anciens discours de M. Bonjean contre les ordres religieux. Si nous publions avec bonheur ce fait consolant et honorable pour la mémoire de l'ancien président, c'est qu'il glorifie grandement sa conduite en cette délicate circonstance. Cette nouvelle doit être pour sa famille la plus douce et la plus précieuse consolation qui puisse lui être adressée. Recevoir les honneurs d'une brillante sépulture, être honoré de discours mondains au moment où notre enveloppe mortelle est descendue en terre, être proclamé bien méritant de la patrie, etc., que sont tous ces vains honneurs, si, au sortir de cette vie, notre âme immortelle n'a pu soutenir les rigueurs de la justice divine? La consolation de la famille de M. Bonjean sera toujours de savoir que ce magistrat distingué s'est préparé sérieusement à paraître devant Dieu.

« La joie chrétienne de cette famille sera sans doute au comble, en apprenant que, par une grâce toute spéciale, M. Bonjean a eu le bonheur de communier en viatique le jour même de sa mort.

« Un autre prisonnier de la Commune (M. Derest, ancien officier de paix), qui demeurait en face de ma cellule, après avoir mis ordre à sa conscience, en éprouvait une si grande jouissance qu'il n'eut rien de plus pressé, à la première rencontre, que de venir m'embrasser en m'inondant de ses larmes de joie. Sa réconciliation avec Dieu, me disait-il, lui ôtait toute crainte de la mort. Il me chargea alors, si je venais à lui survivre, de rendre visite à sa famille, de lui faire part des sentiments sincèrement chrétiens qui l'animaient alors. Sous l'impression de la grâce, il écrivit une touchante lettre d'adieu à son excellente femme et à ses chers enfants. Il voulut m'en donner connaissance. Que sera devenu ce testament? Je l'ignore.

« Vers midi, nous eûmes un autre sujet de joie et d'étonnement tout à la fois. On nous accorda la récréation en commun dans le préau qui longe les trois corps de bâtiment de la prison. Les dix otages ecclésiastiques de la troisième division furent envoyés avec nous dans le même préau. Chacun s'empressa autour de Mgr l'Archevêque, qui se montra aimable à tous, malgré les grandes souffrances corporelles qu'il ressentait. Puis on se forma en petits groupes, passant de l'un à l'autre, afin d'avoir la consolation de se saluer mutuellement. Pendant ces moments de récréation, on se prodiguait mutuellement les consolations et les secours de la religion. Je me plaisais à contempler le spectacle de tous ces otages, condamnés à une mort qui me semblait certaine. Quelle dignité, quel calme, quelle résignation aux desseins du Ciel! Malgré la gravité de la situation, chacun de ces otages avait un doux sourire sur les lèvres. La dure captivité ne semblait peser à personne.

« En me promenant avec ces bien-aimés confrères, je faisais un vœu au fond de mon cœur : « Que les « membres de la Commune ne sont-ils témoins du calme

« de leurs otages ! Ce spectacle, à coup sûr, me disais-je,
« leur causerait un profond étonnement. » Plusieurs
otages laïques m'ont fait part spontanément de leur admiration à la vue de tous les otages ecclésiastiques, si
pleins de mansuétude à l'égard de nos bourreaux, et si
calmes malgré le danger imminent qui nous menaçait
tous (1).

« A Mazas, on avait pu, dans les derniers temps,
suivre le mouvement de la situation. A la Roquette, nous
étions au secret le plus complet. Aucune nouvelle du
dehors ne pouvait arriver à nous. Quelques surveillants
se mêlèrent à nous en récréation, mais leur attitude fut
très-convenable. Leur situation à eux-mêmes était fort
délicate. Chacun le comprenait, et l'on ne se permettait
aucune question qui pût leur causer de l'embarras.

« Dès cette première entrevue dans le préau de la
prison, je m'attachai à découvrir quelle était la pensée
dominante des principaux otages sur la situation. Tous
assurément ne se faisaient aucune illusion sur la gravité
du péril imminent. Cependant, je fus singulièrement
étonné de voir que ces principaux otages conservaient
encore un assez grand espoir de salut. J'en éprouvais
une sorte de stupéfaction. L'élévation de leur esprit, la
générosité du cœur de ces otages illustres, leur faisaient
sans doute involontairement repousser la pensée que,

(1) J'ai pu voir moi-même le lundi matin, 29 mai, un otage
laïque encore sous le coup des émotions qu'il avait éprouvées ;
il ne cessait de m'exprimer de quelle admiration l'avaient pénétré la résignation et le calme des ecclésiastiques détenus avec
lui à la Roquette.

malgré tous ses excès, la Commune pût en venir à une exécution sommaire et barbare. Les grands hommes ne peuvent jamais croire à toute la scélératesse humaine. Je n'explique pas autrement la persuasion dans laquelle je trouvai alors chacun d'eux...

« La première récréation commune du mardi causa une satisfaction inexprimable à tous les otages. En regagnant nos cellules, chacun se sentait le cœur plus allègre. On s'était fortifié, on s'était encouragé mutuellement à supporter généreusement ces dernières souffrances, en union avec le divin Rédempteur. Jamais on ne sentait mieux le bonheur d'être intimement unis, par les liens de la foi et de la charité, au Sauveur du genre humain. Tous les textes de l'Évangile sur ceux qui sont persécutés pour la justice, toutes les paroles de Notre-Seigneur durant sa Passion, revenaient à l'esprit avec une abondance et une clarté merveilleuses. Ces divines paroles faisaient descendre, au fond du cœur, un beaume consolateur, dont une voix humaine est impuissante à exprimer les délices. Dans ces heures solennelles de la vie, on sent que Dieu est *tout près de nous*, et l'on n'a aucun effort à faire pour comprendre que l'on est sous la main divine.

« Les cellules de la Roquette ont été divisées en deux, mais de manière que deux détenus, qui se trouvent dans la cellule divisée, puissent communiquer entre eux par la fenêtre. On peut converser ensemble et même se passer quelques objets d'un petit volume. Mon cher confrère, M. Houillon, se trouvant à mes côtés, nous pûmes reprendre nos causeries anciennes du dépôt de la préfecture. Après une revue sommaire de notre séjour à Mazas, notre conversation ne roula plus que sur notre situation présente. Nous passions ensemble la revue du martyre des membres de notre congrégation, et nous faisions ressortir la différence de notre situation avec la leur. La brutalité dans sa laideur, la haine du bien, le mépris des formes de la justice, le parti pris d'avance, la grossièreté des manières, la joie d'immoler un ennemi, tout cela est le propre exclusif des gens de la Commune, et tout cela ne se rencontre presque jamais chez les infidèles de la Chine, qui mettent à mort les prédicateurs de l'Évangile. A une dame qui était allée me réclamer à la sûreté générale, un délégué de la Commune répondit un jour : « Que ne reste-t-il en Chine ? Pourquoi revient-il dans ce pays ? (1) »

« Le mercredi 24 mai, la lutte entre les fédérés et l'armée régulière était bien vive.

« Les incendies de certains monuments projetaient dans l'air des nuages de fumée si épaisse que les rayons du soleil en étaient obscurcis et qu'on aurait dit, dans nos cellules, une véritable éclipse.

« Le bruit du combat se rapprochait de nous. Les armées étaient de plus en plus aux prises. Notre cœur palpitait d'émotion. Quelle situation que la nôtre ! Nos amis ignoraient le péril immense que nous courions. Ils ne savaient même pas que nous étions à la Roquette.

(1) *Deux mois de captivité*, p. 187 et suiv.

« A notre entrevue commune du matin, il me sembla lire sur la plupart des figures une lueur d'espérance. Le bon abbé Allard, s'approchant de moi, me dit : « Dans deux jours nous serons délivrés !

« — Délivrés? bien-aimé confrère, distinguons. Des misères et des angoisses de la vie, très-probablement oui; mis en liberté? je ne partage pas encore vos illusions si douces. »

« Ce bon prêtre me regarda avec un sourire d'incrédulité. Il est de fait qu'à la récréation de midi, dans le préau, la grande majorité des otages nourrissait l'espoir d'une prochaine délivrance. La sérénité sur les figures était plus sensible, l'épanchement des cœurs plus touchant que la veille encore. Je passai quelques instants avec Mgr l'Archevêque, dont l'état de souffrance s'était accru. Car ce Prélat, outre son extrême faiblesse, ses digestions laborieuses, se trouvait atteint d'un commencement de dyssenterie. Cependant sa force d'âme lui faisait surmonter ses douleurs pour se montrer confiant, aimable, gracieux à tous.

« Je me promenai ensuite quelques instants avec M. Deguerry, dont le calme parfait excitait au plus haut degré mon admiration. J'en étais si frappé que j'en faisais la remarque à d'autres confrères.

« Assurément, ce vénérable Curé connaissait parfaitement la situation; une grande énergie de caractère, jointe à la foi vive et simple du bon prêtre, lui faisait surmonter les émotions et les craintes de la nature.

« On avait amené de l'ambulance du Jardin des

plantes une centaine de soldats en convalescence, qui avaient refusé de prendre les armes sous la Commune. Ces braves soldats se promenaient dans un préau qu'une grille séparait du nôtre. Un bon nombre d'entre eux demeuraient là appuyés contre la grille, contemplant tous ces otages ecclésiastiques. M. Deguerry s'avança près de la grille et leur adressa ces mots :

« Mes amis, j'aime beaucoup les soldats. J'ai été autrefois aumônier dans la garde royale. Avez-vous connu le duc de Malakoff ? Eh bien, c'était mon ami intime. Soyez braves et fidèles à vos devoirs, mes amis, et Dieu vous bénira.» Ces bons soldats ont dû être frappés du ton avec lequel M. le curé de la Madeleine prononça ces paroles.

« J'allai ensuite saluer M. Bonjean, qui était fort souffrant ce jour-là. Il passa toute sa récréation, assis sur le bord de l'une des guérites du premier préau. L'ancien président avait une hernie; son bandage était rompu, il avait de la peine à marcher. Depuis son arrivée à la Roquette, il avait à peine pris quelque nourriture. Je conversai avec lui plus d'une demi-heure. Sa conversation était pleine d'intérêt; son calme et sa résignation admirables. C'était la dernière fois qu'il paraissait en ce lieu. Il ne semblait nullement s'en douter. Au moment où le surveillant nous fit signe que l'heure de la récréation était terminée, j'entendais la plupart de mes collègues manifester la joie, la consolation que leur procurait cette entrevue. *Frater adjutus a fratre quasi turris firmissima.* C'est sous cette douce impression que chacun regagna sa cellule.

« Les membres de la Commune devaient être alors dans une étrange perplexité. Ils s'étaient follement imaginé que l'armée régulière allait perdre son temps à prendre en face barricade par barricade. Ces jeunes insensés de la Commune croyaient à une défense qui pouvait durer plusieurs mois. En trois jours seulement, tous leurs plans se trouvaient ruinés. Ils étaient poursuivis, chassés, délogés avec tant d'énergie et d'ensemble que le désarroi se mit davantage parmi eux. La fameuse assemblée se transporta dans la mairie du XIe arrondissement, que l'on avait fortifiée d'une manière formidable ; c'était son dernier retranchement. Le soir, je montai sur ma fenêtre ; de tous côtés, j'apercevais les édifices, les monuments en feu.

« De cette mairie du XIe, la Commune expirante rendit un ordre des plus sanguinaires. Elle lança un ordre de massacrer immédiatement 68 otages, surtout les prêtres, parce que, disait le mandat, les *bandits de Versailles* (style communeux) auraient tué quelques officiers de la Commune pris à la barricade de la rue Caumartin.

« Le greffier de la Roquette, en recevant ce mandat des mains d'un citoyen aviné, fut frappé de consternation. Il prit adroitement la parole : « Voilà un ordre, citoyen. C'est fort bien ! On a mis à mort, dit-on, quelques prisonniers de la Commune à la barricade de la rue Caumartin. C'est déplorable, assurément, mais il doit y avoir ici une erreur de l'écrivain du mandat. On ne peut ordonner l'exécution de 68 otages pour deux ou trois victimes. Je suppose que c'est cinq ou six au plus que l'on a voulu dire. Retournez donc à la Commune faire rectifier cette erreur. »

« Le mandat portait, en outre, que toute cette affreuse besogne fût exécutée à six heures précises de ce même soir. L'officier de la Commune, calmé par les paroles du greffier, revint quelque temps après avec un mandat corrigé. On réclamait cette fois l'exécution de six otages, choisis parmi les prêtres. Sur la liste, le nom de M. Bonjean se trouvait porté. « Ah! fit le greffier, voilà encore « une erreur! Il convient que les choses se fassent en « règle. Retournez donc à la Commune. Il y a le nom « de ce laïque à supprimer et celui de deux ou trois « otages encore. » L'officier fut inflexible; aucune parole ne put le persuader de faire cette démarche. Le nombre des victimes se trouva donc fixé à six. C'est ainsi qu'au lieu de six heures du soir, l'exécution se trouva forcément retardée de deux heures (1). »

M. l'abbé Perny donne la liste complète des otages qui se trouvaient dans la quatrième division, avec l'indication de la cellule qu'ils occupaient; quoiqu'il déclare ne pas répondre de certaines indications de cette liste, je me reprocherais de ne pas la donner.

« 1-23 (2). Mgr Darboy (Georges), archevêque de Paris, arrêté le 4 avril.

---

(1) *Deux mois de captivité*, p. 159 et suiv.
(2) Mgr l'archevêque a occupé d'abord la cellule 1, mais comme il y était fort mal, M. l'abbé de Marsy, vicaire de Saint-Vincent de Paul, lui a fait accepter sa cellule, qui portait le n° 23, et c'est là que M. Darboy a passé sa dernière journée.

2. M. Bonjean (Louis-Bernard), premier président.

3. Mgr Surat, proton. apost., vicaire général de Paris.

4. M. Deguerry (Gaspard), curé de Sainte-Madeleine.

5. M. Bécourt, curé de Bonne-Nouvelle.

6. Le P. Alexis Clerc, jésuite, ancien officier de marine.

7. Le P. Léon Ducoudray, supérieur de l'institution de Sainte-Geneviève, de la rue des Postes.

8. Le P. de Bengy, jésuite.

9. Le P. Caubert, jésuite.

10. M. Petit, secrétaire général de l'archevêché.

11. M. Lartigue, curé de Saint-Leu.

12. M. Planchat, aumônier de l'OEuvre des patronages.

13. M. Allard, aumônier militaire du diocèse d'Angers.

14. M. J.-B. Houillon, missionnaire en Chine.

15. M. Paul Perny, missionnaire en Chine.

16. M. Gard, séminariste de Saint-Séverin.

17. M. Paul Seigneret, id.

18. M. Moléon, curé de Saint-Séverin.

19. M. Chevriaux, proviseur du lycée de Vanves.

20. Le P. Frézal Tardieu, de Picpus.

21. M. Léon Guerrin, directeur au séminaire des Missions étrangères.

22. M. de Marsy, vicaire à Saint-Vincent de Paul.

23. M. Jecker, banquier.

24. M. Rabut, commissaire de police de la Bourse.

25. M. Ferdinand Évrard, sergent-major du 106ᵉ bataillon.

26 Le P. Ladislas Radigue, prieur de la maison de Picpus.

27. Le P. Polycarpe Tuffier, procureur de Picpus.

28. M. Dérest, ancien officier de paix.

29. M. Largillière, sergent fourrier du 74ᵉ bataillon.

30. M. N..., garde national.

31. M. Sabattier, vicaire de Notre-Dame de Lorette.

32. M. Bayle, promot. du dioc. de Paris.

33. M. Salmon.

34. Le P. Philibert Tauvel, de Picpus.

35. M. Miquel, premier vicaire de Saint-Philippe du Roule.

36. Le P. Marcellin Rouchouse, secrétaire général de Picpus.

37. Le P. Siméon Dumonteil, ancien missionnaire de Taïti, de Picpus.

38. Le P. Laurent Besquent, de Picpus.

39. Le P. Sosthène Duval, id.

40. Le F. Constantin Lemarchand, id.

41. Le P. Saintin Carchon, id.

42. Le P. Olivaint, supérieur des jésuites de la rue de Sèvres.

43. M. Chaulieu, ancien employé à la préfecture de police (1).

Je crois que parmi les indications à modifier, se trou-

---

(1) *Deux mois de captivité*, p. 140 et suiv.

vent celles des cellules 19, 20, 22 et 23 ; M. Chevriaux, proviseur du lycée de Vanves, était certainement dans la cellule qui communiquait avec celle de l'abbé Guerrin, au numéro 20 ou au numéro 23, par conséquent ; M. l'abbé de Marsy, qui a cédé sa cellule à Mgr Darboy, devait être au numéro 22, que M. Jecker, le banquier, ne devait pas occuper.

Je complète le récit de M. l'abbé Perny par quelques détails pris dans les divers récits des témoins oculaires.

« Les otages ont été conduits, les lundi 22 et mardi 23, de Mazas à la Roquette ; là ils ont pu se voir, communiquer entre eux, se confesser et recevoir la sainte communion. Mgr Darboy a reçu Notre-Seigneur des mains du P. Olivaint. Chacun des pères avait reçu sept hosties consacrées qui avaient été cachées dans des pots de beurre. Quel dévouement il a fallu pour les apporter ! Alors que tout le monde fuyait dans la rue, une personne s'avançait seule au milieu des balles et de la mitraille, disant qu'elle irait quand même jusqu'au bout. Elle est arrivée sans accident, protégée par les saints anges.

« Les prisonniers n'avaient pas mangé depuis trois jours, et Monseigneur tombait d'inanition. Le P. Olivaint lui a donné un morceau de chocolat qui lui restait. Monseigneur a été très-courageux, plein d'abnégation et d'abandon entier à la volonté divine. Il a bien consolé les pères qui étaient considérés par tous comme des saints (1).

---

(1) *Semaine religieuse du diocèse de Vannes*, récit, non pas

La *Gazette du midi* a publié un récit fait avec les renseignements donnés par trois otages échappés, M. Bayle, M. l'abbé Petit, et le R. P. Bazin.

« L'arrivée des otages à la Roquette fut, à ce que l'on croit, dit-elle, le lundi soir. Ils ne parlent que du bonheur qu'ils eurent d'être réunis, et de faire fusion d'âme, le mardi 23 mai.

« Les pères apportent alors dans cet auguste cénacle le Très-Saint-Sacrement. Le R. Père Matignon (1) l'a porté à Mazas, dans un pot de crème à double fond ; et chaque père a conservé la réserve dans un sachet de toile blanche, suspendu dans sa poitrine. Cette source sainte de force et de consolation, dont on n'a aucune idée, quand on n'est pas condamné à mort, disent ces messieurs, fut partagé le mardi entre tous les prêtres qui se confessèrent et communièrent en viatique. Mgr l'archevêque fut conciliant, humble, pieux comme un simple prêtre. Mgr Surat fut tellement inondé de consolations en communiant, qu'il dit après aux Pères : « Je n'ai pas osé profiter de l'offre que S. E. eut la bonté de me faire faire par l'entremise de madame Blunt, bonne Américaine, que j'ai été bien heureux de voir à Mazas, le 5 mai ; elle me proposa de m'apporter les saintes hosties ; les conserver, me semblait un bonheur dont j'é-

---

tiré d'une lettre de M. l'abbé Bayle, comme cela a été dit partout, mais écrit par une personne qui venait d'entendre M. l'abbé Bayle.

(1) Le nom du R. P. Matignon doit être là par erreur, le R. P. Matignon n'ayant pas été arrêté et n'ayant pas, je crois, pu voir à Mazas les pères prisonniers.

tais indigne ; je craignais une exception ; j'ai refusé.

« Oh ! si j'avais su quelle force je me serais réservée.

« Il souffrait beaucoup, ainsi que l'archevêque, de la mauvaise nourriture, et il parla au P. Bazin des bontés de S. E. à ce sujet à Mazas.

« Le *mercredi* 24, encore une réunion avec des laïques. On se préparait à une mort que chacun attendait, tout en conservant beaucoup d'espérance, car la mitraille approchait sensiblement d'heure en heure. On écoutait avec anxiété, puis on s'abandonnait surnaturellement à la volonté de Dieu. Mgr Surat était l'apôtre de la volonté divine, et les RR. PP., avec l'abbé Juge et quelques autres, élevaient le niveau moral à l'héroïsme du sacrifice, en union avec Notre-Seigneur dans sa passion.

Le même journal, dans un autre récit, raconte les faits suivants :

« Le lundi 22, dans l'après-midi, les communeux, dans la rage de voir les troupes gagner du terrain avec rapidité, pour enserrer leur proie plus sûrement, envoyèrent chercher à Mazas les otages dans des charrettes pour les conduire à la Roquette, située aux dernières limites de leur résistance probable. Entassé dans ces charrettes, M. l'abbé Petit se trouva à côté d'un homme qu'il ne reconnaissait pas et qui dit : M. Petit, amicalement, et bas : Quoi, Monseigneur !... C'était l'archevêque sortant d'une maladie accompagnée de fièvre et de diète depuis la veille de l'Ascension.

« A la Roquette la ration des galériens leur fut offerte, et le mardi NN. SS. Darboy et Surat dirent aux pères qu'ils se mouraient de faim ; un père leur donna une tablette de chocolat qu'il avait en réserve.

« Dans la journée, l'intrépide cuisinière de M. Petit put, au péril de sa vie, lui faire parvenir un dîner assez bon, et le prisonnier avec l'archevêque Mgr Surat et peut-être aussi l'abbé Bayle se partagèrent la viande et le pain, pour soutenir le reste de vie matérielle qu'ils conservaient encore. »

M. le comte de Vaulchier, dans une lettre adressée à l'*Union franc-comtoise,* confirme sur des renseignements venant de M. l'abbé Bayle, certaines circonstances des récits précédents :

« Le lundi 22 mai, les otages de la Commune furent emmenés de Mazas à la Roquette ; là, les prisonniers eurent la consolation de pouvoir s'entretenir ensemble, ce qui leur avait été refusé depuis le commencement de leur captivité. Le R. P. Olivaint, supérieur des jésuites de la rue de Sèvres, fut pour Mgr l'archevêque de Paris, *l'ange de l'agonie.* Il le confessa, le communia avec des hosties envoyées en petit nombre par une sainte âme, Mlle Delmas ; ces saintes hosties étaient cachées dans le double fond d'un pot de beurre. Le R. P. Olivaint soutint aussi les forces physiques de Mgr l'archevêque en partageant avec lui un peu de chocolat qu'on lui avait envoyé : les communeux avaient oublié la nourriture des prisonniers les trois derniers jours.

Le transfert des prisonniers de Mazas à la Roquette s'était effectué dans de mauvaises charrettes, au milieu des huées de la populace ; souvent les gardes nationaux frappaient les prêtres et les autres détenus à coups de plat de sabre.

M. l'abbé Delmas, vicaire de Saint-Ambroise, dont j'ai déjà cité la lettre, donne des détails sur la réunion des otages, le 24, quelques heures seulement avant la première exécution.

« Le mercredi 24, jour de néfaste mémoire, tous les membres du clergé eurent la permission de se voir et de s'entretenir, dans le préau, de midi à deux heures.

« Depuis le 4 avril, jour de son incarcération, Monseigneur avait, pour la première fois, la faculté et la joie de voir réunis autour de lui ceux de ses prêtres qui partageaient sa captivité.

« Il reçut de nous tous, sur cette main qui devait être meurtrie, le témoignage respectueux de notre respect et de notre affection.

« Il nous parla avec la plus suave bienveillance.

« J'avais entendu raconter tant de faits contradictoires sur son arrestation, son interrogatoire, que je ne pus maîtriser mon indiscrétion...

« J'avoue que je demeurais interdit quand Sa Grandeur nous raconta que jamais elle n'avait été traitée autrement que comme le dernier des malfaiteurs. A la Roquette même, Monseigneur couchait sur une paillasse, *sans draps*. — A terre et sans draps? repris-je. — Sa Grandeur répondit par un sourire. Ce jour-là l'abbé de Marsy, de Saint-Vincent de Paul, lui fit accepter sa cellule où on était moins mal.

« Monseigneur, comme on peut le voir, avait laissé

croître sa barbe. La Commune lui avait fait enlever ses rasoirs, et quand elle lui envoya un barbier, il objecta : « La Commune n'a pas confiance en moi, qu'elle permette que je lui rende la pareille : je n'ai pas confiance en ses rasoirs. »

« Le digne et vénérable curé de la Madeleine, M. Deguerry, causait avec animation dans un autre groupe. On me rapporta qu'il soutenait cette opinion : « Que le « salut de Paris ne pourrait s'obtenir sans l'effusion d'un « sang innocent. » Et qu'il s'appuyait de ce texte : *Non fit redemptio sine sanguinis effusione.*

« Rentré dans ma cellule, je consignai immédiatement ces paroles et ces impressions, ne soupçonnant pas cependant que c'était le suprême adieu. »

M. l'abbé Amodru, dans cette même réunion, a eu l'honneur de parler assez longuement à Mgr Darboy.

« Le mercredi 24 mai, à trois heures de l'après-midi, j'eus l'honneur, dit-il, de m'entretenir seul avec Mgr Darboy, archevêque de Paris; je lui parlai de sa sœur, qui, en sortant de sa prison, était venue s'agenouiller et prier devant l'autel de Notre-Dame des Victoires. On ne saurait se figurer combien Monseigneur fut sensible à tout ce que je lui dis de cette sœur, qu'il aimait avec une rare tendresse, et dont la délivrance lui avait été si agréable.

« Nous parlâmes ensuite de Notre-Dame des Victoires et des offices solennels que nous y avions faits avec un grand concours de fidèles jusqu'au 17 mai, veille de l'Ascension, jour de mon arrestation et de la profanation de cette église. Je lui dis que nous avions l'habitude de recommander publiquement aux prières des fidèles la France, le Saint-Père, notre archevêque, les prêtres prisonniers et tous les malheureux.

« Après cela, il fut question de la triste situation que les circonstances faisaient au clergé et aux paroisses de Paris, deux points sur lesquels Monseigneur me parut très-imparfaitement renseigné.

« De l'ensemble de notre conversation, je puis conclure que Mgr Darboy a fait plusieurs fois le sacrifice de sa vie dans la prison ; mais ce jour-là, 24 mai, à l'heure où je lui parlais, il n'avait pas le moindre pressentiment du coup qui allait le frapper quatre heures plus tard.

« Nous ignorions tout ce qui se passait au dehors ; la faveur accordée ce jour-là même à tous les prêtres de se promener ensemble de deux à quatre heures fut considérée comme de bon augure. C'était une erreur.

« Après cet entretien, j'eus l'honneur de converser avec plusieurs de mes confrères et nous convînmes de nous mettre tous en prière à sept heures du soir . »

C'était une heureuse inspiration, ils auront pu accompagner de leurs prières ceux qui allaient mourir.

J'ai dit plus haut que Mgr Darboy occupait la cellule 23 ; ce détail se trouve confirmé par M. Chesnier du Chesne, de l'*Union*, qui est allé visiter la Roquette ; seulement il donne pour voisin à Monseigneur, M. Bonjean ; l'erreur provient, sans doute, de ce que M. Bonjean a bien été le voisin de Mgr. Darboy, mais seulement le premier jour, lorsque Sa Grandeur occupait la cellule 1 et n'avait pas encore changé avec M. l'abbé de Marsy.

Un témoin oculaire, M. Evrard, sergent-major du 106ᵉ bataillon de la garde nationale, dit de son coté :

« Mgr Darboy occupait la cellule nº 21 de la quatrième division, et je me trouvais à quelque distance de lui, dans la cellule nº 26. La cellule occupée par le respectable prélat était autrefois le cabinet d'un surveillant. Ses compagnons de captivité étaient parvenus à lui procurer une table et une chaise. La cellule était elle-même plus vaste que les autres. » Ces renseignements expliquent pourquoi M. l'abbé de Marsy tint à céder sa cellule à Mgr Darboy.

CHAPITRE DEUXIÈME

Le premier massacre. — Récit de M. l'abbé Perny. — L'appel.
— Insultes aux victimes. — La fusillade. — Récit de M.
l'abbé Amodru. — Récit de M. Delmas. — Récit de M. Evrard.
— Rapport du R. P. Escalle. — Paroles de Mgr. Darboy. —
Récit d'un gardien. — Récit de M. Jacob. — Récit du *Siècle*.
— Procès-verbal de l'exécution.

En racontant les derniers moments de nos martyrs, je dois me borner plus que jamais à reproduire les récits des témoins.

« Vers huit heures du soir, raconte M. l'abbé Perny, ce mercredi, 24 mai, le corridor de notre quatrième division fut envahi par un détachement de fédérés. Ce détachement était composé de Vengeurs de la Commune et de soldats de différentes armes. Leur chef était un nommé Viricq (Jean), d'environ trente-six ans, habitant du quartier de la Roquette. Ce misérable laissait traîner son bancal avec fracas sur le pavé, en envahissant notre corridor. Il parlait très-haut. Son arrivée et celle de ses séides causèrent, j'en suis persuadé, une grande émotion dans la cellule de tous les prisonniers. « Oui, criait-il, il faut enfin que tout cela finisse. C'est horrible. » Il achevait ces paroles de cannibale en passant devant ma cellule. Un de ceux qui le suivaient prononça alors ces mots sauvages : « Ah ! cette fois, nous allons les coucher ! Je m'étais approché de la porte pour suivre le mouvement. Ces dernières paroles me glacèrent d'effroi. Je me jetai aussitôt à genoux sur ma paillasse pour offrir ma vie à Dieu. Cette horde de barbares continua sa marche jusqu'à l'extrémité du corridor. Là, quelqu'un d'entre eux cria : « Attention, citoyens, répondez à l'appel de vos noms. » Un gardien ouvrit la cellule n° 22. « Êtes-vous le citoyen Darboy ? » — « Non », — fit le détenu. C'était M. l'abbé Guerrin, qui, par un mouvement involontaire, saisit la liste que l'un d'eux portait à la main. On ne lui laissa que le temps de voir les premiers noms. « Citoyen Darboy ! » Monseigneur, dit-on, répondit d'une voix accentuée : « Présent ! » Sa cellule fut ouverte. Le prélat sortit et se trouva en face de ces monstres humains. La disposition du lieu, jointe à l'obscurité de la nuit, ne permettait à personne de voir ce qui se passait dans ce corridor. L'appel fut continué cinq fois de la même manière. J'entendis distinctement la réponse de M. l'abbé Allard. Les six premières victimes sont connues :

« Mgr Darboy, archevêque de Paris ;

« M. Deguerry, curé de la Madeleine (1);

« M. Bonjean, premier président;

---

(1) D'après une lettre adressée à la *Gazette du midi*, M. l'abbé Deguerry, pendant qu'on faisait l'appel, tenait dans sa main une hostie et attendait ; son nom retentit, il la consomme et se présente aux assassins.

« Le P. Ducoudray, supérieur de l'institution Sainte-Geneviève, de la rue des Postes ;

« Le P. Clerc, de la même maison ;

« L'abbé Allard, aumônier des ambulances.

« Brutalement enlevées à cette heure, comme si les bourreaux avaient redouté la lumière du jour pour exécuter leur forfait, ces illustres victimes furent aussitôt conduites par le petit escalier tournant, qui mène au préau où nous prenions nos récréations. Que se passa-t-il entre ces victimes innocentes et ces farouches sauvages, « fruits mûrs de notre civilisation païenne du dix-neuvième siècle » ? Quelles paroles furent échangées ? Les bourreaux survivants, ainsi que deux gardiens de la Roquette, peuvent seuls nous le révéler. J'ignore si leurs aveux ont été recueillis et publiés. Dans la cour de l'infirmerie, on fut obligé, paraît-il, de faire un séjour de huit ou dix minutes. On n'avait pas les clefs de la porte du chemin de ronde. Il fallut forcer les serrures et les verroux. Il est bien probable que, durant ce temps, des paroles ont été échangées entre les victimes et cette infâme bande de sicaires. On pressent quelles durent être ces paroles. Les injures les plus grossières ont dû être prodiguées aux victimes, car cette troupe de scélérats n'était pas à jeûn. Deux infirmiers de la Roquette ont pu voir le cortège durant quelques instants. Ce sont eux qui m'ont affirmé à moi-même, avant mon évasion définitive de la Roquette, que les victimes étaient abreuvées des injures les plus grossières.

« Ce serait alors, dans le préau, que l'un de ces scélérats aurait dit à Mgr Darboy : « Pourquoi n'avez-vous rien fait pour la Commune ? » »

« En leur adressant la parole, avec la plus grande mansuétude, Monseigneur ne se servait jamais que de ce mot : « mon ami ». Le prélat manifesta son horreur pour la guerre civile, attribua à sa dure détention de n'avoir fait davantage pour la paix. Les paroles de l'Archevêque étaient prononcées avec tant de fermeté qu'un officier de cette bande féroce en aurait été touché, paraît-il. Car, après que Monseigneur eut cessé de parler, ce misérable aurait prononcé, en s'adressant aux siens, à peu près ces paroles : « Eh ! oui, f….. ! il a raison ; nous avons reçu le mandat de les exécuter, nous ne devons pas les insulter, f….. ! taisez-vous. Demain, la même chose nous arrivera peut-être, à nous aussi. »

« On présume que cet endroit du préau avait été choisi d'abord pour le lieu de l'exécution. On remarqua entre les bourreaux un peu d'hésitation ; il y eut un instant de délibération entre les chefs et le brigadier Romain. Cet endroit était sous les fenêtres de l'infirmerie, et des infirmiers étaient en effet placés à ces fenêtres, d'où ils virent distinctement et entendirent de même les paroles que nous venons de rapporter.

« A peine cette bande de cannibales eut-elle disparu de notre corridor avec les victimes, que je me levai pour prier, en m'appuyant sur ma fenêtre qui était ouverte.

Dix minutes, un quart d'heure environ s'était à peine écoulé, que le cortége arrive sous ma fenêtre. Je tressaillis à cette vue. Je m'inclinai aussitôt, après avoir donné, toutefois, en élevant la main une absolution à ces victimes. Le brigadier marchait en tête, les mains dans ses poches. Derrière lui, les victimes étaient entourées par les soldats marchant dans une espèce de désordre.

Mgr l'archevêque donnait le bras à M. Bonjean; M. Deguerry donnait le sien au P. Ducoudray; le P. Clerc et M. Allard venaient en dernier lieu. Ce dernier portait son brassard d'aumônier et tous ses autres insignes ; sa gourde et d'autres étuis renfermant probablement ses papiers étaient suspendus à sa ceinture ; il était, en un mot, tel que je l'avais vu le soir de son arrivée à la préfecture de police. En passant devant ma fenêtre, il levait les yeux et les mains au ciel de la manière la plus affectueuse, et disait très-haut : *Mon Dieu! Mon Dieu!* J'ai cru remarquer que le chef de la bande terminait le cortége, son bancal traînait à terre. C'était toujours Viricq, capitaine du 180e fédéré de Belleville.

« Où conduisait-on ces victimes? Je l'ignorais. Je ne prévoyais même pas que j'aurais sous les yeux ce douloureux spectacle.

« Deux ou trois gardiens suivaient le cortége. L'un d'eux se nomme Jeannard. On a su par ces témoins que les victimes s'encourageaient mutuellement avec beaucoup d'entrain au suprême combat de la vie. A un moment donné, Mgr l'archevêque se serait tourné vers les autres victimes et leur aurait donné à tous sa bénédiction. L'un des gardiens, probablement ému de cette scène touchante, qui ne se voit que dans l'arène où succombent les martyrs de Jésus-Christ, aurait alors abandonné le cortége pour rentrer dans la prison.

« Un autre surveillant s'avança un peu dans le second chemin de ronde, se tenant toutefois à distance. Arrivées à l'angle du second mur d'enceinte, à l'endroit même où l'exécution allait avoir lieu, les victimes se seraient mises à genoux pendant quelques secondes. Quelle prière ! — Ce surveillant n'aurait pas eu la force d'aller plus loin ; il se serait retiré à la hâte. Placées à environ deux mètres de distance du mur, sur une même ligne, ainsi que cela paraît visible par les balles qui atteignirent le mur, les victimes tombèrent bientôt sous un feu de file en désordre. Un bon nombre d'otages de notre corridor entendirent distinctement cet horrible massacre. Il était environ huit heures et demie du soir.

« Quel silence dans notre corridor ! On respirait à peine. Chacun de mes bien-aimés frères en Jésus-Christ pensait sans doute, comme moi, que notre dernière heure était arrivée ; que, dans quelques instants, cette horde de barbares allait rentrer à la prison et faire un nouvel appel. Prosterné sur ma couche, je récitais les psaumes de la pénitence, puis les prières de la recommandation de l'âme. De temps à autre, je m'avançais une minute à la fenêtre pour observer ce qui se passait. Je recommençais les mêmes prières.

« Entre onze heures et minuit, un nouveau bruit se

fait entendre dans l'escalier. Je me levai prêt à partir au premier signal. Dieu me faisait une grâce insigne, celle de posséder mon âme en paix et d'être parfaitement calme. Si j'avais pu avoir un seul regret, c'eût été celui de ne pouvoir communier en viatique. Notre-Seigneur avait ainsi disposé notre captivité. J'acceptais la privation imposée, comme une portion, en quelque sorte, du calice que nous avions à boire.

« Quelques-uns de ces sicaires, accompagnés sans doute de surveillants, remontèrent à notre étage pour enlever les effets de leurs victimes. Les oreilles étaient en suspens. Ces brigands se retirèrent peu d'instants après.

« Le directeur de la prison ou l'un des brigadiers revint au bout d'une demi-heure. Ce fut encore le moment d'une nouvelle émotion. On fermait les portes et les grilles des avenues. J'entendis distinctement ces paroles : « S'ils reviennent, je vous défends d'ouvrir. » C'est alors que je compris que cet ordre devait venir du directeur de la Roquette.

« Toute nouvelle exécution était donc suspendue, au moins durant cette nuit. Mes pensées prirent aussitôt une autre direction. Je voulus converser par la fenêtre un instant avec mon cher confrère ; mais sa lassitude, causée par l'émotion de la scène récente, était si grande qu'il avait dû se jeter sur sa couchette.

« Je continuai à prier, en invoquant les nouveaux martyrs de Jésus-Christ avec l'accent de la plus vive confiance. « Oh ! oui, ils sont bien martyrs », disais-je, « mille fois plus martyrs que ceux des pays infidèles. » Dans ces pays-ci, on trouvera rarement les circonstances hideuses qui se rencontraient dans cette exécution ! « Et voilà », répétais-je, « où mène notre brillante civilisation, dont on a voulu chasser Dieu et sa doctrine divine. » Je songeais à l'immense et douloureuse impression qu'allait produire à Paris d'abord et puis dans toute la France la nouvelle épouvantable de cet exécrable forfait. Plein de ces pensées, l'aube du jour paraissant déjà, je tombai sur ma couche pour prendre un peu de repos. Mes lèvres murmuraient ces paroles : « Oh ! chers martyrs de Jésus-Christ, priez pour moi ! surtout pour notre malheureuse France (1). »

M. l'abbé Amodru, vicaire de Notre-Dame des Victoires, n'était pas dans la même division que Mgr Darboy, mais il n'en a pas moins pu voir certaines choses et se renseigner sur les autres. Conformément à la résolution qu'ils avaient prise à la récréation, un certain nombre de prêtres étaient en prières.

« Tout à coup, dit M. l'abbé Amodru, la cellule de Monseigneur l'archevêque s'ouvrit. Un homme portait une liste sur laquelle était écrit le nom du Prélat, avec les noms de M. Bonjean, président de la Cour de cassation ; du Père Clerc et du Père Ducoudray, de la Compagnie de Jésus ; de M. Deguerry, curé de Sainte Madeleine, et de M. Allard, ancien missionnaire. Les six

---

(1) *Deux mois de captivité,* p. 163 et suiv.

victimes appelées sortirent de leurs cellules et furent immédiatement dirigées vers le lieu du sacrifice, c'est-à-dire à l'angle intérieur du chemin de ronde, que je désigne ici par la lettre A ; le point O est l'endroit précis du supplice.

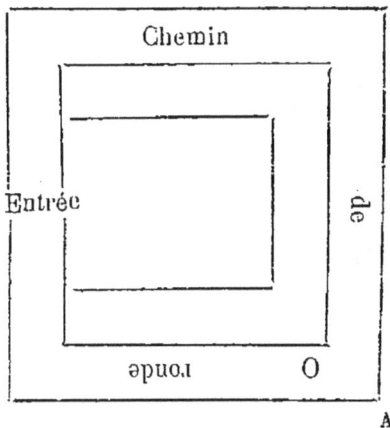

« Bientôt nous entendîmes un feu sinistre de peloton retentir dans l'intérieur des murs de la prison, et, à travers la fusillade, nous pûmes distinguer, du fond de nos cellules, quelques cris plaintifs que la douleur arrachait aux mourants.

« Cinq victimes expiraient !

« La dernière qui resta debout, sous les balles, était l'archevêque de Paris (1). Pourquoi cet étrange et mystérieux privilége ?

« Peut-être les bourreaux avaient-ils visé de préfé-

(1) Tous les récits, sauf un, sont unanimes à constater que Mgr Darboy est tombé le dernier : les uns le font rester debout jusqu'à la deuxième décharge, les autres jusqu'à la troisième.

rence les autres condamnés, chacun d'eux laissant à son voisin le soin de verser le sang de l'archevêque. Peut-être y avait-il quelque autre motif que Dieu seul connaît. Un voile sombre et lugubre couvre hélas! cette question d'une profonde obscurité.

« Disons seulement que tous moururent courageusement, faisant à Dieu le sacrifice de leur vie.

« Plusieurs avaient eu la précaution de conserver la sainte Eucharistie ; il est très-probable que tous purent communier avant de mourir. Quant à l'absolution, il est hors de doute que tous ont dû la recevoir. Nous avions appris dans la prison que M. Bonjean s'était confessé deux jours avant sa mort.

« On attribue à l'archevêque certaines paroles qu'il aurait prononcées avant d'expirer; mais je n'ai pas une certitude suffisante à cet égard pour me permettre de les rapporter ici, bien que j'aie cherché immédiatement dans la prison à recueillir tous les faits qui pouvaient se rattacher à sa mémoire.

« Lorsque Monseigneur, franchissant la porte de fer pour se rendre au chemin de ronde, voulut prendre la parole, on ne le lui permit pas. Une voix forte couvrit la sienne en disant : « Le temps n'est pas aux discours ; « les tyrans n'y mettent pas tant de ménagements. »

« Ces paroles furent très-distinctement entendues par M. l'abbé de Marsy, vicaire à Saint-Vincent de Paul, otage dont la cellule fut cédée à Monseigneur.

« Comme des milliers d'autres, j'ai vu, à l'archevêché, le corps de Monseigneur, et j'ai remarqué que la balle frappant au côté droit lui avait enlevé deux phalanges des doigts de la main droite sans atteindre la main gauche. Ce fait matériel me porterait à penser que Monseigneur, au moment de sa mort, tenait la main droite appuyée sur sa poitrine et non loin du cœur, tandis qu'il levait la main gauche vers le ciel, comme pour faire à Dieu le suprême sacrifice de sa vie (1). »

Voici maintenant le récit de M. l'abbé Delmas, vicaire de Saint-Ambroise :

« A sept heures du soir, agitation inaccoutumée dans la cour de la prison, va-et-vient du sous-directeur, cris tumultueux du dehors, cris sinistres. Le directeur, M. François, se rend enfin lui-même au greffe. Je ne vis que cela, mais le frisson parcourait mes membres. Bientôt j'aperçus M. l'abbé Bayle, promoteur et grand-vicaire, dont la cellule, en face de la mienne, était dans le même couloir que celle de Monseigneur ; je vis donc M. l'abbé Bayle faire un grand signe de croix imitant la bénédiction épiscopale, et me répéter ce geste aussi longtemps que je parus ne pas l'avoir compris.

« Quelques moments plus tard, vers les huit heures, nous bondîmes subitement sous la détonation d'un feu de peloton mal combiné, qui sortait du préau !...

« Quand le lendemain, jeudi, nous nous retrouvâmes dans le préau, nous pûmes compter les six absents, les six martyrs ! Point de tristesse ! M. l'abbé Bayle me raconta alors l'horrible scène qui précéda la sortie des

(1) *La Roquette*, p. 7 et suiv.

victimes. Une centaine de gardes nationaux armés envahirent le couloir, bruyants et menaçants. On fit silence, et l'appel eut lieu, lentement, solennellement : Bonjean ! Deguerry ! Ducoudray ! Clerc ! Allard ! Darboy !

« Descendus dans le chemin de ronde, les cinq prêtres et le président passèrent entre un double rang de ces *défenseurs* de la république, dont le plus grand nombre, enfants de quinze à dix-huit ans, n'avaient certes pas conscience du crime horrible auquel on les poussait.

« Monseigneur et le président Bonjean marchaient les premiers, se donnant le bras. Sa Grandeur répondit, à plusieurs reprises, aux outrages qui lui étaient adressés : « J'ai toujours aimé le peuple, et si j'avais été con-
« damné d'une manière juridique, on en aurait eu des
« preuves. Que mon sang amène la paix ! Je pardonne
« à ceux qui le font verser ! »

« Un garde ému s'écria : « Il ne faut pas fusiller ces gens-là ! » Mais les cris et les insultes recommencèrent au point que le malheureux qui remplissait le rôle de capitaine fut forcé d'intervenir et de dire : « Vous êtes ici pour faire justice et non pour insulter les prisonniers ! »

« Le gardien, un fallot à la main, appelait les victimes : « Par ici ! par ici ! »

« Les *Vengeurs*, s'étant tenus à distance, ne tirèrent pas avec ensemble au mot : Feu ! la fusillade se prolongea, et le vénérable curé de la Madeleine, qui voyait tomber ses compagnons sans être atteint, s'appuya contre le mur. Il fut frappé presque à bout portant...

« Pendant cette horrible exécution, on dévalisait les cellules ; les exécuteurs volaient les victimes, dont quelques-unes même furent encore frappées.

« L'abbé Allard avait montré un grand courage : « Vous avez soif de sang, leur avait-il dit, buvez le mien. » Et ce disant, il découvrait sa poitrine.

« Ces derniers renseignements je les tiens du bibliothécaire de la prison, M. Jacob, ancien sergent qui a obtenu la médaille d'Italie, et qui nous a rendu de grands services. Il a pu suivre jusqu'à la fin, du haut d'une fenêtre, l'affreuse exécution. »

M. l'abbé Lamazou, vicaire de la Madeleine, qui dès le dimanche a envoyé aux journaux un récit sommaire des massacres, se borne à signaler « l'atroce exécution de monseigneur l'archevêque de Paris, de M. le curé de la Madeleine, de M. le président Bonjean, de M. Allard, ancien missionnaire, et des PP. jésuites Clair (1) et du Coudray, qui a eu lieu le mercredi 24 mai, dans un coin de la cour extérieure de la prison, sans motif, sans jugement, sans procès-verbal, en présence d'un délégué de la Commune qui n'avait d'autre mandat que le révolver au poing, et d'une cohue de gardes nationaux qui n'eurent à manifester d'autres sentiments que de révoltants outrages ; sans aucun respect pour les corps de ces nobles victimes qui furent dépouillés de leurs habits, en-

---

(1) Le R. P. Clerc, ancien officier de marine, a été souvent confondu avec son confrère le R. P. Ch. Clair, qui n'a pas été arrêté.

tassés sur une vulgaire charrette et jetés dans un coin de terre à Charonne. »

M. Evrard, sergent-major du 106ᵉ bataillon, dont nous avons déjà cité le récit et qui était dans une cellule peu éloignée de celle de monseigneur Darboy, donne des détails plus circonstanciés.

Le mercredi 24 mai, dit-il, à sept heures et demie du soir, le directeur de la prison, un certain Lefrançais, homonyme du membre de la Commune, et ayant séjourné six années au bagne, monta dans la prison à la tête de cinquante fédérés, parmi lesquels se trouvait un pompier, et occupa la galerie dans laquelle étaient enfermés les prisonniers principaux. Ces fédérés se rangèrent dans la galerie qui conduit au chemin de ronde du nord, et peu d'instants après, un brigadier de surveillants alla ouvrir la cellule de l'archevêque et l'appela à voix basse. Le prélat répondit : *Présent !*

Puis il passa à la cellule de M. le président Bonjean ; puis ce fut le tour de M. l'abbé Allard, membre de la Société internationale de secours aux blessés, le P. Ducoudray, supérieur de l'école Sainte-Geneviève, et le P. Clerc de la Compagnie de Jésus; enfin, le dernier appelé fut M. l'abbé Deguerry, le curé de l'église de la Madeleine. A peine leur nom était-il prononcé que chacun des prisonniers était amené dans la galerie et descendait l'escalier conduisant au chemin de ronde ; sur les deux côtés, autant qu'il me fut permis de le juger, se tenaient les gardes fédérés, insultant les prisonniers et leur lançant des épithètes que je ne puis reproduire.

Mes infortunés compagnons furent ainsi accompagnés par les huées de ces misérables jusqu'à la cour qui précède l'infirmerie; là il y avait un peloton d'exécution; Mgr Darboy s'avança, et s'adressant à ses assassins, il leur adressa quelques paroles de pardon ; deux de ces hommes s'approchèrent du prélat, et devant leurs camarades, s'agenouillèrent et implorèrent son pardon; les autres fédérés se précipitèrent vers eux et les repoussèrent en les insultant; puis se retournant vers les prisonniers, ils leur adressèrent de nouvelles injures. Le commandant du détachement en fut outré; il fallait donc que ce fût bien exagéré. Il imposa silence à ces hommes, et après avoir lancé un épouvantable juron.... — Vous êtes ici, dit-il, pour fusiller ces gens-là, et non pas pour les eng..... Les fédérés se turent, et sur le commandement de leur lieutenant ils chargèrent leurs armes.

Le P. Allard fut placé contre le mur et fut le premier frappé; puis Mgr Darboy tomba à son tour. Les six prisonniers furent ainsi fusillés, et montrèrent tous le plus grand calme et le plus grand courage. M. Deguerry seul eut un moment de faiblesse, passager il est vrai, et qu'il fallait attribuer à son état de santé plutôt qu'à la frayeur.

Après cette tragique exécution, faite sans qu'il fût dérivé au procès-verbal, et en présence seulement de quelques bandits, les corps des malheureuses victimes furent placés tout habillés dans une voiture de la compagnie de Lyon réquisitionnée à cet effet, et conduits au

Père-Lachaise, où ils furent déposés dans la dernière tranchée de la fosse commune, à côté les uns des autres, sans même qu'on prît soin de les couvrir de terre.

Voilà les récits publiés par les otages échappés au massacre, mais il reste ceux qui ont été faits sur des renseignements donnés par des témoins oculaires. L'un des plus importants est certainement le rapport du R. P. Escalle, aumônier volontaire du corps d'armée du général de Ladmirault. Voici les renseignements qui se trouvent dans ce rapport :

« Parmi les prisonniers que nos soldats amenaient en grand nombre à la Roquette, il en était un que les gardiens se désignaient avec horreur ; c'était un homme en blouse, de taille moyenne, maigre, nerveux, d'une physionomie dure et froide et qui paraissait âgé d'environ trente-cinq ans. D'après ce qu'on disait autour de lui, cet homme aurait commandé le peloton d'exécution des victimes du 24 et achevé de sa main l'archevêque de Paris. Interrogé minutieusement en ma présence, accablé par de nombreux témoignages, il fut en effet convaincu de ce crime et sommairement passé par les armes. Il s'appelait Virigg, commandait une compagnie dans le 180e bataillon de la garde nationale, et se disait né à Spickeren (Moselle).

« Voici ce qui s'était passé :

« Le mercredi 24, un détachement commandé par ce misérable s'était présenté au dépôt des condamnés, demandant six détenus, qui lui furent livrés ; je n'ai pu savoir ni sur quel ordre ni par qui. Ces six détenus furent appelés l'un après l'autre dans l'ordre des cellules qu'ils occupaient. C'étaient :

« Cellule n° 1. M. le premier président Bonjean.

— n° 4. M. l'abbé Deguerry.

— n° 6. Le Père Clerc, de la Compagnie de Jésus, ancien lieutenant de vaisseau.

— n° 7. Le R. P. Ducoudray, aussi de la Compagnie de Jésus, supérieur de la maison Sainte-Geneviève.

— n° 12. M. l'abbé Allard, un prêtre dévoué du clergé de Paris, dont tout le monde avait admiré le courage et le zèle aux ambulances.

— n° 23. Monseigneur l'archevêque de Paris.

« Les victimes, quittant leurs cellules, descendirent une à une et se rencontrèrent au bas de l'escalier ; elles s'embrassèrent et s'entretinrent un instant, parmi les injures les plus grossières et les plus révoltantes. Deux témoins oculaires me disent qu'au moment où ils ont vu passer le cortége, M. Allard marchait en avant, les mains jointes, dans une attitude de prière ; puis Mgr Darboy, donnant le bras à M. Bonjean, et derrière, le vieillard vénéré que nous connaissons tous, M. Deguerry, soutenu par le Père Ducoudray et le Père Clerc.

« Les fédérés, l'arme chargée, accompagnaient en désordre. Parmi eux se trouvaient deux Vengeurs de la République ; çà et là des gardiens tenant des falots, car la soirée était fort avancée ; on marchait entre de hautes murailles, et le ciel couvert de nuages était assombri encore par la fumée des incendies qui brûlaient dans Paris. Le cortége arriva ainsi dans le second chemin extérieur de ronde, sur le lieu choisi pour l'exécution.

« On rapporte ici diversement les paroles qu'aurait prononcées Mgr Darboy. Les témoignages sont unanimes à le représenter, disant à ces misérables qu'ils allaient commettre un odieux assassinat, — qu'il avait toujours voulu la paix et la conciliation, — qu'il avait écrit à Versailles, mais qu'on ne lui avait pas répondu, — qu'il n'avait jamais été contraire à la vraie liberté, — que, du reste, il était résigné à mourir, s'en remettant à la volonté de Dieu et pardonnant à ses meurtriers.

« Ces paroles étaient à peine dites que le peloton fit indistinctement feu sur les victimes placées le long du mur d'enceinte. Ce fut un feu très-irrégulier, qui n'abattit pas tous les otages. Ceux qui n'étaient pas tombés essuyèrent une seconde décharge après laquelle Monseigneur de Paris fut encore aperçu debout, les mains élevées. C'est alors que le misérable qui présidait à ces assassinats s'approcha et tira à bout portant sur l'archevêque. La vénérable victime s'affaissa sur elle-même. Il était huit heures vingt minutes du soir. »

Dans une note, le R. P. Escalle dit qu'il lui paraît certain que le R. P. Ducoudray « aurait ouvert sa soutane sur sa poitrine pour se communier, car plusieurs prêtres avaient sur eux la sainte Eucharistie ».

La *Semaine religieuse de Vannes* dont le récit a été

fait, comme je l'ai déjà dit, après une conversation de M. l'abbé Bayle, donne ces détails :

« Le mercredi (c'est M. Bayle qui parle), vers six heures du soir, nous entendons un grand fracas dans la prison. Je me précipite au guichet de ma cellule, et je vois arriver une cinquantaine de gardes nationaux à figures atroces, conduits par un chef plus hideux encore. Ils chantent, ils hurlent, et vont se placer au fond du corridor où je me trouvais. Là, le directeur de la prison, aussi méchant qu'eux, déploie un papier et commence l'appel. — « M. Bonjean », — puis silence de quelques minutes qui semblent des siècles. M. Bonjean se présente en corps de chemise et demande qu'on le laisse prendre quelques vêtements. — « C'est inutile, lui répond l'assassin, tout à l'heure tu n'en auras plus besoin. » — Puis, M. Ducoudray, M. Clerc, M. Darboy, M. Deguerry, etc. Les prisonniers défilent. Ceux qui restent se mettent en prière, et, cinq minutes après, un double feu de peloton annonce que le crime est consommé. »

Deux journaux ont reproduit des récits venant de témoins oculaires qui n'étaient pas des otages ; le premier était un gardien forcé, bien malgré lui, d'assister à toutes ces horreurs.

« A partir de mercredi 24, dit-il dans son rapport, à sept heures et demie, il est arrivé un détachement de fédérés du 180e bataillon. On nous a dit qu'il fallait faire descendre Mgr l'archevêque et plusieurs prêtres, au nombre de six, pour les faire passer dans les murs de ronde. Voyant que c'était pour les fusiller, nous les avons prévenus de s'habiller ; comme ils ne se dépêchaient pas trop et que les communeux étaient très-pressés, on nous menaça nous autres de nous passer par les armes comme ces messieurs.

« Nous les avons fait descendre par l'escalier de secours qui conduit aux murs de ronde ; arrivés là, on a placé les six prêtres sur un rang et on a fait feu.

« Mgr l'archevêque n'est pas tombé : il a fallu faire une deuxième décharge. Le capitaine qui commandait le feu lui a frappé deux coups de crosse de fusil sur la tête pour se venger, en disant que « c'étaient des brigands et des coquins ».

L'autre récit a été donné par *Paris-Journal* comme venant du bibliothécaire de la Roquette, M. Jacob.

« Jusqu'au dernier moment, dit ce récit, Monseigneur s'est entretenu avec M. Bonjean, auquel il donnait le bras, aussi tranquillement que si l'un et l'autre avaient été mis en liberté. Ils ne se sont pas quittés.

« Ils ont écouté sans colère, sans indignation apparente les injures de leurs bourreaux qui hurlaient, les tutoyaient, leur criant :

« — A mort ! à mort ! assassins ! crapules !

« Interrogé par ces bandits en ces termes :

« — De quel parti es-tu ?

« Monseigneur a répondu :

« — Du parti de la liberté.

« — Qu'est-ce que tu as fait pour la Commune ?

« — J'ai demandé au gouvernement de Versailles

de ne point fusiller ceux qui combattaient pour elle.

« Sur ces mots, les cris ont redoublé.

« Un des fédérés, à ce moment, aurait même dit :

« — Citoyens, faites votre devoir, mais n'insultez pas ! »

« M. Jacob nous assure que si, à ce moment, il se fût seulement trouvé parmi les assassins deux hommes qui eussent appuyé celui qui venait de prononcer cette parole, Mgr Darboy et les autres victimes auraient été sauvés.

« Mais pas une voix, pas une protestation ne s'éleva.

« On entraîna les prisonniers dans la cour du second mur d'enceinte.

« Huit fédérés, armés de chassepots, les accompagnaient, vociférant, menaçant.

« Il y eut deux décharges.

« A la première, tous les prisonniers tombèrent, moins Mgr Darboy.

« A la seconde, l'archevêque, lui aussi, tomba foudroyé.

« C'est alors que les fédérés se jetèrent sur les cadavres.

« A coups de crosse ils brisèrent les deux jambes de M. Bonjean.

« Les sauvages coupèrent le doigt de Mgr Darboy et lui enlevèrent son anneau épiscopal, puis ils le fouillèrent. Il avait sur lui sa montre, et une somme de 900 fr. On prit l'une et l'autre.

« Le cadavre du révérend P. Allard fut également souillé.

« Ces brutes *s'amusaient* à le défigurer à coups de baïonnettes. »

Le *Siècle* a donné sur ce premier massacre une version assez différente et dont la provenance n'a pas, que je sache, été indiquée ; la voici :

« Le mercredi soir 24 mai, à huit heures moins le quart, le délégué à la sûreté générale Ferré se présente dans la 4ᵉ division de la prison, suivi de deux brigadiers et du directeur ; des gardes nationaux étaient échelonnés dans l'escalier de ronde.

« — Il nous manque six des nôtres, dit Ferré en parlant des membres de la Commune déjà fusillés par les soldats ; il nous en faut six...

« Le livre d'écrou à la main, il choisit lui-même les six otages qu'il va faire fusiller. Ces infortunées victimes, on les connaît déjà.

« Ferré se dirige ensuite vers la cellule n° 21, où était enfermé l'archevêque de Paris. Il appelle le prisonnier, qui, d'une voix calme et ferme, répond : Présent ! puis sort, en disant à Ferré ces paroles textuelles :

« — La justice des tyrans est bien lente à venir.

« Les six otages voués à la mort descendent, sous l'escorte des gardes nationaux, jusque dans une des cours, où on les adosse contre le même mur.

« Deux feux de peloton se font entendre, à quelques secondes d'intervalle, et toutes les victimes, ajustées à la fois, tombent en même temps.

« Vingt coups de feu éclatent ensuite isolément, ce

sont les gardes nationaux qui achèvent les victimes.

« En revenant, l'un des assassins dit à un de ses camarades, en parlant de M. Bonjean :

« — Tiens, ce vieux, as-tu vu comme il s'est relevé? Il a fallu qu'on l'achève! »

A ces récits navrants, je n'ajouterai aucune réflexion, il n'en est pas besoin ; je me contenterai, comme conclusion, de donner la pièce suivante qui a été trouvée à la mairie du IX⁰ arrondissement, devenue dans les derniers jours le refuge de la Commune et du Comité de salut public et le quartier général de l'insurrection :

COMITÉ DE SURETÉ GÉNÉRALE

Aujourd'hui, 24 mai 1871, à huit heures du soir, les nommés DARBOY (Georges), BONJEAN (Louis-Bernard), DUCOUDRAY (Léon), ALLARD (Michel), CLÈRE (Alexis) et DEGUERRY (Gaspard) ont été EXÉCUTÉS à la prison de la Grande-Roquette.

Commune de Paris.

CHAPITRE TROISIÈME

Le deuxième massacre. — Journée du jeudi. — Calme du R. P. Olivaint. — Le récit de M. l'abbé Amodru. — Sentiments des otages. — Récit de M. l'abbé Perny — Exécution du banquier Jecker. — Journée du vendredi. — Appel de nouvelles victimes. — Leurs mérites. — Liste des otages appelés. — Un chemin de croix, récit de la *Gazette du midi*. — Récit d'un gardien. — Date du massacre. — Récit du R. P. Escalle. — La salle de bal champêtre de la cité Vincennes. — La marche des victimes. — Le massacre.

A l'exception de M. l'abbé Perny et de M. l'abbé Amodru, les divers récits des otages s'étendent peu sur la journée du jeudi et sur celle du vendredi jusqu'à cinq heures du soir.

« Le jeudi rien, dit la lettre adressée à la *Gazette du midi*; on se réunit comme d'habitude, mais la lugubre soirée de la veille donnait des appréhensions pour ce jeudi soir. Le bon Père Olivaint était aussi en train et joyeux qu'à son ordinaire; il encourageait les autres, et la fusillade approchant leur donnait encore à tous l'idée d'une délivrance.

« Mgr Surat changeait physiquement, il souffrait du cœur, sa figure était colorée, son nez enflé; la mort de son cinquième archevêque le terrifiait. Les Pères l'animèrent à la confiance. *Sursum !* Il les remercia avec cette humble bonté que nous lui connaissons. »

La *Semaine religieuse* de Vannes signale également le calme du R. P. Olivaint.

« Le jeudi, dit-elle, pas d'exécution. Pendant la récréation, je (c'est M. l'abbé Bayle qui parle) me faisais un crime de ne pas être resté dans ma cellule pour me préparer à la mort, par la prière. Mais en voyant le P. Olivaint si joyeux, je restai et fus consolé. « Je suis heureux, me disait-il, d'être comme saint François de Salles, qui, traversant un jour un lac agité par la tempête, éprouvait la plus grande joie en pensant qu'il n'était séparé de la mort que par une simple planche, et qu'il était tout entier entre les mains de la Providence. »

M. l'abbé Amodru fait connaître les sentiments qu'éprouvaient les otages après l'exécution du 24 mai :

« Prêtres et fidèles, raconte-t-il, tous les prisonniers s'attendirent, dès ce jour, à mourir, et se préparèrent chrétiennement à paraître devant le souverain Juge. O murs lugubres de la Roquette, vous vîtes alors ce que la pieuse industrie du prêtre de Jésus-Christ peut produire d'admirable, à l'ombre terrible de la prison et de la mort! Des laïques se promenaient et parlaient tout bas avec des prêtres ; des prêtres se promenaient deux à deux et parlaient tout bas d'un air grave et mystérieux ; puis, dans un angle de mur, dans un coin, à l'écart, tous deux se découvraient pieusement et faisaient un signe de croix : l'absolution était donnée et reçue.

Un jour, l'un de ces prêtres, que le zèle du salut des âmes poussait à parcourir les groupes, dit à trois laïques :

« Messieurs, entre nous prêtres, nous avons réglé nos comptes pour l'éternité ; c'est l'heure d'y penser. »

« Il lui fut répondu :

« Merci, monsieur l'abbé, nous vous sommes reconnaissants de votre charité, mais c'est fait. »

« Dans ce groupe se trouvait un prisonnier fort respectable qui garda le silence. C'était M. Dereste officier de paix, qui, prenant l'abbé à part, fit immédiatement sa confession. Après cela, il baisa la main du prêtre, et il lui dit, en versant des larmes : « Je ne sais si nous sortirons vivants de ce lieu ; mais, si vous me survivez, je vous prie de dire à ma femme et à mes enfants ce que je viens de faire par votre ministère. J'ai des filles que je conduisais moi-même aux catéchismes de Saint-Sulpice. Vous les rendrez bienheureuses en leur disant que leur père s'était bien confessé avant de mourir. » Combien d'autres ont pareillement reçu les secours religieux avant de mourir !... Le lendemain, 26 mai, cet officier de paix disparaissait, avec beaucoup d'autres, sous les coups de la mort. Son corps a été retrouvé à Belleville.

« On peut dire, en toute vérité, que les victimes de la Roquette reçurent généralement les consolations de la foi avant de mourir.

« Rien de solennellement lugubre comme ces corridors et ces murs de la prison quand on eut appris la mort des six premières victimes. Chaque heure qui sonnait à l'horloge de la cour intérieure semblait être la dernière; les prêtres priaient continuellement, et nous en connaissons qui recevaient l'absolution tous les jours.

« Pour ajouter un trait à ce sombre tableau, nous dirons encore que chaque soir les murs intérieurs de la cour reflétaient les sinistres lueurs de l'incendie qui consumait plusieurs monuments de Paris. A travers les barreaux de fer de nos fenêtres nous apercevions la fumée et les feux, signes avant-coureurs d'une mort inévitable.

« Le jeudi 25 mai, il y eut quelques victimes dont j'ignore le nom; elles durent expirer hors de la prison (1).

« La journée du vendredi 26 mai fut plus terrible que toutes les autres.

« Du greffe partaient continuellement des ordres et sortaient sans cesse des listes; on voyait les employés qu'il me semble apercevoir encore traversant la cour un papier à la main; chacun de nous se disait:

« Si je suis inscrit sur cette liste, dans un quart d'heure je ne serai plus de ce monde. »

« Le soldat trépignait en entendant le canon et la fusillade du dehors :

« Mourir assassiné, disait-il, ah! c'est affreux! Que

(1) De l'examen des divers récits, résulte pour moi la conviction qu'il n'y a eu le jeudi à la Roquette qu'une victime, le banquier Jecker, sauf peut-être parmi les soldats et les gendarmes.

ne suis-je avec mes anciens camarades, combattant sous mon drapeau et marchant contre les incendiaires qui brûlent les maisons, tuent les prêtres et pillent les églises ! »

« Pauvres soldats ! leur courage demeurait impuissant derrière ces barreaux, que leurs mains ne pouvaient briser (1). »

Voici maintenant le récit de M. l'abbé Perny, qui nous fait connaître ce qui se passait dans la quatrième division, celle qui avait fourni les martyrs de la veille :

« Vers dix heures du matin, le jeudi 25 mai, j'entends le pas de deux ou trois surveillants qui franchissent notre corridor. Ils gardent le silence en marchant. Au côté opposé à ma cellule, une cellule s'ouvre. Je ne puis distinguer les paroles échangées avec le prisonnier. Mon œil demeura fixé au vasistas de la porte. Après quelques minutes seulement, je vois repasser devant ma porte les mêmes employés de la prison accompagnant un otage. C'était le banquier du Mexique, M. Jecker. Il est probable qu'on l'invita tout simplement à se rendre au greffe, sans autre explication ; le banquier n'a plus reparu. Il a été certainement exécuté ; mais je ne sais aucun détail ni sur le lieu, ni sur ses derniers moments. Hier mercredi, durant la récréation, j'avais causé pendant une dizaine de minutes avec M. Jecker. C'est en allant à l'ex-préfecture de police demander un passeport qu'il avait été arrêté. Ce banquier était singulière-

(1) *La Roquette*, p. 9 et suiv.

ment gêné au milieu de nous ; il m'a paru fort peu communicatif.

« Je n'ai pas besoin de vous dire les sentiments qui animaient les otages à la première entrevue commune qui suivit le martyre de Mgr Darboy et de ses compagnons. Vous avez suivi par ma relation ce drame si singulier de notre captivité. Chacun s'empressa auprès de messieurs les vicaires généraux de Mgr l'archevêque. Mgr Surat était calme, mais très-affecté au fond du cœur. Il était frappé surtout de la destinée des archevêques de Paris. En un demi-siècle, quatre d'entre eux mouraient d'une mort tragique. Il raconta en ma présence ces détails, et se plaisait à les répéter devant nos compagnons de captivité, qui venaient successivement s'entretenir avec lui. Je ne sais si je me trompe, mais j'ai cru remarquer que le moral de ce digne vicaire général en avait reçu une profonde atteinte. A son âge et dans notre situation à tous, rien de plus facile à concevoir. Mgr Surat passa la plus grande partie de cette récréation assis dans une guérite du préau. Tous les otages se promènent par petits groupes, passant des uns aux autres. Mais les figures sont moins épanouies que le jour précédent. On lit sur chacune d'elles l'empreinte d'un recueillement tout céleste. Chacun se disait sans doute : « Demain, je ne serai probablement pas ici. »

« Durant cette récréation quelques-uns des otages proposèrent de faire un vœu en commun. Ce pieux projet fut accepté avec empressement par chacun de nous. M. l'abbé Petit, secrétaire général de l'archevêché, rédigera une feuille commémorative de ce vœu, si nous échappons à la fureur de nos ennemis. L'heure de la récréation. terminée, on se salue mutuellement, avec l'intime conviction qu'un bon nombre d'entre nous ne se reverraient plus ici-bas. C'était bien là le cas de dire le *Morituri salutant se invicem*. C'est dans une arène glorieuse que nous étions destinés à succomber.

« La journée du jeudi s'acheva dans le calme à l'intérieur. Mais l'acharnement de la lutte entre les insurgés et l'armée régulière devenait de plus en plus vif. La mairie du XI⁰ était cernée et attaquée avec une grande vigueur. La fusillade ne cessait pas. La détonation ressemblait à celle d'une poudrière qui éclate. Les incendies se manifestaient dans toutes les directions de la ville. Je montais de temps en temps sur ma fenêtre, pour chercher à suivre la marche de l'armée, le plan d'attaque contre les fédérés. Mais je ne pouvais rien discerner. Le soir, je récitai, avec le bon P. Houillon, les psaumes de la pénitence et les prières de la recommandation de l'âme.

« A la nuit tombante, je remarquai des allées et des venues de soldats fédérés, dans le préau qui est sous mes fenêtres. Cela me semblait un signe de mauvais augure pour la nuit qui allait commencer. Il me parut même que les postes avaient été doublés. J'avais apporté de Mazas deux bougies. J'en allumai une, tout en disposant les choses de manière que la lumière ne fut pas trop visible du dehors. Le silence continuant à être profond dans la maison jusqu'à deux heures du matin, j'en conclus que nulle exécution n'aurait lieu avant le jour. J'éteignis alors ma bougie. La pensée des six martyrs de la veille ne me quittait plus. Je songeais à leur auréole. Il y a quelques mois, ces six otages étaient bien loin de se douter que la gloire du martyre couronnerait leur carrière. *Non pœna sed causa facit martyrem*. Dans la pensée de nos bourreaux, Dieu n'existe pas. Ce seul nom adorable provoque sur leurs lèvres des torrents de blasphèmes et les hideux sarcasmes de Voltaire. Ils veulent, disent-ils, enseigner l'athéisme par la science et convertir nos temples catholiques en temples d'athée.

« Ils nous haïssent, à cause de notre caractère sacré, de toute la haine dont le démon seul est capable. *Nous voulons*, me disait un jour l'un des membres de la Commune, « le plus d'otages possible parmi les prêtres ». Ces monstres de l'humanité ont dû répéter bien des fois, je l'imagine, ce mot tristement célèbre d'un empereur romain : « Que n'ont-ils une seule tête et que ne puis-je « l'abattre d'un seul coup ! » J'ai vu bien des néophytes dans l'Orient. Personne dans le pays n'hésite à les regarder comme de véritables martyrs de Jésus-Christ. Les victimes de la Commune sont, à mes yeux, encore plus dignes de ce titre.

« Il est certain que, le vendredi matin, je m'étonnais d'être encore en vie. Je me demandais si mon existence était bien une réalité. Je suis persuadé que ce sentiment étrange était celui de la plupart d'entre nous. Au fond, nous avions raison de penser ainsi. Car, d'après certains surveillants de la prison, voici quelle fut la cause pour laquelle il n'y eut pas de victimes dans la journée du jeudi. On dit que le membre de la Commune chargé d'apporter au directeur de la Roquette l'ordre d'une nouvelle exécution n'aurait pu parvenir jusqu'à la prison, à cause des mouvements stratégiques de l'armée, qui investissait de plus en plus le dernier retranchement de la Commune. Ce qui est de notoriété publique, c'est que les provisions ordinaires de bouche n'ont pu parvenir à la Roquette dès ce matin. On a été obligé de prendre le pain chez les boulangers les plus voisins de la prison.

« Ce délai donnait une lueur d'espérance de salut. On sentait l'approche de l'armée ; on était tout oreilles au bruit des détonations, comme pour suivre le progrès de la défaite de la Commune. Mais aussi personne ne se dissimulait que nous ne fussions de plus en plus entre deux feux. Quelques bombes des fédérés, qui avaient dressé des batteries au Père-Lachaise, tombèrent sur la prison de la Roquette. Au lieu de causer de la frayeur, selon la coutume, cet accident causa à tous une véritable joie. Plusieurs prisonniers faisaient déjà leurs petits préparatifs de départ. Car ils supposaient que, les obus continuant à tomber sur l'établissement, on ferait nécessairement ouvrir les portes. On assurait que le directeur de la maison avait tout disposé pour sa propre fuite, dès que le moment serait venu. Cela ne causait d'étonnement à personne..... (1).

(1) *Deux mois de captivité*, p. 172 et suiv.

« Le temps était à la pluie le vendredi 26 mai. On ne nous conduisit point dans le préau de la promenade. Les grilles, qui sont aux extrémités du corridor, furent fermées. On nous permit de sortir et de nous promener dans ce corridor. Chacun souffrait de la faim. Notre sentence de mort nous pressait davantage de minute en minute. Le bombardement qui avait lieu depuis le cimetière du Père-Lachaise causant un certain désarroi dans la prison, on nous laissa plus longtemps ensemble dans ce couloir. J'en tirais, du reste, un présage de sinistre augure ; car j'avais remarqué, le mercredi, qu'après nous avoir fait remonter du préau dans notre étage, on nous avait laissés libres de rentrer dans nos cellules ou de continuer la récréation dans le corridor. Quelques autres otages ont eu le même pressentiment et me l'ont manifesté ce jour-là.

« Vers cinq heures et demie environ, on vit tout-à-coup arriver dans notre étage un brigadier de la maison (homme vendu à la Commune et dont l'hypocrisie mérite d'être stigmatisée); il tenait une liste à la main et s'avança jusqu'au milieu du corridor où le manque de deux cellules du côté gauche laisse un plus grand espace vide. Ce misérable brigadier avait l'air souriant ! *Messieurs, faites attention; répondez à l'appel de vos noms. Il en faut quinze !!!* Cette parole sauvage, *il en faut quinze*, fit courir un frisson dans toute l'assemblée. Ce séide de la Commune commença son appel. Les nouvelles victimes répondent avec calme : *Présent.* On les range en cercle au fur et à mesure que leur nom est proclamé. Le brigadier ne put lire le nom du P. de Bengy (1), qui s'approcha de lui et, reconnaissant son nom, répondit sans s'émouvoir : *Présent*. Il compta, à deux reprises, les dix premières victimes. Puis il cria : *Il en faut encore cinq*. Cinq noms furent encore proclamés. L'un de ces otages, un Père de Picpus, demanda la permission de prendre son chapeau. « *Cela n'est pas nécessaire*, reprit le brigadier ; vous allez descendre au greffe. Suivez-moi..... »

« Cette manière d'enlever les victimes n'est-elle pas étrange ? Selon toute apparence, l'heure suprême de tous les otages semblait arrivée. Chacun se tint prêt pour le prochain appel, que l'on supposait avoir lieu dans la soirée même. La privation de nourriture, qui nous avait été imposée en ce jour, était encore pour nous un autre indice de notre fin prochaine. Je supposais qu'après l'inscription de leur nom au greffe, on conduirait nos quinze victimes à la mort par le même préau que la première fois, et que l'exécution aurait lieu au même endroit. Je désirais vivement voir ces nouveaux martyrs, se rendant au lieu du dernier combat. Dans ce but, je demeurai continuellement appuyé sur ma fenêtre, priant en commun avec M. Houillon ou conversant avec lui des choses de Dieu, de la Patrie céleste. Nous touchions dans notre estimation au port de l'éternité « Croyez-vous », me demandait de temps en temps ce

---

(1) D'après une autre version qui ne prouve pas moins en faveur de son calme, le R. P. de Bengy aurait rétabli son nom que le brigadier prononçait mal et courut ensuite répondre : *Présent*.

pieux confrère, « que je serai martyr » ? Quelle grâce la bonté divine nous accorderait! Nous parlions de notre dernière heure pour nous féliciter d'arriver au terme de la vie, en mêlant notre sang à celui de l'Agneau sans tache et pardonnant d'avance aux misérables, si dignes de compassion, qui acceptaient l'odieuse mission de verser le sang innocent.

« Parce que la journée du jeudi s'était écoulée sans exécution des nôtres, un bon nombre d'otages eurent la même pensée que nous. « Peut-être, disions-nous, le « sang des six premières victimes, celui du pasteur de « ce vaste diocèse, est-il un holocauste qui va mettre « fin aux horreurs dont nous sommes les témoins! Peut- « être la justice divine va-t-elle intervenir d'une manière « visible, pour faire cesser cet affreux drame, qui met en « péril non-seulement la France, mais l'Europe tout « entière. »

« Je cherchais, par moments, à deviner quel pouvait être le calcul de l'*ordonnateur* de ces massacres, quant au choix des victimes. J'étais le troisième sur la liste des otages transférés à la Roquette ! Comment avais-je été oublié dans le premier et le deuxième appel ? Pourquoi ce choix de victimes? Ces dernières me semblaient surtout remarquables. On eût dit que nos bourreaux, dans leur fureur démoniaque, — car vous ne doutez pas plus que moi que c'est surtout de ces hommes altérés de sang innocent, de meurtres, de pillage, d'incendies, de ruines, de destructions, qu'il convient de dire : *Introivit in eum Satanas* (Saint Jean, XIII), « Le démon prit possession d'eux » ; — ces hommes, dis-je, avaient su choisir, avec un *discernement parfait*, les plus belles et les plus pures victimes. Jugez-en vous-même, mon cher ami, par cette revue sommaire ! Le P. Olivaint était connu de tous par sa piété éminente, sa grandeur d'âme et sa douce mansuétude. Le P. Caubert révélait une âme détachée de tout et intimement unie à Dieu, d'une modestie et d'une discrétion remarquables. Le P. de Bengy portait un grand cœur et faisait de grandes choses avec cette touchante simplicité que la foi seule peut faire paraître et que la noblesse du sang sait revêtir d'un éclat incontestable. La simplicité évangélique, une candeur d'agneau, semblaient le partage de ces quatre excellents Pères de Picpus, qui s'étaient fait aimer et admirer de tous. Un esprit d'abnégation incomparable avait porté le bon abbé Planchat à se livrer volontairement otage pour l'un de ses confrères absents. Cette douceur et cette piété, qui brillaient sur sa figure, l'avaient, dès son enfance, fait surnommer par ses condisciples le *Petit saint Vincent de Paul*. Sa vénérable mère le visitait à Mazas. « Elle exhortait, avec une véhémence incroyable, son « fils au martyre et tremblait que cette couronne ne « lui échappât. » Où sont les mères de cette trempe ?

« J'ai eu des rapports intimes avec M. Sabatier, vicaire de Notre-Dame de Lorette. Je suis persuadé que ses amis doivent l'avoir en grande estime pour son aimable piété et sa modeste douceur. Mais, mon cher ami, cet *Ange de Saint-Sulpice !* Quelle candeur ! Que son âme devait être pure ! Quelle modestie ! Il venait s'asseoir sur ma couche et me parler du martyre de nos néophytes chinois. Il osait à peine me dire, tant il était modeste, que son bonheur d'être *ici* était au comble. Ce bon séminariste ne devait, durant son sommeil, que rêver du martyre ! Félicitons la famille de M. Paul Seigneret, qui demeure dans notre Franche-Comté. Dans l'ensemble de ces victimes, mon cher ami, on trouve la réunion de toutes les vertus sacerdotales et apostoliques à un degré éminent. En me repliant sur moi-même, je n'avais, hélas! que trop lieu de comprendre pourquoi j'étais laissé au dernier rang.

« A minuit, tout était calme dans le préau de la maison. On ne voyait aucune apparence que *nos derniers élus* fussent conduits au même lieu que Mgr Darboy. Le bon P. Houillon sentit le besoin de prendre un peu de repos et me laissa seul faire sentinelle. Vers trois heures du matin, je suivais les pas d'un soldat en faction sous ma fenêtre. Je crus remarquer qu'il avait des guêtres blanches ; puis il me sembla qu'il portait un pantalon rouge. Ce serait donc un soldat de l'armée régulière ; je fus pendant près d'une heure le jouet de cette illusion des yeux (1). »

Pendant qu'on faisait l'appel, « M. l'abbé Petit était dans le corridor, à genoux derrière sa porte, une parcelle d'hostie à la main ; il attendait son nom pour se communier..... Il ne l'entendit pas et remit dans sa ré-

---

(1) *Deux mois de captivité*, p. 179 et suiv.

serve sacrée Notre-Seigneur Jésus-Christ pour le garder comme compagnie jusqu'à la fin (1). »

L'un des appelés, le R. P. Caubert, s'étant fait attendre parce qu'il n'avait pas entendu, le directeur s'emporta, et un jeune abbé lui dit : « Vous pouvez bien vous calmer ; nous sommes assez payés pour avoir quelques émotions. »

Pendant que cette scène émouvante se passait dans la quatrième division, les ecclésiastiques détenus dans les autres sections en étaient prévenus.

« Une morne stupeur, que ma plume ne saurait retracer, dit M. l'abbé Amodru, régnait alors dans toute la prison.

« Pas un mot n'était prononcé ; vous eussiez à peine entendu un soupir. J'étais à genoux, faisant, comme tous les autres, mon sacrifice, quand j'aperçus tout à coup M. l'abbé Bayle, qui, d'un geste très-significatif, m'indiqua avec ses doigts, qu'il ouvrit et ferma plusieurs fois, le nombre des victimes. Ce nombre me parut tellement exagéré que je ne pouvais pas y croire ; alors, d'un geste plus significatif encore, M. l'abbé Bayle confirma tout ce qu'il avait essayé de me faire entendre quant au nombre et au choix des victimes. Enfin il éleva ses mains et ses yeux vers le ciel ; je vis ses deux mains, que je dévorais du regard, se rejoindre lentement au dessus de sa tête et retomber enfin sur sa poitrine, comme pour me dire : « C'est fini, faisons notre sacrifice à Dieu. »

(1) *Gazette du midi*.

« Nous étions convenus que, dans le cas où il serait appelé à mourir, il attacherait au barreau de sa fenêtre un papier blanc. Ce sinistre papier y fut attaché; je le montrai à M. l'abbé Lamazou, dont la cellule touchait la mienne. Bientôt M. l'abbé Bayle ne parut plus à la fenêtre, et je me jetai à genoux; M. l'abbé Lamazou et M. l'abbé Bacuez, mes deux voisins, en firent autant. Je crus vraiment que je ne reverrais jamais M. l'abbé Bayle (1). »

Les otages appelés de la quatrième division, dix ecclésiastiques et cinq laïques, étaient :

Trois pères jésuites : le R. P. Olivaint, supérieur de la maison de la rue de Sèvres, le R. P. Caubert, économe, et le R. P. de Bengy;

Quatre pères de Picpus : le R. P. Ladislas Radigue, le R. P. Marcellin Chourouze, le R. P. Polycarpe Tuffier, et le R. P. Frezal Tardieu;

Un vicaire de Notre-Dame de Lorette, M. l'abbé Sabatier;

Un prêtre de la Congrégation du P. Leprevôt, M. l'abbé Planchat, directeur du patronage de Charonne;

Un séminariste de Saint-Sulpice, M. l'abbé Paul Seigneret, âgé de vingt ans.

Les laïques étaient : MM. Derest, ancien officier de paix, Largillière, sergent-fourrier du 74e bataillon de la garde nationale, Moreau, garde national, de Vraisse,

---

(1) *La Roquette*, p. 11. C'est à tort que M. l'abbé Amodru avait cru M. l'abbé Bayle au nombre des appelés.

ex-employé à la préfecture de police ; je n'ai pu avoir le nom du cinquième.

Pour compléter le convoi, on prit dans la deuxième division trente-cinq gardes de Paris ou gendarmes suivant les uns, trente-neuf suivant les autres (1).

« Cet appel réunit près de cinquante personnes, qu'un détachement de démons incarnés attendait à la grande porte : cette fois c'était un chemin de croix que les victimes devaient suivre, au son d'une musique infernale et au milieu de la populace insultante de Belleville.... Sur un plan de Paris, le P. Matignon m'a tracé le parcours de la *Via Crucis* de notre saint ami (le R. P. Olivaint), qui était en tête avec les autres prêtres (six heures et demie du soir). Suivez avec moi : La Roquette, à gauche, montez le boulevard des Amandiers, du côté de la rue de Paris, en longeant le boulevard des Couronnes : entrez, à droite, dans la rue de Paris, suivez-la jusqu'à la rue Haxo, qui coupe à droite la rue de Paris : en haut de là est un ancien cimetière, devenu un mauvais jardin de ces quartiers infâmes ; et ce sera là que le sang pur des holocaustes de la Babylone moderne coulera à flots.

« Des femmes, des enfants accourent : elles disent encore, ainsi que quelques gens de Belleville dépassés

(1) Voici les noms de ces victimes du devoir : Genty, Garaudet, sous officiers ; Pons, Millotte, Cousin, Bernoux, brigadiers ; Poireau, Riollaux, Breton, Pauly, Keller, Valder, Ducros, Belamy, Cousin, Fourès, Pourteau, Mannoni, Mouillié, Marty, Condeville, Veiss, Paul, Colombani, Chapuis, Dupré, Biencherdini, Doublet, Fischer, Bortin, Mangenot, Vallette, Marchetti, Schote, Marguerite, Faber, Villemin, Carlotte, Daynie.

dans la perversité, qu'eux et ces femmes furent saisis d'une espèce de repentance, ce qui les a portés à raconter au P. Bazin leur perversité (le P. Bazin a été à Belleville chercher les corps des martyrs).

« Vers huit heures et demie commencèrent les fusillades sur les pères, et ces vrais démons assouvirent avec rage leur première fureur. On croit, d'après la position des corps morts, que le P. Caubert dut être le premier massacré, puis le R. P. Olivaint, le R. P. de Bengy, un petit séminariste de vingt ans; enfin quinze ou dix-huit gendarmes et des soldats de ligne. En tout de quarante à quarante-cinq victimes furent jetées dans un grand trou, fait pour des débris, non loin d'un bassin d'eau. Mais pourrais-je écrire ce qui va suivre...?

« Quand la fosse fut recouverte, ces sauvages, féroces, ivres de sang et de carnage, reprirent leurs instruments de musique et exécutèrent avec les spectateurs une vraie saturnale, jusque bien avant dans la nuit du vendredi au samedi (1). »

Le gardien de la Roquette, que j'ai déjà cité, donne sur cette exécution des détails horribles dont on veut douter, mais qu'on n'ose déclarer faux, quand on se rappelle les atrocités commises sur divers points.

« Sur l'ordre, dit-il, de M. François (et non Lefrançais), ancien emballeur, rue de Charonne, et de plus forçat libéré, nommé par la Commune directeur de cette maison d'arrêt, tous ces malheureux furent livrés à une

---

(1) *Gazette du midi.*

bande de fédérés. Rue Haxo, au fond d'un jardin, une fosse béante les attendait.

« Pour ajouter encore à l'horreur du supplice, l'exécution eut lieu sous les yeux mêmes des victimes, qui furent jetées, mortes ou blessées (car le temps manquait pour achever ceux qui n'étaient pas tués sur le coup), dans le trou dont nous avons parlé.

« Un prêtre, faute de munitions peut-être ou pour aller plus vite en besogne, fut assommé à coups de crosse de pistolet et précipité, respirant encore, dans la fosse. »

Ces récits ont été complétés et confirmés par le R. P. Escalle. Le dimanche, il avait appris à la Roquette qu'une cinquantaine de prisonniers avaient été extraits de cette prison dans la soirée du *jeudi 25 mai* et avaient été conduits à Belleville où des bandes de fédérés les auraient fusillés en masse le lendemain ; on ne connaissait pas l'endroit de l'exécution, on savait seulement que c'était quelque part sur le plateau de Saint-Fargeau. Avec ces renseignements le R. P. Escalle se mit en campagne pour retrouver les corps des victimes et avoir des détails précis sur leur mort.

Dans leurs récits, les gardiens de la Roquette parlaient toujours du jeudi 25 mai, tandis que les prisonniers parlaient du vendredi 26. Cette différence de dates a préoccupé le R. P. Escalle qui s'est demandé s'il y aurait à un jour d'intervalle deux exécutions dans des conditions analogues. Les fédérés n'auraient certainement pas reculé devant un double massacre, mais on a les noms des prêtres enfermés à la Roquette; on sait ceux qui ont été tués et ceux qui sont sortis, et il n'est pas possible d'admettre qu'il y en ait eu plus de dix (ou peut-être douze, car certaines personnes affirment ce chiffre, à tort selon moi), de fusillés le 25 ou le 26. Il s'agit donc, malgré la différence, d'un seul et même fait et pour ma part je me rallierai plutôt à la date donnée unanimement par les prisonniers survivants qu'à celle des gardiens.

Il ne serait pas impossible, du reste, qu'il y ait eu un massacre de soldats ou gendarmes dont les prisonniers n'aient pas eu connaissance et qui cause chez les gardiens une confusion de dates. Dans une note, page 23, M. l'abbé Amodru dit que les soldats sauvés « se demandent encore aujourd'hui ce que sont devenus tous leurs camarades qui se trouvaient à la caserne du Château-d'Eau ». N'y a-t-il pas là un indice, ainsi que dans cette question d'un enfant entendu par le caporal Arnoux : « Qu'est-ce qu'ils ont donc fait ces soldats que vous avez tués ? »

La vérité se fera complète sur ces tristes événements ; en attendant, ce qui ne peut faire doute c'est que le récit du R. P. Escalle s'applique de tous points au convoi de prisonniers où se trouvaient les RR. PP. Olivaint, Caubert et de Bengy, que ce convoi soit sorti de la Roquette le 25 ou le 26.

« Quand j'arrivai le lundi matin à Belleville, dit-il, nos troupes procédaient au désarmement de ce quartier encore très-agité. Nos propres soldats ne pouvaient me donner aucune information, et ce n'est qu'à grand'-peine que les habitants, encore pleins de défiance et de colère, consentaient à parler. Je ne tardai pas cependant à acquérir la conviction que le massacre avait eu lieu rue Haxo, dans un emplacement appelé la cité Vincennes.

« L'entrée de la cité Vincennes est au n° 83 de la rue Haxo ; on y pénètre en traversant un petit jardin potager : vient ensuite une grande cour précédant un corps de logis de peu d'apparence, dans lequel les insurgés avaient établi un quartier général.

« Au delà et à gauche se trouve un second enclos qu'on aménageait pour recevoir une salle de bal champêtre quand la guerre éclata. A quelques mètres en avant d'un des murs de clôture règne, en effet, jusqu'à hauteur d'appui, un soubassement destiné à recevoir les treillis qui devaient former la salle de bal. L'espace compris entre ce soubassement et le mur de clôture forme comme une large tranchée de dix à quinze mètres de longueur. Un soupirail carré, donnant sur une cave, s'ouvre au milieu.

« C'est le local que ces misérables avaient choisi pour l'assassinat ; c'est là que je retrouvai les corps des victimes et que je recueillis, en contrôlant les uns par les autres plusieurs témoignages, les renseignements suivants sur le crime du 26.

« Je ne pus savoir exactement dans quel lieu les prisonniers, en les supposant sortis le 25 de la Roquette, auraient passé la nuit suivante et une partie de la journée du 26. Quoi qu'il en soit, ce jour-là, entre cinq et six heures du soir, les habitants de la rue de Paris les voyaient défiler au nombre de cinquante. Ils étaient précédés de tambours et de clairons marquant bruyamment une marche, et entourés de gardes nationaux.

« Ces fédérés appartenaient à divers bataillons: les plus nombreux faisaient partie d'un bataillon du XIᵉ arrondissement et d'un bataillon du Vᵉ. On remarquait surtout un grand nombre de bandits appartenant à ce qu'on nommait les enfants perdus de Bergeret, troupe sinistre parmi ces hommes sinistres. C'est elle qui, selon tous les témoignages, a pris la part la plus active à tout ce qui va se passer.

« Ainsi accompagnés, les otages montaient la rue de Paris parmi les huées et les injures de la foule. Quelques malheureuses femmes semblaient en proie à une exaltation extraordinaire, et se faisaient remarquer par des insultes plus furieuses et plus acharnées. Un groupe de gardes de Paris marchaient en tête des otages, puis venaient les prêtres, puis un second groupe de gardes. Arrivé au sommet de la rue de Paris, ce triste cortége sembla hésiter un instant, puis tourna à droite, et pénétra dans la rue Haxo.

« Cette rue, surtout les terrains vagues qui sont aux abords de la cité Vincennes, était remplie d'une grande foule manifestant les plus violentes et les plus haineuses passions. Les otages la traversaient avec calme ; quelques-uns des prêtres, le visage meurtri et sanglant. Victimes et assassins pénétrèrent dans l'enclos.

« Un cavalier qui suivait fit caracoler un instant son cheval aux applaudissements de la foule, et entra à son tour, en s'écriant : Voilà une bonne capture, fusillez-les.

« Avec lui, et lui serrant la main, entra un homme jeune encore, pâle, blond, élégamment vêtu. Ce misérable, qui paraissait être d'une éducation supérieure à ce qui l'entourait exerçait une certaine autorité sur la foule. Comme le cavalier, il suivait les otages et comme lui il excitait la foule en s'écriant : Oui, mes amis, courage, fusillez-les.

« L'enclos était déjà occupé par les états-majors des diverses légions. Les cinquante otages et les bandits qui leur faisaient cortége achevèrent de le remplir. Très-peu de personnes faisant partie de la multitude massée aux alentours purent pénétrer à l'intérieur. En tout cas aucun témoin ne veut m'avouer avoir vu ce qui s'est passé dans l'enclos.

« Pendant sept à huit minutes, on entendit du dehors des détonations sourdes, mêlées d'imprécations et de cris tumultueux. Il paraît certain que les victimes, une fois parquées dans la tranchée dont j'ai parlé plus haut, furent assassinées en masse à coups de revolvers par tous les misérables qui se trouvaient sur les lieux. On n'entendit que très-peu de coups de chassepots dans l'enclos.

« Il y eut, à la fin, quelques détonations isolées, puis quelques instants de silence.

« Un homme en blouse et en chapeau gris, portant un

fusil en bandoulière, sortit alors du jardin. A sa vue, la foule applaudit avec transport. De jeunes femmes vinrent lui serrer la main et lui frapper amicalement sur l'épaule : Bravo, bien travaillé, mon ami.

« Les corps des cinquante victimes furent jetés dans la cave, les prêtres d'abord, puis les gardiens de Paris. »

Le R. P. Escalle fait encore connaître ces deux détails :

« On parle d'un prêtre de taille moyenne, pâle, amaigri, d'allure ferme et décidée, très-probablement le père Olivaint, supérieur des Jésuites de la rue de Sèvres, qui aurait été placé seul en tête de trois groupes d'otages. — On dit aussi qu'arrivés à la hauteur de la barricade qui fermait la rue de Paris, à son intersection avec la rue Haxo, on aurait fait ranger les otages sur deux files pour les assassiner en masse par les feux d'une mitrailleuse qui enfilait la rue de Paris. »

Mais, comme ces détails ne lui sont affirmés que par des témoins « indirects », il les rejette en note n'osant ni leur donner place dans le corps de son rapport, ni les repousser complétement *a priori*.

Je ne dois pas *terminer* ce chapitre sans raconter un fait admirable dont je peux garantir l'authenticité. M. l'abbé Guerrin, des Missions étrangères, avait pour voisin de cellule un otage laïque, père de famille. Tout chrétiennement résigné qu'il était, celui-ci ne pouvait s'empêcher de penser à sa famille que sa mort allait priver d'appui. M. l'abbé Guerrin était revêtu d'habillements civils ; il avait laissé pousser sa barbe ; il avait remarqué qu'à l'appel du 24 on n'avait pas pris la peine de faire aucune vérification. Il déclara à son voisin qu'il était décidé à répondre à sa place, si celui-ci était appelé avant lui. Son voisin ayant refusé, M. l'abbé Guerrin insista. « Je suis missionnaire, lui disait-il ; la mort ne doit rien être pour moi, c'est ma vocation naturelle. Vous, au contraire, vous vous devez à votre famille. » Malgré toutes ses instances, M. l'abbé Guerrin ne put faire accepter son dévouement, il ne renonça cependant à son projet que sur la déclaration de son voisin qu'il se ferait connaître, quand même M. Guerrin l'aurait prévenu et se serait déjà présenté. Les deux voisins ont pu échapper à la mort, et je tiens ce fait du laïque lui-même.

CHAPITRE QUATRIÈME

Journée du samedi 27. — Récit de M. l'abbé Perny. — Le citoyen Ferré. — Invasion des fédérés. — Mise en liberté des criminels. — Abandon de la prison par les fédérés. — Ouverture des cellules des otages. — Récit de M. Evrard. — Révolte des otages de la deuxième et de la troisième sections ; récit de M. l'abbé Delmas. — Otages survivants à ce moment de la quatrième division. — Leur départ. — Retour de M. l'abbé Perny, de M. l'abbé Petit, etc. — Leur séjour à l'infirmerie. — Délivrance. — Évasions. — M. l'abbé Bayle. — M. l'abbé Lartigue. — Les dernières victimes. — Mgr Surat, M. l'abbé Bécourt, M. l'abbé Houillon, M. Chaulieu. — Relevé des otages de la quatrième division assassinés.

« Le samedi matin 27 mai, dès notre première entrevue, dit M. l'abbé Perny, la sollicitude de chacun était de savoir le lieu où nos *chères victimes* de la veille avaient été immolées. On éprouvait un regret, celui de n'avoir pas été témoins de leur dernière heure. La créance commune fut alors qu'elles avaient été conduites au cimetière du Père-Lachaise, ce lieu étant l'un des derniers retranchements de la Commune agonisante. Depuis cet endroit, les artilleurs de la Commune, avec leurs bombes et leurs obus, incendiaient avec une rage infernale le plus qu'ils pouvaient d'édifices. Aucune espèce de vivres ne put pénétrer encore ce matin dans la prison. On nous laissa nos restes de pain de la veille, en y ajoutant une faible portion de pain plus frais.

« A la récréation du midi, qui eut lieu dans le corridor, à cause du mauvais temps, la figure des otages offrait un singulier contraste. L'espérance semblait renaître dans les cœurs ; mais elle était tempérée par un sentiment de tristesse profonde, celui *d'être séparé de nos chères victimes de la veille !* On se réunissait par groupes moins nombreux que les jours précédents. Il y avait un vague pressentiment dans les esprits, assez sensible pour être remarqué, mais pas assez défini pour en tirer des conjectures. On passait plus souvent d'un groupe à l'autre par suite de cette vague impression, qui causait une espèce de malaise à tous les otages. On se sentait, en un mot, à la veille d'un dénoûment.

« Qui avait signé le décret d'exécution de tous ces otages ? Qui veillait à l'exécution du décret sanguinaire? car vous savez que les membres de la Commune se suspectent les uns les autres, se menacent mutuellement, et que plus de la moitié ont été successivement écroués à Mazas ou ailleurs par leurs propres collègues. Ce qui est certain, c'est que, dans l'après-midi de ce samedi, le citoyen Ferré, un des monstres de la Commune, en dernier lieu *délégué à la sûreté générale*, était venu se réfugier à la Roquette, soit pour s'y mettre lui-même en sûreté, soit pour donner des ordres.

« Une grande fermentation régnait parmi les condamnés et autres repris de justice de la Roquette. La situation exceptionnelle de la première semaine, quelques nouvelles venues du dehors, non moins que l'instinct propre de ces condamnés, leur avaient fait connaître à tous le véritable état des choses dans Paris. Tous ces misérables, les uns par opinion, les autres par le désir légitime de recouvrer la liberté, devaient aspirer à la possibilité de crier : *Vive la Commune !* Ils avaient disposé entre eux tout un système de défense et divers moyens d'évasion de leurs cellules.

« Vers trois heures de l'après-midi, un bruit extraordinaire se fait entendre. C'étaient les fédérés qui venaient envahir la Roquette. On leur opposa depuis l'intérieur une vive résistance, craignant un massacre général. Les condamnés de la Roquette, au nombre de quatre à cinq cents, avaient quitté leurs cellules et s'étaient réunis dans une cour de la maison, armés les uns d'instruments, les autres de tranchants, celui-ci d'une barre de fer, celui-là d'un marteau, etc. En descendant dans le préau, ils avaient jeté à travers la grille de notre étage quelques limes et quelques tranchants aux deux jeunes condamnés qui faisaient le service de domestiques dans notre division. Le plus jeune avait saisi avec rapidité ces instruments et semblait plus au courant des projets que son collègue.

« Le bruit des coups redoublait de minute en minute. Notre surveillant s'efforçait de nous rassurer contre le danger prochain. Puis il exigea que chacun reprît le chemin de sa cellule. « Mais, lui disaient quelques otages, cela est horrible ; vous n'y songez pas, au lieu de nous fusiller, ils vont nous éventrer cruellement les uns après les autres dans nos cellules. Ce genre de mort nous inspire encore plus d'horreur.—Non, messieurs, ne craignez rien. » Le plus jeune de nos domestiques était en proie à une exaltation mentale extraordinaire.

« Il tenait à la main deux tranchants et quelques grosses limes. Plusieurs des otages s'approchèrent de lui et l'exhortèrent au calme avec les paroles les plus bienveillantes. Notre surveillant, de son côté, protestait qu'il n'ouvrirait pas les grilles. Il était seul. Dans notre étage, nous ne savions encore au juste en quel sens s'accomplissait l'invasion de la prison. Pouvions-nous nous confier à ces deux domestiques de notre division ? Je craignais une lutte imminente entre le surveillant et les deux détenus.

« Le tumulte était au comble dans le rez-de-chaussée de la prison. Notre surveillant exigea la rentrée dans les cellules. Je ne sais quelle fut l'impression de mes collègues ; pour moi, je ne doutais plus que notre dernière heure ne fût venue à tous. Sous le coup de la mort depuis la fin de notre captivité, mais surtout depuis notre séjour à la Roquette, nous avions fait trop souvent à Dieu l'offrande de notre vie pour que cet acte ne fût pas alors d'une douce et simple facilité. L'essentiel, en ce moment, disais-je à M. Houillon, est de bien posséder notre âme dans un grand calme et une paix profonde, afin de mieux faire face à tous les événements qui vont avoir lieu. On fit aussitôt et l'un à l'autre une dernière confession. Puis on se mit en prières.

« Les fédérés, après avoir forcé la porte de la prison, n'eurent rien de plus pressé que d'accorder la liberté à tous les condamnés et autres repris de justice de cette maison, qui attendaient avec empressement leurs libérateurs. Mais il ne suffisait pas de crier : « Vive la Commune ! » Il fallait la défendre dans sa suprême agonie. On fit donc passer ces criminels à la petite Roquette pour les armer et les conduire soit au Père-Lachaise, soit sur les barricades voisines.

« Pendant cette opération, le Directeur, qui n'ignorait pas non plus l'approche des troupes de Versailles, se hâta de pourvoir à sa conservation personnelle, en se cachant dans la maison. Les principaux brigadiers, gens de la Commune, ne se sentaient pas moins compromis. Ils disparurent en un clin d'œil. La prison se trouva ainsi *ouverte et sans aucune direction*. C'est alors que le plus jeune des domestiques de notre étage, dont l'exaltation était si propre à nous causer du souci, ouvrit nos cellules avec une grande célérité, en nous criant à tue-tête : « Sauvez-vous, messieurs ! sauvez-vous, messieurs ! Partez vite, vite ; sortez vite ! allons, au plus vite ! »

« En quittant avec précipitation leurs cellules, tous les otages se regardèrent avec une sorte de stupeur. On ne comprenait rien à ce drame émouvant. Il n'y avait pas de temps à perdre. « Partez vite, messieurs ! » criait d'une voix encore plus pressante notre jeune détenu ; « sortez vite ! Emportez vos effets. Ils (les fédérés) vont « peut-être revenir ! »

« Ce fut un « sauve qui peut ! » On se précipita dans la cour principale de la Roquette. Les gardiens nous montrèrent alors un dévouement dont chacun sentait vivement le prix. Que pouvions-nous faire sans eux? On se battait à une faible distance, dans toutes les directions autour de la Roquette. Fuir à droite, fuir à gauche, le péril était le même. Les gardiens prêtèrent leurs vêtements civils à ceux d'entre nous qui n'en avaient pas. Tout cela fut l'affaire de quelques instants. Les otages disparaissaient ainsi successivement. — « Suivez le plus près possible M. Guerrin », disais-je à mon cher compagnon de captivité, M. Houillon ; « plus leste que vous, « il verra le danger de loin et vous avertira à temps. « Quant à moi, mon infirmité me forcera à marcher « lentement. » — Je remontai une minute au premier étage dans ma cellule. Quand je revins, la plupart des otages avaient disparu de la Roquette (1). »

M. Évrard, dans sa lettre écrite le dimanche, confirme certaines parties du récit de M. l'abbé Perny :

« Hier samedi, le surveillant Langevin, dit-il, vint nous trouver vers trois heures de l'après-midi, et nous prévint de ne pas nous émouvoir du bruit qui se faisait à l'extérieur. Nous pressentions en effet de graves événements. Le surveillant nous recommanda le calme et la patience.

« A la même heure, le délégué à la sûreté générale Ferré, membre de la Commune, vint s'installer au greffe et fit venir les condamnés du pénitencier et les

(1) *Deux mois de captivité*, p. 127 et suiv.

hommes qui étaient détenus dans la prison en attendant leur transfert au bagne. Il leur déclara « qu'ils étaient libres ». Des armes et des uniformes furent donnés à ces bandits... Vers sept heures, les gardiens de la prison et détenus délivrés et armés étaient-ils ivres ou avaient-ils jugé à propos de s'échapper? toutefois est-il que le surveillant Langevin remonta, et ouvrant en toute hâte les portes de nos cellules, il nous dit : « Sauvez-vous, vous le pouvez, mais faites vite! »

« Nous nous élançâmes hors de la prison. Arrivés sur la place de la Roquette, nous nous divisâmes. M. Rabut, commissaire de police, est sorti en même temps que moi; j'ai cherché un asile dans le quartier, et ce matin je regagnais mon domicile. »

Dans la matinée, le bibliothécaire avait fait comprendre que les otages étaient condamnés, en disant, d'un air consterné, à M. l'abbé Delmas : « Beaucoup de courage. » Les membres de la Commune, venus de la Roquette, s'étaient, d'après la lettre de M. l'abbé Lamazou, constitués en espèce de tribunal et installés au greffe. « Je pouvais de ma cellule, ajoute-t-il, suivre leurs délibérations, et j'affirme qu'il ne doit pas y avoir de cabaret plus mal famé, où la tenue ne soit plus édifiante. » Au témoignage du R. P. Bazin, rapporté par M. l'abbé Amodru, page 36, « la liste des prêtres qu'on devait fusiller le samedi 27 était prête ; leurs noms étaient marqués à l'encre rouge, comme ceux de la veille, et le R. P. Bazin, qui l'avait trouvée au greffe, la montra à M. l'abbé Raccies. »

Pourquoi cette exécution, déjà préparée, n'eut-elle pas lieu ? Pourquoi les otages de la quatrième division, qui ne s'étaient pas mis en défense, comme ceux de la deuxième et de la troisième sections, dont j'aurai à m'occuper dans le chapitre suivant, ont-ils échappé et ont-ils vu leurs cellules s'ouvrir au moment où ils se croyaient perdus ? La crainte de l'arrivée des troupes a certainement contribué beaucoup à cette délivrance, mais cependant il restait encore assez de temps aux fédérés et à leurs dignes alliés, les criminels qu'ils venaient de délivrer et d'armer, pour massacrer quelques otages sans défense. La précipitation de la retraite de Ferré et de ses acolytes n'a-t-elle pas été causée par la résistance inattendue des otages de la deuxième et de la troisième sections, qui exposait les fédérés à se trouver pris des deux côtés. Rien dans le récit de M. l'abbé Perny, ni dans celui de M. Evrard, qui se contente de poser la question, ne vient appuyer cette hypothèse ; mais M. l'abbé Delmas et M. l'abbé Amodru qui étaient dans la troisième section l'affirment, ils me paraissent avoir raison.

« La troisième section — notre couloir — tenait enfermés, dit M. l'abbé Delmas, avec dix prêtres une centaine de ces braves jeunes soldats qui avaient constamment refusé de prendre les armes contre leurs frères. Ce sont eux qui ont sauvé le reste des victimes en se sauvant eux-mêmes.

Les membres de la Commune, chassés de la mairie du XIe arrondissement, arrivent vers une heure de l'après-midi ; ils venaient de s'installer dans le greffe de la prison avec quelques-uns de ces monstres altérés de sang, qui n'ont plus de la femme que le nom. Là, Ulysse Parent (1), dernier *délégué civil à la guerre*, montant et descendant le bureau, le revolver au poing, disait : « Il faut que tous les otages soient égorgés ! Les soldats d'abord ! » — Un gardien vint me prévenir de cette résolution. — Et sur ses pas montait l'*auxiliaire* : « Tous les soldats, descendez ! » criait-il en ouvrant les cellules. Un zouave, descendant le premier, s'aboucha avec les sergents de ville qui occupaient le deuxième étage. « Vous allez à la mort ! Ne descendez pas ! » Aussitôt j'entends retentir ce cri : « Aux armes, on veut nous égorger ! » Et les soldats, ouvrant toutes les cellules, barricadent les deux extrémités du couloir, après avoir repoussé l'auxiliaire.

« Nous étions à l'abri d'une attaque à main armée. Et les soldats, s'emparant des planches sur lesquelles sont étendues les paillasses, les partagent en deux longueurs, les aiguisent par un bout et se trouvent ainsi en quelques minutes armés d'une espèce de lance.

« Au bruit des planches brisées, des cris de joie et de défi, la Commune comprend la révolte des condamnés, et une terreur subite s'empare de ces criminels ; ils prennent la fuite la plus honteuse, laissant sur le bureau des lettres commencées, abandonnant les uns leurs

---

(1) Le Parent qui a joué un si déplorable rôle dans les derniers jours de la Commune n'est pas Ulysse Parent.

guêtres, et les autres leurs *chignons* ! Les *vengeurs*, voyant fuir la Commune, sortent en désordre, et la pluparts des gardiens se sauvent.

« La prison est vide : les détenus courent aux barricades. Quatre employés seuls restent, tenant les clefs. »

Il me paraît difficile de douter, après ce récit d'un témoin oculaire, que les otages des autres sections aient dû en partie leur salut à ceux de la troisième section, dont la résistance aura accéléré la retraite des gens de la Commune, plus cruels que braves comme tous leurs semblables.

Il restait dans la quatrième division, au moment où les portes leur ont été ouvertes : Mgr Surat, MM. Lartigue, curé de Saint-Leu, Bayle, promoteur du diocèse de Paris, Petit, secrétaire général de l'archevêché, Perny, Houillon et Guerrin, missionnaires, Moléon, curé de Saint-Séverin, Bécourt, curé de Bonne-Nouvelle, de Marsy, vicaire à Saint-Vincent de Paul, Miquel, vicaire à Saint-Philippe du Roule, Gard et Seigneret, séminaristes ; les Pères Dumonteil, Besquent, Carchon, Tauvel, Duval, et le frère Lemarchand, de Picpus ; MM. Chevriaux, proviseur du lycée de Vanves, Chaulieu, ancien employé à la préfecture de police, Evrard, sergent-major au 106e bataillon, et Rabut, commissaire de police de la Bourse.

Tous ces otages s'empressèrent, dès qu'ils se virent délivrés, de sortir de la prison ; c'était un parti dangereux, car tous les environs de la Roquette étaient encore entre les mains des fédérés sur la pitié desquels il n'y avait pas à compter. Les prêtres de la troisième section, qui étaient barricadés et trouvaient avec raison plus dangereux de s'enfuir que d'attendre l'arrivée prochaine des troupes, essayèrent de retenir leurs confrères ; mais ceux-ci ne les entendirent pas ou ne les comprirent pas. Du reste, dans l'ignorance où ils étaient de la situation de la troisième section, ils ne pouvaient guère rester.

« De mon guichet, écrit M. l'abbé de Marsy à M. l'abbé Amodru, j'apercevais, à travers le guichet et la cellule en face de la mienne, la fumée qui commençait à sortir du pavillon de l'Est... Nous n'avions plus en perspective que les tranchets des détenus, ou l'incendie de nos cellules, ou le piège qui nous attendait à la porte, sous prétexte de mise en liberté. J'optai pour ce dernier parti (1). »

Là est l'explication du départ des otages de la quatrième division.

Le mot de « piége » employé par M. de Marsy me rappelle que l'ouverture des portes des cellules de la quatrième division et l'invitation à se sauver immédiatement ont été présentées dans certains récits comme un piége destiné à faire tomber les otages sous les coups des fédérés qui étaient en dehors de la prison. Les récits de M. l'abbé Perny et de M. Evrard, qui tous deux étaient de la quatrième division, ne me paraissent permettre cette interprétation. Si les fédérés avaient dressé ce piége, ils auraient attendu à la porte de la prison les

(1) *La Roquette*, p. 32.

otages qui ne pouvaient manquer de sortir et aucun n'aurait échappé. Or, comme on le verra plus loin, quatre seulement ont été tués, et probablement pas un seul n'a été tué immédiatement. Il paraît avéré qu'une trahison a bien eu lieu, mais plus tard et dans une autre section. Des soldats qui s'étaient mis en état de défense ont été amenés à sortir de leur retraite par des cris de *Vive la France* et par l'assurance donnée de l'arrivée de l'armée ; ils ont été massacrés par ceux-là mêmes qui, revêtus de costumes militaires, les avaient trompés. On aura confondu les deux faits. Des otages de la quatrième division, cinq revinrent à la Roquette après avoir essayé de gagner les quartiers occupés par l'armée. C'étaient M. l'abbé Perny, M. l'abbé Petit, secrétaire de l'archevêché, deux pères de Picpus et M. l'abbé Gard, séminariste. M. l'abbé Petit était parti avec Mgr Surat, M. l'abbé Bayle et quelques autres ; mais voyant la fuite presque impossible, il s'était décidé à rentrer à la Roquette. On a raconté, mais le fait me semble douteux, qu'au moment où il retrouvait la porte de la prison, M. l'abbé Petit vit les insurgés enterrer un prêtre au pied d'un arbre et reconnut Mgr Surat ; Mgr Surat avait quitté ses vêtements ecclésiastiques.

« Jamais, dit M. l'abbé Perny, je n'avais parcouru les quartiers de la Roquette. Aussi, mon cher ami, je ne savais si je devais prendre à droite ou à gauche ni en quel quartier j'allais me trouver. Je me décide à prendre à droite. Je vois bientôt le cimetière du Père-Lachaise. On s'y battait avec ardeur. Plus j'avançais, plus je courais de danger. Les balles sifflaient à mes oreilles de tous côtés. Je longeais les murs avec précaution. Quelques personnes m'aperçurent de chez elles.

« Les portes s'entr'ouvraient :

« Où allez-vous donc, malheureux ? Prenez à droite, prenez à gauche. Vous n'entendez donc pas les balles ? »

« Je frappe aux portes des hôtels ; on n'ouvre pas. Je frappe aux portes des maisons particulières. Je demande avec instance l'hospitalité. On est effrayé ; on me refuse partout (1). Je m'arrête au coin d'un mur élevé. « Si je continue, je suis perdu. J'élève mon cœur à « Dieu. Sur dix chances, j'en ai huit de salut, si je « rentre à la Roquette. Les bons gardiens me cacheront. »

« Ma résolution est aussitôt prise. Malgré de vives douleurs à la jambe, je sens un courage extraordinaire. Je reprends au plus vite le chemin de la Grande-Roquette. Les gardiens sont ébahis en me voyant arriver. « Je ne trouve aucun asile ; le danger est immense : « cachez-moi dans la prison. » Au même instant arrive M. l'abbé Petit, secrétaire général de l'archevêché, qui avait éprouvé les mêmes vicissitudes que moi. Il était encore ému du danger qu'il avait couru en regagnant la Roquette. Deux jeunes pères de Picpus, un séminariste de Saint-Sulpice, M. Gard, quelques gendarmes, vinrent nous rejoindre pour les mêmes motifs.

(1) Une porte s'ouvrit devant M. l'abbé Perny, mais c'était celle d'une demeure où il lui était impossible de rester ; au bout d'un quart d'heure, malgré le danger, il donna quelques prétextes et « sortit de ce lieu doublement périlleux ». C'est alors qu'il se décida à rentrer à la Roquette.

« L'endroit le plus sûr pour vous cacher », reprennent les gardiens, « c'est l'infirmerie. » Les infirmiers nous reçoivent avec empressement. On nous place aussitôt dans les lits vacants ; on nous donne de sales bonnets de malades. Chacun reçoit le nom du dernier malade qui a occupé ce lit et qui est inscrit sur le registre officiel de la prison. Le mien était Micholain. Le jeune infirmier nous fait répéter nos noms. « Ne craignez rien, « messieurs ; si l'on vient, on ne peut que vous deman- « der vos noms. Le directeur n'est jamais venu à l'in- « firmerie ; il ne connaît personne. » — Quelle situation, mon cher ami ! L'épée de Damoclès était encore suspendue sur nos têtes. Le moindre bruit dans la prison nous faisait retenir notre haleine.

« Quelle protection visible ! Les fédérés reviennent vers huit heures et demie du soir. Nos infirmiers le savent. Ils nous le cachent par un sentiment de charité. Les fédérés font quelques tentatives pour mettre le feu aux barricades des otages des 2e et 3e divisions. Ils ne réussissent pas. Ils réclament les otages de notre division. « Ils sont tous partis », leur répondit-on. « Ils ont pris la fuite. » Quelques-uns d'entre eux visitent notre étage, recueillent quelques effets abandonnés sur les couchettes, quelques bréviaires, et brûlent le tout au milieu d'une cour. Comment n'ont-ils pas eu la pensée de venir à l'infirmerie ? — La fatigue, l'émotion continuelle depuis notre arrivée à la Roquette nous accablaient. Le sentiment du danger que nous courions encore tenait notre esprit en suspens et nous empêchait de nous livrer au sommeil. Les fédérés se retirèrent vers onze heures du soir pour ne plus revenir, comme nous l'avons su plus tard. Les infirmiers nous ayant promis d'avoir l'oreille aux aguets, nous nous livrâmes au sommeil, en bénissant Dieu, avec toute la vivacité que la foi inspire en une situation aussi critique, et suppliant notre bon ange de nous couvrir de sa protection.

« Un peu avant quatre heures du matin, le jeune infirmier s'éveille au bruit qu'il entend. « Attention, messieurs ! » — Il saute hors de sa couche en chemise, nous fait répéter à chacun nos noms de malades et se dirige du côté de la porte. « On vient ici ; attention, messieurs ! » — Il avait à peine achevé ces paroles que la porte s'ouvre. Un colonel, tenant de la main gauche son épée en l'air, de la droite son revolver à plusieurs coups, entre avec une ardeur toute martiale. « Qui crie vive la France ici ? — Vive la France ! Vive la France ! » de tous les lits. Le colonel s'avance : « Où est l'archevêque ? où est Monseigneur ? » fit-il d'une voix presque tremblante. — M. l'abbé Petit s'élance, les larmes aux yeux, en chemise, au cou du colonel : « Ah ! colonel ! vous ne savez donc pas ? Ils l'ont fusillé mercredi ! — Oh ! les brigands ! » fit le valeureux colonel de Plas. Un bataillon de marins fusiliers le suivait, l'œil en feu, avec une ardeur indescriptible. Tous répètent d'une voix émue : « Ah ! les scélérats ! » Nous embrassons le colonel ; nous embrassons les marins, nos libérateurs. Nous respirons. La joie inonde notre âme. La reconnaissance déborde de notre cœur. Nous tremblons, en quelque sorte, sous l'émotion de la joie. Ce drame finissait à peine. Il nous semblait déjà un rêve, à présent que nous étions sauvés. « Attendez un peu avant de « sortir, nous dit le colonel ; l'infanterie arrive et va « occuper les boulevards dans quelques instants. Vous « suivrez la troupe, car il y a encore du danger. Ces « scélérats, cachés dans les maisons, tirent encore sur « nous (1). »

Les otages qui se sont échappés ont dû passer par bien des péripéties. M. l'abbé Guerrin trouva une hospitalité pleine de bienveillance chez une pauvre famille qui habitait près de la Roquette et qui le reçut dans sa mansarde. M. Evrard dut son salut à un membre de la Commune, le citoyen Andrieu qui, dit-on, l'aurait tiré du danger, fort involontairement du reste.

Pour M. l'abbé Bayle, on a deux récits, qui diffèrent un peu au commencement, mais qui concordent à la fin.

« Mgr Surat et M. Bayle, dit M. l'abbé Perny, tous deux vicaires généraux, fuyaient ensemble, suivis ou précédés de quelques autres otages. Tous étaient revêtus d'habits civils. M. Bayle portait sous son bras un paquet de vêtements qui le gênait singulièrement. Ce digne vicaire général, dont un homme du monde me disait un jour « qu'il lui trouvait la figure d'un martyr », chercha à déposer son embarrassant paquet sur le seuil de quelque maison. Une femme, qui s'en aperçut, lui dit

---

(1) *Deux mois de captivité*, p. 199 et suiv.

14.

aussitôt : « Que faites-vous là ? Vous allez me compromettre. Reprenez vite ce paquet. » Le bon vicaire général reprit son fardeau, continua sa route, mais ses compagnons l'avaient déjà bien dépassé.

« Le temps pressait. M. Bayle, pour les rejoindre plus promptement, suivit une rue de traverse, qui, dans son estimation, devait aboutir à la rue dans laquelle il rencontrerait ses chers collègues. Mais une barricade l'empêcha d'aller plus loin. Il aperçut de loin Mgr Surat qui voulait franchir une barricade et que l'on repoussait. M. Bayle rebroussa chemin. Il vit alors une porte entr'ouverte, demanda à déposer son fardeau et même à recevoir l'hospitalité pour la nuit. « Je suis prêtre, otage de la Commune ; nous nous sommes échappés de la Roquette, vous pouvez me sauver la vie. » La bonne femme qui recevait ces paroles lui fit un accueil aussi gracieux qu'empressé. « Venez vite, monsieur ; je suis Bretonne ; j'aime bien les prêtres. Je suis très-heureuse de vous recevoir chez moi (1). »

Voici maintenant le récit de la *Semaine religieuse* de Vannes, fait après une conversation avec M. l'abbé Bayle à Versailles.

« M. Bayle était en soutane, ainsi que Mgr Surat, grand-vicaire. Ce dernier est âgé, impotent. M. Bayle ne veut pas l'abandonner. Ils avaient chacun un pantalon ; deux otages leur donnent un paletot ; ils ne peuvent trouver que des casquettes de condamnés. C'est avec ce

---

(1) *Deux mois de captivité*, p. 220.

déguisement qu'ils sortent dans la rue. Malheureusement M. Bayle se trompe de chemin et se dirige vers la barrière du Trône, occupée par les insurgés. Ils sont saisis par deux gardes nationaux qui leur demandent ce qu'ils font dans cette rue et d'où ils viennent. M. Bayle répond qu'ils sont des otages sortis de la Roquette. — « Très-bien, suivez-nous, disent les gardes nationaux en leur mettant la main au collet, et ils les entraînent vers la barricade de la place. Mais des femmes du quartier se précipitent sur ces deux sbires, les désarment et délivrent les prêtres qui continuent leur course. Ils arrivent devant une autre barricade où ils sont accueillis par une grêle de balles. Ils se précipitent à terre. Quand M. Bayle se relève il ne voit plus Mgr Surat, et se sauve le long des maisons. A la fin, il trouve une porte cochère à moitié ouverte et se précipite à l'intérieur. Il rencontre le concierge et sa femme, leur dit qu'il vient de s'échapper de prison, qu'il ne sait où aller : « Je n'en puis plus, dit-il, faites de moi tout ce que vous voudrez. » — « Monsieur le curé, lui répondit le concierge, n'ayez pas peur, nous sommes Bretons, j'ai un cousin prêtre, et si les insurgés viennent vous chercher, nous vous défendrons, et nous mourrons avec vous s'il le faut. » Puis ils le conduisent dans une chambre où ils le font coucher. Le lendemain, il pouvait partir pour Versailles, où il racontait ce que je viens e vous dire, en pleurant à chaudes larmes. »

Un journal de province, le *Conservateur*, du Gers, a publié une lettre contenant, sur l'évasion de M. Lar tigue, curé de Saint-Leu, des renseignements circonstanciés, que son correspondant disait de M. le curé de Saint-Leu lui-même :

« Un gardien de la Roquette, resté fidèle à la voix du devoir et de l'humanité, vient avertir les otages que les membres de la Commune ont été forcés de battre en retraite et que le feu va être mis à la prison. Il est prêt à leur ouvrir les portes, s'ils veulent fuir et s'ils croient pouvoir échapper. Un conseil est tenu entre ces malheureux. Que faire en ces extrémités ? Fuir ? mais de quel côté ? La mort ! la mort ! partout la mort ! *Intentant.*

« La majorité incline pour la gauche, vers Paris, espérant trouver du côté de la capitale plus de moyens de salut. L'abbé Lartigue seul est d'avis de tourner à droite, vers le Père-Lachaise. Le gardien s'offre à le guider vers sa propre demeure, qui est dans ce quartier; mais comment y parvenir ? Comment échapper aux insurgés répandus partout ? Comment traverser les innombrables barricades ?

« A quelques pas, la fuite devient impossible ! Impossible d'aller plus avant. Le malheureux fugitif avait, comme il dit, une mine de bandit échappé de prison ! La chevelure en désordre, la barbe inculte, point de vêtements sur le corps, simplement en manches de chemise ! Tout va le trahir ! Dans ce péril extrême il avise une boutique de marchand de vin, mais, hélas ! c'était facile à prévoir : elle était pleine de fédérés à moitié ivres. Cependant le gardien fidèle se hasarde à lui parler en secret : pourriez-vous, voudriez-vous sauver un

pauvre prêtre, échappé aux fusillades de la Roquette ?
— Je le veux bien, mais voyez mon entourage ! S'il entre ici, il est perdu. Mais voici un chantier dont je suis le gardien ; c'est une scierie en ce moment déserte. Qu'il s'y blottisse et s'y tienne coi. Dès qu'il pourra venir dans la maison, je le cacherai dans ma chambre et je réponds de lui !

« Dieu sait si l'attente fut longue !

« Quelques heures après, un homme se présente, un homme armé, en costume qui ne fait pas immédiatement deviner le corps auquel il appartient, dans un moment où les combattants ont tous des accoutrements variés et même des déguisements. — Me voici, dit la pauvre victime, je vous suis, je me livre à vous, faites de moi ce qu'il vous plaira. Et le soldat le conduit à l'église Saint-Ambroise où un sauf-conduit délivré par un officier supérieur lui permit de rentrer sain et sauf dans son presbytère.

« Voici ce qui s'était passé : la femme de l'honnête marchand de vin, aussi honnête, aussi dévouée que son mari, n'avait pas craint, malgré tous les périls, d'aller, à son insu, au devant des Versaillais et de solliciter des chefs un appui libérateur pour le malheureux curé de Saint-Leu.

« C'est ainsi qu'il fut délivré ! C'est ainsi qu'il me l'a raconté lui-même. Incarcéré le jour de Pâques, il fut sauvé le jour de la Pentecôte ! Quelle lamentable cinquantaine ! »

Quatre des otages ont été tués, Mgr Surat, M. l'abbé

Bécourt, curé de Bonne-Nouvelle, M. l'abbé Houillon, le compagnon de captivité de M. l'abbé Perny, et M. Chaulieu, ancien employé à la Préfecture de police.

Plusieurs récits ont été faits de la mort de ces quatre dernières victimes ; on a représenté M. l'abbé Bécourt, fusillé au moment même où il franchissait le seuil de la porte de la Roquette ; on a prétendu que Mgr Surat avait eu la tête emportée par un obus; ce fait a été démenti par la découverte de son corps, qui était entier, quoique horriblement défiguré. Le seul récit qui me paraisse mériter quelque créance est celui de l'abbé Perny.

« Quant aux compagnons de M. Bayle, après avoir encore erré un peu dans les rues, ils auraient, eux aussi, rencontré une famille qui consentit à les recevoir. Ils étaient quatre à ce moment. On crut devoir les cacher à la cave de la maison ; mais une misérable femme du quartier, dans les idées de la Commune, avait remarqué ces fugitifs et les avait aussitôt signalés aux soldats des postes voisins comme des gens très-suspects. Peu de temps après, une visite domiciliaire, faite à ce dessein dans la maison, amena la découverte de ces pauvres fugitifs. On les conduisit aussitôt auprès de la petite Roquette, à l'angle du mur qui fait le coin de la rue Servan. Ils furent insultés de la manière la plus ignoble.

« Pendant qu'on se préparait à les mettre à mort en cet endroit-là, l'un d'eux essaya de prendre la fuite. Mais un jeune détenu le poursuivit et le fit arrêter par les fédérés, qui arrivaient dans la direction de la Roquette.

Au moment où il revenait à l'angle du mur, dit le témoin oculaire, ses trois compagnons étaient déjà étendus morts sur le pavé. On venait de les passer par les armes. D'après tous les indices reçus, le dernier fugitif nous a paru être M. Houillon. En revenant en cet endroit, le missionnaire vit une jeune fille de dix-huit à vingt ans, une vraie furie, qui s'avançait la première à lui, en le menaçant avec des blasphèmes à la bouche.

« M. Houillon aurait mis un genou en terre en présence de cette malheureuse :

« De grâce, mademoiselle, ayez pitié d'un pauvre prêtre qui ne vous a pas fait de mal. »

« La jeune fille, frémissante de rage, s'approche du prêtre de manière à le toucher. « De la grâce... Ah ! je vais t'en f..... ! » Les blasphèmes les plus atroces coulaient de ses lèvres. Sans perdre une seconde, elle avait déchargé son arme et la victime était tombée.

« Ces infâmes sicaires prirent les corps de leurs victimes, et les déposèrent à une petite distance de là, au pied d'un arbre, dans une fosse commune peu profonde.

« J'ai visité l'endroit où ces vénérables collègues ont succombé sous les balles de ces assassins sans nom, et la fosse encore béante qui a reçu leurs précieuses dépouilles (1). »

En résumé, de quarante-trois otages qu'avait reçu, le 22 mai, la quatrième division de la Roquette, vingt-sept avaient succombé :

---

(1) *Deux mois de captivité*, p. 221.

Un archevêque, Mgr Darboy ;

Un grand-vicaire, prélat romain, Mgr Surat ;

Deux curés, M. l'abbé Deguerry, de la Madeleine et M. l'abbé Bécourt, de Bonne-Nouvelle ;

Un vicaire, M. l'abbé Sabatier, de Notre-Dame de Lorette ;

Un aumônier des ambulances, M. l'abbé Allard ;

Un prêtre des Missions étrangères, M. l'abbé Houillon ;

Un prêtre de la Congrégation du P. Leprévost, M. l'abbé Planchat ;

Cinq membres de la Compagnie de Jésus, les RR. PP. Ducoudray, Clercq, Olivaint, Caubert et de Bengy ;

Quatre pères de Picpus, les PP. Radigues, Rouchouze, Tardieu et Tuffier ;

Un séminariste de Saint-Sulpice, M. l'abbé Gard ;

Et enfin neuf laïques : MM. Bonjean, président de chambre à la Cour de cassation, Jecker, banquier, Derest, ancien officier de paix, Chaulieu, ancien employé à la Préfecture de police, Largillière, sergent-fourrier de la garde nationale, Moreau, garde national, et deux autres dont je n'ai pu savoir le nom et la profession.

Vingt-sept victimes innocentes en quelques jours pour la Roquette, sans compter les gendarmes, les gardiens de Paris et les soldats qu'on peut bien évaluer à une centaine au moins !

CHAPITRE CINQUIÈME

Les otages de la deuxième et de la troisième section de la Roquette. — Les ecclésiastiques. — Menaces des fédérés. — Projets de défense. — Récit de M. l'abbé Amodru. — Le gardien Pinet. — Le sergent-major Teyssier. — Ordre est donné aux prisonniers de descendre pour être fusillés. — Refus d'obéir. — Les barricades. — L'absolution. — La résistance. — La délivrance. — Récit de M. l'abbé Delmas.

La deuxième section de la Roquette renfermait des sergents de ville et des artilleurs ; la troisième des soldats de différents corps. Dans cette troisième section avaient été placés dix ecclésiastiques venus de Mazas le 23 ou arrêtés dans les journées du 23 et du 24. Ces ecclésiastiques étaient : le R. P. Bazin, jésuite ; MM. Bacuez, directeur à Saint-Sulpice, juge-aumônier des Sœurs-Aveugles de Saint-Paul ; Guillon, du clergé de Saint-Eustache ; Lamazou, vicaire à la Madeleine ; Amodru, vicaire à Notre-Dame des Victoires ; Depontailler et Carré, vicaires à Belleville ; Delmas, vicaire à Saint-Ambroise.

Dès le 25, ces ecclésiastiques avaient été menacés du sort des prêtres de la quatrième division.

« Un vicaire de Notre-Dame des Victoires et moi, dit

M. l'abbé Lamazou, nous avons passé une demi-heure, le jeudi 25 mai, à nous préparer à être fusillés. Ce n'était qu'une fausse alerte, et les agents de la Commune chargés de ces aimables invitations consolaient ceux qui en étaient l'objet en leur assurant que ce qui n'avait pas eu lieu la veille ne manquerait pas d'arriver le lendemain. On devait simplement traduire un de nos voisins devant une espèce de Cour martiale qui siégeait au greffe de la prison, et qui se composait de citoyens principalement remarquables, les uns par leur abrutissement, les autres par leur férocité. »

A la vue du sort qui les attendait, l'idée de se défendre vint à quelques otages ; on comprenait que tout était sauvé si l'on parvenait à gagner du temps ; l'armée arriverait et forcerait les fédérés à la retraite. « L'idée première de la défense, dit M. l'abbé Amodru, s'était produite dès le 26 au second étage ; le brigadier Cuénot (des sergents de ville) en avait parlé à M. Walbert, ex-officier de paix, qui l'avait approuvée secrètement. Un sergent de ville, nommé Laurent Soissong, l'avait communiquée à un prêtre qui avait sa confiance et qui lui avait promis de recommander ce projet à Notre-Dame des Victoires. Les jeunes soldats n'en avaient pas connaissance ; mais, à l'heure du danger, elle vint spontanément et comme par inspiration à l'esprit de tous les prisonniers de la troisième section. Tous indistinctement firent leur devoir ; tous montrèrent une ardeur et un courage au dessus de tout éloge (1)...

(1) *La Roquette*, p. 28.

« Plusieurs prêtres de la troisième section, qui avaient pu se voir un instant le 27 mai, veille de la Pentecôte, récitaient pieusement quelques prières. On avait même distribué dans la prison la prière pour la France, bien connue de tous les fidèles qui fréquentent l'église de Notre-Dame des Victoires (1). On se disait : « Nous sommes au temps où les premiers fidèles priaient avec Marie, mère de Jésus. » — « Prions comme eux », disaient les prêtres.

Ce mot fut compris. Tous ceux qui habitaient la troisième section prièrent avec ferveur, se recommandant particulièrement à Notre-Dame des Victoires, et lui demandant avec instance d'accorder à Paris, à la France, à eux-mêmes et à tous ceux qui se trouvaient enfermés dans la même section, une marque éclatante et visible de sa protection.

Voici une des prières qui furent faites ce jour-là même 27 mai, à trois heures de l'après midi :

« Vierge sainte, votre sanctuaire, si connu du monde entier, est profané; les prêtres, qui vous honorent et vous aiment, sont emprisonnés ou massacrés; sans vous, nous allons tous périr; il nous faut un miracle de votre cœur; il le faut, il le faut; vous nous l'accorderez. O

---

(1) La France ne périra pas parce qu'elle est consacrée à Marie.

Mon Dieu, par le Cœur adorable de Jésus, par le Cœur immaculé de Marie, par le Cœur très pur de Saint Joseph, soyez connu et aimé de tous les hommes, pardonnez-nous tous nos égarements, surtout LA VIOLATION DU DIMANCHE ET LE BLASPHÈME; SAUVEZ LA FRANCE et faites que nous restions toujours les enfants dévoués du Pontife de Rome, légitime successeur de Pierre, chef visible et infaillible de votre sainte Église.

Notre-Dame des Victoires, après tant de désastres vous nous accorderez du moins cette dernière victoire. »

Il était alors près de trois heures. Chacun priait dans sa cellule, chacun se sentait encouragé. On eût dit qu'une force mystérieuse passait en ce lieu comme un souffle divin. M. l'abbé Bacuez, récitant l'office de la Pentecôte, lisait avec délices certaines paroles du Ps. 67ᵉ qu'il envisageait comme une prophétie. Plusieurs autres prêtres eurent la même pensée :

« Que le Seigneur se lève ; que ses ennemis soient
« dispersés, et que ceux qui le haïssent s'enfuient à sa
« présence!

« Comme la fumée s'évanouit, que les impies s'éva-
« nouissent également ; comme la cire se fond à la pré-
« sence du feu, que les pécheurs périssent à la présence
« du Seigneur.

« Que les justes, au contraire, soient rassasiés et com-
« blés de joie en présence du Seigneur ! qu'ils fassent
« éclater des transports d'allégresse !

« C'est le Seigneur qui fait habiter les hommes *de
« même sentiment dans une même maison.* C'est lui
« qui brise avec puissance les liens de ceux qui étaient
« enchaînés et qui délivre même les rebelles des lieux
« arides où ils étaient confinés comme dans des tom-
« beaux...

« *Deus noster, Deus salvos fac, et Domine exitus
« mortis.* »

Il faut convenir que ces paroles s'appliquaient bien à notre situation...

« Vers la même heure un gardien nommé Pinet monte par le petit escalier de l'Est ; il entre dans sa cellule ; il paraît inquiet et agité ; trois ou quatre jeunes soldats, qui l'ont vu, s'approchent ; ils pressent Pinet de questions et ils obtiennent de lui cette réponse : « Mes amis, tenez-vous sur vos gardes, on veut vous « fusiller tous. » — En disant ces mots, il tremblait, à la fin il descendit par le même escalier, pour remonter bientôt après.

« Une grande agitation régnait dans toute la prison.

« Tout à coup le sergent-major Teyssier, des tirailleurs algériens, arrêté par la Commune le 5 avril et détenu comme otage, monte du second étage à la troisième section.

« Les gardiens avaient l'habitude de nous enfermer chaque jour dans nos cellules, en poussant un énorme verrou. Heureusement pour nous, depuis deux jours ils ne prenaient plus la précaution de fermer à clé ces verrous. Le sergent-major s'en était aperçu ; il se tenait au guet ; puis, au moment où le gardien venait fermer les cellules des prisonniers, il se cachait dans un tonneau, qu'on avait coutume de remplir d'eau et de laisser dans le lavoir, dont la porte n'était pas fermée. Quand le gardien partait, fermant exactement les énormes grilles du couloir, le rusé soldat sortait doucement de sa cachette, souvent trop humide, et il allait ouvrir la porte à ses camarades, qui, dès lors, se tenaient en garde comme lui, pour n'être pas surpris par un appel suivi de mort.

« Vers trois heures et demie du soir, l'ordre fut

donné de faire descendre tous les prisonniers du second et du troisième étages pour les fusiller. Vingt à vingt-cinq minutes s'écoulèrent avant que cet ordre pût parvenir à la connaissance des victimes. Les vengeurs de Flourens, les mêmes qui, la veille de l'Ascension, à quatre heures, avaient cerné l'église de Notre-Dame des Victoires, étaient au Greffe à la même heure, la veille de la Pentecôte, réclamant tous les otages avec une extrême impatience.

« Bientôt un des prisonniers du deuxième étage, Laurent Soissong, qui, la veille, avait eu avec un prêtre un entretien intime et religieux, se glisse doucement le long de l'escalier ; à quatre heures précises, il arrive au guichet du prêtre qu'il connaissait et lui dit :

« Mon père, vous vous rappelez ce que je vous ai dit hier ; si vous le voulez, c'est le moment ; vous n'avez qu'un mot à dire, vous et vos confrères, ces quatre-vingt-deux jeunes soldats vous écouteront. Dites oui, et nous sommes sauvés. »

« Le caporal Arnoux, du 9e de ligne, accourt au même guichet ; ses lèvres étaient pâles :

« Adieu, mon père, dit-il, on nous appelle tous pour nous fusiller : donnez-moi votre bénédiction et une dernière absolution.

« — Vous fusiller ! dit le prêtre ; non, mes enfants, on ne vous fusillera pas : Dieu nous sauvera. »

« Cela dit, toutes les cellules des prêtres furent ouvertes par les soldats prisonniers.

« Au même instant, comme si ces quatre-vingt-deux

jeunes soldats, les dix prêtres et les trois otages civils qui se trouvaient dans la même section, n'avaient eu qu'une seule tête et une seule volonté, un même cri fut poussé de toutes parts :

« Ne descendons pas, barricadons-nous, défendons-nous ! »

« En moins de cinq minutes le lit de camp est brisé ; paillasses, matelas et chevalets de lits sont jetés aux deux extrémités du couloir; des sentinelles y sont établies ; des planches de lits sont fendues ; on se fait des épées de bois, car il n'y a point d'armes.

« Un capitaine des fédérés se montre dans la cour avec des forçats munis de chassepots; ils nous menacent; nous appréhendons les bombes de picrate, l'incendie. C'est la mort imminente en perspective. Le brave Pinet a pu rentrer ; il est des nôtres.

« Les prêtres s'étaient mutuellement donné l'absolution ; plusieurs de ces braves militaires s'étaient confessés en particulier, mais quelques-uns ne l'avaient pas fait encore ; alors un prêtre s'avance vers un groupe de la barricade :

« Mes enfants, dit-il, l'heure est solennelle, il faut être prêts à paraître devant Dieu ; s'il faut mourir, nous mourrons ensemble, mais il faut mourir en chrétiens: rappelez-vous vos familles, rappelez-vous votre première communion. Le temps presse ; demandez pardon à Dieu de toutes les fautes de votre vie ; faites un signe de croix, je vais vous bénir au nom de Dieu et vous donner l'absolution. »

« Tous, excepté un seul, ôtèrent leurs képis, firent le signe de la croix et s'inclinèrent respectueusement.

« Alors une seule voix s'éleva, et on entendit ces mots :

« Moi je suis franc-maçon, et je propose, en cette qualité, d'aller parlementer, car on pourrait faire sauter la maison. »

« Cette voix discordante fut couverte et étouffée par toutes les autres. On lui répondit :

« Nous aimons mieux sauter avec la maison et mourir en soldats que d'être assassinés. Nous nous défendrons tous jusqu'à la mort !

« Oui, oui, oui, nous nous défendrons jusqu'à la mort ! » Tel fut le cri qui retentit dans toute la prison.

« O moment solennel ! Ceux qui n'ont pas été présents à ce spectacle ne pourront jamais s'en faire une idée. Tous les prisonniers étaient électrisés par le sentiment religieux uni à la bravoure. On eût dit que le miracle demandé à Notre-Dame des Victoires venait de s'accomplir.....

« Restait à se mettre en communication avec le second étage, où se trouvaient quarante et un sergents de ville et dix artilleurs.

« Soudain les briques du corridor sont enlevées, et on s'en fait des projectiles, les plâtres sont repoussés, une large ouverture est pratiquée dans le plafond. Les sergents de ville et les artilleurs, appréhendant une attaque, font le cercle au dessous de cette ouverture. Bientôt ils se trouvent rassurés en entendant Soissong, l'un de leurs camarades, qui leur crie :

« Amis, ne craignez rien, c'est pour nous mettre en communication avec vous. »

« Des battements de mains et des cris de joie lui répondirent.

« Les prêtres accourent. L'un d'eux, appelant tous les sergents de ville et les artilleurs, leur dit à haute voix :

« Mes enfants, nous venons de faire un serment solennel et un acte de religion, vous êtes chrétiens comme vos camarades de la troisième section ; rappelez-vous comme eux vos familles et votre première communion ; demandez pardon à Dieu de toutes les fautes de votre vie, et soyez prêts à mourir en vous défendant. Nous sommes ici dix prêtres, nous allons tous vous bénir, et je vous donnerai ensuite l'absolution. »

« A ce moment la voix du zouave Duponchel s'éleva, disant :

« Silence ! et chapeau bas ! »

« Les dix prêtres étendirent la main, tandis que tous les défenseurs du second étage se tenaient rangés en cercle et en silence. L'un des prêtres prononça solennellement ces paroles :

« *Benedicat vos omnipotens Deus, Pater et Filius et Spiritus Sanctus. Amen.* »

« Ensuite les paroles de l'absolution furent prononcées au milieu du silence le plus solennel. Des larmes abondantes coulaient de tous les yeux. Tous se tenaient inclinés profondément. Puis ils se relevèrent, faisant tous ensemble un signe de croix solennel et jurant de mourir tous jusqu'au dernier plutôt que de se rendre.

« Je vous recommande, ajouta le prêtre, d'invoquer Notre-Dame des Victoires comme nous l'avons fait nous-mêmes, et vous serez sauvés. »

« Que se passait il en dehors ? On priait beaucoup pour nous et le sang des martyrs était monté jusqu'au cœur de Dieu. Nous sentîmes alors comme un flot invisible qui nous soulevait tous et nous emportait sur un rivage inconnu où brillait un rayon d'espérance, *Spes nostra, salve !*

« Le gardien Pinet dit d'une voix forte et vibrante : « Mes amis, s'il le faut, nous mourrons tous jusqu'au dernier et nous ne nous rendrons jamais ; nous mettrons nos prêtres au milieu de nous, nous leur ferons un rempart de nos corps. » Puis, s'adressant aux prêtres, il leur dit : « Quant à vous, messieurs, nous ne vous demandons qu'une chose : continuez à prier pour nous. »

« Quelques instants après, l'un des défenseurs du second étage se fait hisser à la troisième section par la brèche pratiquée au plafond :

« Où est, dit-il, le prêtre qui nous a bénis et pardonnés ? »

« Il l'aperçoit et se jette à son cou en pleurant.

« Si vous saviez, lui dit-il, ce que vous avez fait de nous ! nous pleurions tous, vous nous avez transformés, vous nous avez rendus invincibles. — Mon ami, lui dit ce prêtre, il y a ici dix prêtres qui vous ont tous bénis. »....

« La joie rayonnait sur tous les fronts : on eût dit que l'Esprit consolateur s'était emparé de toutes les âmes. Il était environ quatre heures et demie.

« Sur ces entrefaites, la Commune avait vraiment délibéré et résolu de se retirer à Belleville. Bientôt arrivèrent dans la cour tous les condamnés reconnus coupables devant les tribunaux réguliers; quelques-uns étaient armés de fusils, que venaient de leur confier les fédérés. Ils criaient tous: *Vive la Commune!* A ce cri nous répondîmes: *Vive la France!* Un bandit, condamné à mort par la justice, et bien reconnu par les sergents de ville, monta vers notre barricade du grand escalier; il était armé d'un fusil, et prêt à faire feu, quand il jugea prudent de se retirer. Toutefois il remonta, entr'ouvrit la porte de la grille, tenta vainement de défaire la barricade et se contenta d'y mettre le feu.

« Les vivres manquaient : nos jeunes soldats n'en avaient pas reçu depuis la veille. Le peu d'eau qu'on avait était absolument nécessaire pour tempérer la soif; on ne voulait la dépenser qu'avec une rigoureuse parcimonie, car on ne savait pas si les troupes de Versailles arriveraient à temps pour nous secourir. Alors, nos jeunes soldats, qui ne se déconcertaient jamais, coururent au *baquet* de notre section, et en usèrent pour éteindre le feu. Ce moyen réussit à moitié, car, le lendemain matin, la fumée sortait encore des matelas et pénétrait dans tout le corridor. Quant au forçat qui criait *Vive la Commune*, il disparut à l'aspect des briques qui allaient lui fendre la tête.....

« La nuit arrivée, le sergent-major des tirailleurs algériens, le zouave et le maréchal-des-logis s'unirent pour veiller à la défense.

« Le service de nuit fut parfaitement organisé. Quelques-uns purent dormir tranquillement, tandis que les autres montaient la garde en silence. Le brave sergent choisit ma cellule pour quartier-général.

« Père, me dit-il, à la guerre comme à la guerre ! couchez-vous là, à mes côtés : mon dos vous servira d'oreiller. »

« Le caporal Arnoux et plusieurs autres militaires, au nombre de sept ou huit, se joignirent à nous et passèrent la nuit dans ma cellule. On parlait tout bas et assez gaiement. De temps en temps le zouave s'approchait de la porte et nous donnait des nouvelles.

« Cette nuit fut tranquille. Je n'en ai jamais passé de meilleure dans la prison.

« De leur côté, les prisonniers du deuxième étage, renforcés de quelques hommes que la troisième section leur avait fait descendre par l'ouverture du plafond, s'acquittaient bravement de leur devoir. On gardait un profond silence ; chacun se tenait sur le qui-vive.....

« Le lendemain 28 mai, jour de la Pentecôte, dès l'aurore, apparurent, dans la cour intérieure, sous nos fenêtres, quatre ou cinq marins de l'armée de Versailles, qui nous invitèrent à descendre. Nous refusâmes d'abord de croire à leur sincérité. D'autres marins et plusieurs de leurs officiers vinrent bientôt après. On parlementa pendant plus d'une heure, afin de bien s'assurer qu'on avait affaire à l'armée française, et non à des fédérés déguisés en marins.

« Quelques soldats du 85ᵉ de ligne se montrèrent ensuite. Nous improvisâmes, à l'aide d'un ceinturon rouge, d'une cravate bleue et d'un mouchoir blanc, un drapeau tricolore. Nous demandâmes aux marins de nous montrer le leur, qu'ils allèrent aussitôt chercher. C'était bien le drapeau tricolore, le drapeau de la France, qui fut salué avec joie par tous les prisonniers. Un prêtre, celui-là même qui écrit ces lignes, jeta dans la cour le drapeau également tricolore qu'il venait de confectionner. Les marins le saisirent avec empressement. On cria: *Vive la marine! Vive la ligne! Vive l'armée française! Vive la France!* Huit chassepots avec des cartouches furent passés au sergent-major.

Quatre hommes armés descendirent; j'étais au milieu d'eux. Nous vîmes de près ces braves marins; leurs vaillants officiers nous tendirent affectueusement la main. Nous vîmes aussi les soldats du 85ᵉ de ligne avec leurs officiers, qui nous firent le même accueil. Les uns et les autres ignoraient absolument les massacres de la Roquette (1).

Voici sur ce curieux et émouvant incident d'autres détails donnés par M. l'abbé Delmas :

« Toute la nuit les assassins assiégèrent la porte, s'efforçant d'arracher la grille ; mais cette fois les portes, faites pour un autre usage, abritèrent les gens de bien en résistant aux scélérats: les sourdes menaces de mort montaient seules jusqu'à nous.

« Le jour parut, puis une vive fusillade se fait entendre. Enfin l'infanterie de marine, heureuse, rayon-

(1) *La Roquette*, p. 20 et suiv.

nante, pénétra dans la cour, criant : « Liberté ! liberté ! Vous voilà libres ! Descendez ! »

« Ici commença une scène étrange. Les cerveaux affaiblis par le spectacle de tant d'horreurs se refusaient à croire à la réalité. « Gardons nous de descendre ! ce sont des bandits déguisés ! » Bientôt deux cents soldats, colonel en tête, envahissent la maison. « Mais descendez donc ! » Jamais ! — L'un de nous fit cette proposition insensée (1) : « Si vous êtes des amis, envoyez-nous des fusils ! » Et le digne colonel, comprenant l'état maladif de nos esprits, fit monter cinq chassepots. Cela ne suffit pas : on exige les livrets des officiers, puis les cahiers de rapports, puis le drapeau français qui n'avait pas encore paru. A sa vue, ce ne fut qu'un cri : Vive la France !

« On hésitait quand parut un peloton de soldats de la ligne : « Vive l'armée ! » Les pourparlers duraient depuis plus d'une heure quand l'un de nous, gourmandant la folle peur de ces braves, s'offrit à descendre le premier ; son exemple fut suivi de tous, et bientôt les condamnés de la Commune serraient, les larmes aux yeux et la voix émue, les mains de leurs sauveurs (2). »

(1) Cette défiance se comprenait ; la veille le cri de *Vive la France !* poussé par des fédérés ou des forçats revêtus de costumes militaires, avait servi à faire sortir de leur retraite dix sept ou dix-huit soldats qui furent traînés hors de la Roquette et fusillés.

(2) Peut-être trouvera-t-on que je me suis trop longuement étendu sur cet incident ; mais je l'ai fait parce qu'il m'a paru présenter le double mérite d'être intéressant et édifiant.

CHAPITRE SIXIÈME

Les dominicains d'Arcueil. — Récit de M. l'abbé Grancolas. — Autre récit. — Noms des victimes. — Le capitaine Martin. — Les prisonniers de Mazas. — Mort du frère Néomède-Justin. — Odyssée de deux autres frères. — Le dépôt de la préfecture — La prison de la santé.

La Roquette ne fut pas le seul endroit où il y eut des martyrs sous la Commune. Le jeudi 25 mai, pendant que les assassins se reposaient à la Roquette et se bornaient à fusiller un seul prisonnier, le banquier Jecker, les professeurs et les domestiques de l'école Albert-le-Grand à Arcueil, étaient massacrés aux Gobelins. Un professeur échappé au massacre, M. l'abbé Grancolas, en a fait le récit suivant :

« Le vendredi 19 mai, un membre de la Commune, suivi du gouverneur de Bicêtre et du sieur Cerisier à la tête du 101ᵉ bataillon fédéré, s'est présenté à l'école Albert-le-Grand, vers quatre heures et demie du soir, et nous a tous emmenés : les religieuses, à la préfecture de police, et plus tard à Saint-Lazare ; les pères dominicains, les professeurs et les domestiques du collége, au fort de Bicêtre, où l'on nous a jetés dans une casemate, après nous avoir dépouillés de tout, et même de nos bréviaires.

« Jeudi dernier, 25 mai, vers huit heures du matin, au moment où la garnison quittait le fort en toute hâte, un officier est venu nous dire : « Vous êtes libres ! seulement, nous ne pouvons vous laisser entre les mains des Versaillais ; il faut nous suivre aux Gobelins ; ensuite, vous irez dans Paris où bon vous semblera.

« Le trajet fut long et pénible ; des menaces de mort étaient à tout instant proférées contre nous par la populace. Arrivés à la mairie des Gobelins, on ne veut plus nous laisser libres. « Les rues ne sont pas sûres, nous dit-on, vous seriez massacrés par le peuple. » D'abord, on nous fait asseoir dans la cour intérieure de la mairie, où pleuvaient les obus ; puis un nouvel officier arrive et nous mène à la prison disciplinaire du secteur, avenue d'Italie, 38. Dans l'avenue, nous apercevons le 101e avec son chef, le sieur Cerisier ; nous étions ses prisonniers.

« Vers deux heures et demie, un homme en chemise rouge ouvre fréquemment la porte de la salle où nous étions enfermés, et nous dit : « Soutanes, levez-vous, on va vous conduire aux barricades. » Nous sortons. A la barricade, les balles pleuvaient avec une telle intensité, que les insurgés l'abandonnèrent.

« On nous ramène à la maison disciplinaire, sur l'ordre du colonel Cerisier. Nous nous confessons une dernière fois, et le père prieur nous exhorte tous à bien mourir.

« A quatre heures et demie environ, nouvel ordre du sieur Cerisier. Cette fois nous partons tous, — Pères professeurs et domestiques — entourés par des gardes du 101ᵉ, qui chargent devant nous leurs armes. A la porte extérieure de la prison, le chef du détachement nous crie :

« — Sortez un à un dans la rue !

« Puis le massacre commence. J'entend le père prieur dire :

« — Allons, mes amis, pour le bon Dieu.

« Et c'est tout.

« J'ai survécu avec quelques professeurs et domestiques à cette épouvantable fusillade. Une balle avait traversé mon pardessus sans m'atteindre. Grâce à elle, je pus me jeter dans une maison ouverte sans être vu. Là une femme me fit prendre à la hâte les vêtements de son mari, et je restai chez elle jusqu'au moment où arrivèrent les soldats du 113ᵉ de ligne, qui me reçurent dans leurs rangs avec le plus grand empressement. Un chef de bataillon, dont je regrette de ne pas savoir le nom, me donna même un sergent et quelques hommes pour aller reconnaître nos chères victimes. »

Dans un écrit précédent, M. l'abbé Grancolas donnait d'autres détails :

« C'est le 16 mai (1), disait-il, que, sous prétexte que les frères dominicains servaient d'espions aux assié-

---

(1) M. l'abbé Grancolas donne deux dates différentes pour l'arrestation des dominicains, le 16 et le 19 mai ; la seconde se trouve confirmée par un autre récit.

geants, une bande de fédérés appartenant au 101ᵉ bataillon est venue « réquisitionner » tout le personnel de l'établissement, professeurs et employés. On les conduisit au fort de Bicêtre, où, après les avoir dépouillés de leur argent et les avoir fouillés, on les enferma dans une casemate ; ils y restèrent huit jours sans autre lit qu'un peu de paille, sans autre nourriture que du pain et de l'eau, qu'on négligea même de leur donner pendant les deux derniers jours de leur captivité.

« Dans la nuit du mercredi 24 au jeudi 25, les fédérés évacuèrent le fort ; à huit heures et demie, cette opération était terminée ; les sentinelles s'étaient retirées, laissant les prisonniers dans leur casemate. On songea à eux pourtant, et un officier à cheval vint leur dire : vous êtes délivrés, nous allons vous mener aux Gobelins pour vous y mettre en sûreté. »

Divers journaux ont donné le récit suivant qui complète ceux de M. l'abbé Grancolas :

« Le vendredi 19 mai dernier, à quatre heures du matin, des fédérés appartenant aux 101ᵉ, 120ᵉ et 123ᵉ bataillons de la garde nationale, sous la conduite du commandant Quesnot et du citoyen Millière, envahirent le collége d'Arcueil-Cachan, dirigé par les Pères dominicains. Ils saisirent et emmenèrent comme otages les six Pères restés dans la maison, plusieurs domestiques, en tout vingt-quatre personnes, et les conduisirent au fort de Bicêtre.

« Douze Sœurs de Saint-Marc, chargées de l'ambulance d'Arcueil, qui avaient passé la nuit précédente à ramasser et à soigner des gardes nationaux blessés, furent également arrachées de ce lieu, ainsi que tout le personnel féminin du collége, et conduites à Saint-Lazare.

« Le Père Captier, prieur du collége, et ses vingt-trois compagnons de captivité à Bicêtre restèrent deux jours sans nourriture, exposés aux insultes et aux menaces incessantes des fédérés. On finit par leur faire subir un semblant d'interrogatoire, après lequel il leur fut dit qu'ils étaient reconnus innocents, mais qu'ils seraient néanmoins gardés comme otages.

« Le jeudi 25 mai, les fédérés évacuèrent Bicêtre. Ils relâchèrent un domestique belge et un domestique italien attachés au collége d'Arcueil, et emmenèrent leurs autres prisonniers, en leur affirmant qu'une fois arrivés à la barrière de Fontainebleau ; ils seraient libres.

« A la sortie du fort, quelques coups de fusil tirés par maladresse causèrent parmi les fédérés une panique et un désordre à la faveur desquels l'un des dominicains, le P. Rousselin, parvint à s'échapper.

« Les fédérés ramenèrent leurs autres captifs à Paris par la barrière d'Italie. Ils les firent entrer dans une impasse située près de cette route, et, après les y avoir retenus quelques instants, leur dirent qu'ils étaient libres.

« Le P. Captier comprit le sens sinistre de ces paroles et sortit de l'impasse en récitant une prière.

« A peine avait-il fait quelques pas qu'une première

balle vint le frapper à la cuisse. Il en reçut bientôt douze autres et tomba sans vie. »

Les victimes au nombre de douze étaient :

Les PP. Bouvard, Captier, Cotrault, Chataigneret, Delhorme, dominicains; les quatre derniers du tiers-ordre enseignant ;

MM. Volant et Gauquelin, maîtres auxiliaires ;

MM. Gros, Marie, Cashala, Dautray, Cheminey, domestiques.

M. l'abbé Grancolas parle des soldats qui sont venus le délivrer ; je trouve à ce sujet dans le *Journal de Rennes* une anecdote que je reproduis sans en garantir l'authenticité.

« Après la prise d'une barricade, le capitaine (1) et les soldats qu'il commandait venaient de prendre un instant de repos, lorsque l'on amena un homme de haute taille et d'assez forte corpulence, vêtu d'une blouse et ayant l'aspect d'un maraîcher parisien.

« Capitaine, — dit cet homme, sauvez-moi. Je suis un prêtre.

« L'officier l'interrogea, et convaincu de la vérité de ses paroles, il lui dit : Monsieur l'abbé, vous êtes sous ma sauvegarde.

« Mais, ajouta le Dominicain, il y a au n° 38 les cadavres de notre supérieur, le P. Captier, et de vingt autres tués avec lui. Trois autres prêtres, qui ont

---

(1) Ce capitaine était, dit le *Journal de Rennes,* le capitaine adjudant-major du 113ᵉ de ligne.

échappé à la mort, sont aux mains des insurgés. Ne ferez-vous pas pour eux ce que vous faites pour moi ?

« — Partons, dit le capitaine ; et emmenant avec lui l'ecclésiastique et quatre soldats, il courut vers la maison qui lui était indiquée.

« Voyant les uniformes de la ligne, les insurgés disparurent, et M. Martin fut assez heureux pour sauver la vie aux malheureuses victimes.

« Or, ces victimes vouées à la mort, c'étaient le proviseur, le censeur de l'établissement d'Arcueil et un autre prêtre. Quant à celui que l'on avait amené au capitaine, c'était l'abbé Grancolas, professeur de philosophie dans cette institution. »

La prison de Mazas n'avait pas été vidée le 22 mai, lorsque Mgr Darboy a été transféré à la Roquette avec ses compagnons de captivité, bientôt ses compagnons de martyre ; il y restait encore des otages parmi lesquels se trouvaient trente frères des Écoles chrétiennes.

« Dans la matinée du 25 mai, dit M. d'Absac dans un récit que l'*Univers* a publié, les obus éclatent avec fracas au milieu des vastes bâtiments de Mazas. Le directeur de la prison, Garreau, était en ce moment au Comité de salut public, où il recevait l'ordre de faire fusiller les prisonniers et d'incendier les bâtiments (1).

(1) M. l'abbé Perny dit, p. 129, relativement au projet d'incendier Mazas :
« Voici un détail curieux que nous tenons de la bouche même des gardiens de Mazas. L'ordre formel avait été donné par la Commune d'incendier la prison le 26 mai, jour de la reprise de cet établissement par l'armée. Le greffier *Cantrel*, le brigadier, M. Dajen, et deux surveillants, MM. Pays et Bonnard, s'y sont opposés d'une manière énergique. Ils ont, dès

En son absence, les gardiens délibérèrent, et le brigadier chef Dajen donne l'ordre de faire ouvrir toutes les cellules. Les prisonniers réunis au rez-de-chaussée restent là une heure environ dans la crainte et dans l'attente. Vers dix heures, on les fait sortir par groupes successifs pour les conduire à la barricade de la rue de Lyon. Le frère Néomède-Justin réussit d'abord à se cacher pendant deux heures environ chez un marchand de vins, avec un de ses confrères, membre comme lui de la communauté d'Issy ; mais des perquisitions furent faites dans cette maison : un capitaine délégué de la Commune, ayant découvert les deux fugitifs, les traita de lâches et les contraignit, le revolver au poing, de marcher devant lui.

« Le frère Néomède et son confrère refusèrent de prendre le fusil qu'on leur présentait ; mais ils furent contraints de porter successivement des pierres, des vivres aux barricades, puis de traîner, affublés d'une capote de garde national, un chariot de munitions.

« L'un et l'autre épiaient le moment favorable pour s'échapper des mains des insurgés et découvrir un asile sûr. Sentant toute la gravité de la situation, ils recouraient tous deux à la prière et mettaient leur confiance dans le Seigneur. Le frère Néomède disait à son compagnon : « C'est fini pour nous ; notre mort est cer-

ce moment, gardé à vue le directeur de Mazas, le citoyen Garreau, *sans le perdre de vue une seule minute,* au greffe. Le 26 au soir ils ont livré le directeur au capitaine qui vint prendre possession de Mazas. »

« taine ; que la volonté de Dieu soit faite ! » Ce sont les dernières paroles qu'il ait prononcées !

« Cependant les troupes régulières avançaient toujours ; le sifflement des balles et le crépitement des mitrailleuses donnaient à la lutte un caractère effrayant.

« Vers trois heures, un obus éclata près de la barricade du pont d'Austerlitz où se trouvaient nos deux frères. Sept à huit gardes nationaux furent horriblement mutilés ; le frère Néomède-Justin, atteint par un éclat, mourut instantanément. Son confrère, blessé lui-même, put se traîner jusqu'à lui, constater sa mort et prier pour son âme. Providentiellement recueilli par des gardes nationaux, le compagnon du frère Néomède fut porté à l'hôpital Sainte-Eugénie, où pendant quatre jours les bonnes sœurs lui prodiguèrent leurs soins charitables. C'est de lui que nous avons eu ces détails sur notre généreux martyr.

« Le frère Néomède-Justin a été conduit en prison, puis à la mort, en haine de la foi catholique. Soldat de l'Évangile, il est tombé au champ d'honneur après avoir dépensé ses sueurs au service de l'enfance ; son sang, — le sang du juste — a coulé en expiation de nos fautes et de notre orgueil. C'est un martyr de l'Église et de la patrie, et rien n'a manqué à sa gloire, pas même l'ignoble insulte de ceux qui ont creusé son tombeau. »

Deux autres frères, tous les deux très-jeunes et dont je regrette de ne pas avoir les noms, eurent une odyssée singulièrement aventureuse :

« Tombés aux mains des insurgés qui les prenaient

pour des jeunes gens réfractaires, ils furent conduits à Belleville et durent vivre trois jours au milieu d'eux : le bataillon dans lequel on les a incorporés avait justement pris part aux assassinats de la rue Haxo, et les pauvres frères étaient remplis d'horreur en entendant ces bandits se vanter entre eux de leur forfait, et voulant tous avoir tué plus de victimes les uns que les autres.

« Pour éviter d'aller au feu, les frères prétextèrent de leur ignorance complète à manier le fusil, et, comme le temps d'apprendre l'exercice était passé, on les occupa autrement : l'un d'eux fut même nommé payeur de la compagnie, et chaque soldat recevant 3 francs 50 par jour, il a rapporté les 10 francs 50 qu'il avait gagnés pendant ces trois jours passés au service de la Commune.

« Ce bataillon était si bien composé, que le pauvre payeur entendit parfaitement un soir un des gardes qui disait paisiblement à un autre en le désignant de l'œil : « Laisse-moi faire ; le payeur a la bourse garnie ; demain, je me charge de lui, etc. »

Le dimanche matin, ces misérables étaient pris les armes à la main, et nos deux frères avec eux. En arrivant au greffe de la Roquette, et voyant qu'on va probablement les fusiller, le plus jeune se met à pleurer ; ils protestent tous deux de leur innocence, déclarent qu'ils ne sont pas des insurgés, mais des frères des écoles chrétiennes échappés de Mazas. On leur demande s'ils peuvent donner au moins quelque indice ; par bonheur, ils avaient encore sur eux leur scapulaire ; ils s'empressent de les montrer ; à cette vue, l'officier qui les interrogeait n'a plus de doute, et les deux frères, munis d'un bon laisser-passer, revinrent avec une joie bien vive à leur chère maison de la rue Oudinot. »

Il y avait encore des otages ecclésiastiques dans d'autres prisons notamment M. l'abbé Jourdan, grand-vicaire au dépôt de la préfecture, MM. Icard, supérieur de Saint-Sulpice et Roussel, économe, à la prison de la Santé, mais ils ont survécu quoique les précautions fussent prises pour qu'aucun n'échappât. Au Dépôt de la préfecture le feu avait été mis, et en même temps les portes des cellules avaient été ouvertes et les prisonniers prévenus qu'ils étaient libres. Un peloton de fédérés les attendait à la porte pour les fusiller à mesure qu'ils sortiraient ; on ne doutait pas que le progrès des flammes ne les chassât de la prison. Un certain nombre de prisonniers tombèrent dans le piége, mais d'autres, mieux avisés, restèrent et combattirent l'incendie jusqu'à l'arrivée des troupes qui vinrent les délivrer.

A la Santé, l'ordre de fusiller MM. Icard et Roussel fut envoyé jusqu'à quatre fois, il ne fut pas exécuté.

CHAPITRE SEPTIÈME

Les restes des martyrs. — Les victimes du 24 mai. — Rapport du R. P. Escalle. — Lettre de M. l'abbé Lacroix. — Mgr Darboy. — Récit de M. l'abbé Perny. — La fosse du Père Lachaise. — Les martyrs n'ont pas été fusillés par derrière. — M. l'abbé Deguerry. — Les victimes du 26 mai. — Récit du gardien. — La cave de la cité Vincennes. — Exhumation et reconnaissance des corps. — Les RR. PP. Olivaint, Caubert et de Bengy. — Les victimes du 27. — L'abbé Houillon. — Mgr Surat. — Rapport du docteur Colombel. — Chapelle ardente de Mgr Darboy. — Votes de l'assemblée pour les funérailles. — Obsèques. — Signification de ces obsèques, article de M. Louis Veuillot. — Exhumation des corps des pères de Picpus. — Les dominicains.

Dès que les troupes furent maîtresses des hauteurs de Belleville, le R. P. Escalle, aumônier du premier corps d'armée, s'occupa de rechercher les restes précieux des martyrs.

« Aidé d'un petit nombre de personnes de bonne volonté, dit-il dans son rapport, je pratiquai les fouilles nécessaires; nous retrouvâmes les corps sous un mètre cinquante de terre détrempée par les pluies des jours précédents, et je les mis dans les cercueils que j'avais pu me procurer.

« Le corps de Monseigneur était revêtu d'une soutane violette toute lacérée ; il était dépouillé de ses insignes ordinaires, ni croix pectorale, ni anneau épiscopal ; son chapeau avait été jeté à côté de lui dans la terre ; le gland d'or avait disparu. La tête avait été épargnée par les balles ; plusieurs phalanges des doigts étaient brisées.

« Les corps de M. Bonjean, du Père Ducoudray et des autres victimes portaient des traces de traitements odieux ; le premier avait les jambes brisées en plusieurs endroits ; le second avait la partie droite du crâne absolument broyée.

« Je fis transporter rue de Sèvres, 35, les corps du Père Ducoudray et du Père Clerc ; on déposa dans la chapelle du cimetière ceux de M. Bonjean et de l'abbé Allard ; enfin j'accompagnai moi-même à l'archevêché, sous l'escorte d'une compagnie d'infanterie de marine, ceux de l'abbé Deguerry et de Mgr Darboy. »

« A mon arrivée à la prison, écrit à la *Gazette de France* M. l'abbé Lacroix, vicaire à Billancourt, qui s'était joint au R. P. Escalle, on m'apprend que le corps de Monseigneur est déposé depuis trois jours au cimetière du Père-Lachaise, avec cinq autres victimes tombées avec lui. Je me dirige vers le cimetière et j'arrive bientôt à une tranchée assez profonde, creusée vers l'extrême droite du cimetière. Un premier corps venait d'être retiré de la fosse. Le bras gauche porte le brassard de la société internationale. La croix sur le chapeau, également la croix rouge. C'est, me dit-on, M. Allard. Bientôt un deuxième corps est mis à découvert, deux aumôniers et moi nous reconnaissons le R. P. Ducoudray, de la Compagnie de Jésus ; la tête est horriblement mutilée.

« Le troisième corps est celui du R. P. Clerc, de la même Compagnie. Ces trois corps n'étant pas ensevelis ainsi que les trois suivants, ils ont été déposés à la hâte durant la nuit avec leurs vêtements qui les couvraient.

« Un quatrième corps est découvert : c'est celui du vénérable curé de la Madeleine, M. l'abbé Deguerry. Il est reconnaissable à ses longs cheveux blancs et au visage à peine défiguré. Enfin à l'extrémité de la fosse et se touchant par les pieds nous découvrons les restes de M. le président Bonjean, dont les jambes sont brisées, et à gauche un pan de soutane violette nous fait deviner que là est le corps de Mgr l'archevêque de Paris. Il est revêtu de sa soutane et de sa douillette, et la tête est couverte de son chapeau. Mais sa croix pastorale, son anneau, les cordons du chapeau, les franges de la ceinture et jusqu'aux boucles de ses chaussures, tout a disparu et a été enlevé après le meurtre par les assassins. Monseigneur porte sur lui au moins trois coups de feu : un à la main droite, qui lui a enlevé l'index et brisé le doigt majeur ; le second à l'aile gauche du nez et le troisième à la poitrine. »

Quant au moment où avaient été enterrées les premières victimes, voici ce que raconte M. l'abbé Perny :

« Les barbares exécuteurs de l'archevêque de Paris et de ses compagnons étaient venus recueillir ces corps couverts de cicatrices glorieuses, vers le milieu de la nuit. Ils avaient fouillé ces victimes, enlevé la croix pectorale de l'Archevêque, son anneau, sa montre, jusqu'à ses souliers. — Sa soutane était déchirée à l'endroit des poches.

« La main de ces scélérats devait être tremblante en accomplissant ce crime.

« Ils avaient enveloppé les corps des six victimes dans une même couverture, que l'on conserve à la Roquette, et placé le tout sur une voiture à bras. On les conduisit au cimetière du Père-Lachaise et on les jeta ensemble dans une même fosse creusée à l'avance. C'est là qu'on est allé aujourd'hui recueillir ces précieuses dépouilles. Une simple couche de terre les couvrait ; il avait plu le vendredi et le samedi ; on dut employer des précautions pour déblayer de leur figure cette boue sanglante.

« Monseigneur avait laissé croître sa barbe durant toute sa captivité. Le Prélat, m'a-t-on dit à Mazas, n'a jamais pu souffrir qu'une main étrangère lui fît la barbe. Cette barbe de deux mois contribuait à rendre plus méconnaissable la figure de Mgr Darboy. Ses vêtements étaient souillés et ensanglantés. Trois coups de feu avaient frappé l'archevêque de Paris ; deux dans la région de la poitrine, à droite ; un un peu plus bas à gauche.

« On a fait courir le bruit que Mgr Darboy avait été fusillé par derrière (1). M. le docteur Désormeaux et ses

(1) Un journal illustré très-répandu a publié, sans doute à cause de ce bruit erroné, une gravure représentant Mgr Darboy

collègues affirment que cela est une erreur. Le vénérable Prélat a reçu, après être tombé sur l'arène sanglante, quelques coups de baïonnette dans les reins. C'est ainsi que les vêtements se sont trouvés lacérés en cet endroit.

« Le pouce et l'index de la main droite sont broyés et à moitié enlevés. Il paraît vraisemblable que l'Archevêque martyr aura porté sa main sur sa poitrine en prononçant quelques paroles, ou l'aura avancée pour bénir ses bourreaux. La face avait subi un gonflement notable dû à un commencement d'emphysème... (1). »

Sur l'abbé Deguerry la *Gazette de France* a publié les renseignements suivants qu'elle tenait de M. le vicomte de Reiset :

« Le 29 mai, à dix heures et demie du matin, les docteurs Beauvais, Moissonnet et Raynaud ont été appelés à constater, à l'église de la Madeleine, le décès de son illustre curé. Ils ont déclaré que sa mort a été produite par deux coups de feu, dont l'un a frappé la joue droite au dessous de l'œil. La balle a été trouvée enchâssée dans les fragments osseux de la tête ; elle a été extraite et conservée.

« L'autre blessure a traversé le poumon et est venue sortir derrière l'épaule droite. C'est à cette plaie qu'est due la quantité d'épanchement considérable de sang qui s'est répandue dans le dos jusqu'au pli du bras gauche.

et ses cinq compagnons la figure tournée vers le mur au moment où on les fusille.
(1) *Deux mois de captivité*, p. 216 et suiv.

« Les médecins n'ont point constaté la moindre trace de putréfaction.

« Le cadavre était revêtu de son costume ecclésiastique, qui devait être entr'ouvert au moment de l'exécution, puisque la partie du dos seule présente l'ouverture faite par la balle.

« On a conclu de cette autopsie que la mort a été instantanée.

« L'abbé Deguerry, comme l'archevêque de Paris, avait laissé croître sa barbe. Le désir de l'abbé Deguerry était, comme tous ses amis le savaient, d'être enterré dans l'église de la Madeleine. Il disait souvent à ses amis, lorsqu'on parlait de l'élever à l'épiscopat :

« — Je suis à la Madeleine, j'y resterai, j'y mourrai et y serai enterré.

« Ce vœu sera certainement respecté. »

Ce fut le dimanche vers quatre heures que les restes de Mgr Darboy arrivèrent à l'archevêché où ils furent exposés dans une chapelle ardente.

Les restes des martyrs du 26 mai furent plus difficiles à trouver et surtout à reconnaître. Dès le dimanche, le gardien de la Roquette dont j'ai déjà cité le rapport avait fait des recherches et avait trouvé la cour où avaient été enterrés pêle-mêle les ecclésiastiques et les gendarmes.

« M'étant mis à la recherche, dit-il, j'ai appris qu'on avait vu passer les prisonniers du côté de la rue Haxo, 85 ; je m'y suis transporté ; après beaucoup de mal pour faire parler la concierge, elle a fini par me dire qu'il y avait un grand jardin dans le fond de la cour. Je m'y suis rendu. De ce côté, deux ouvriers maçons travaillaient ; je me suis adressé à l'un d'eux et lui ayant demandé à quelle heure les gendarmes avaient été fusillés, il m'a répondu qu'il n'en savait rien ; l'ayant menacé de le faire arrêter il m'a déclaré que l'exécution avait eu lieu entre six heures et six heures et demie. Voyant qu'il commençait à causer, je lui ai demandé depuis combien de temps il travaillait pour la maison ; il m'a répondu : Depuis huit ans. J'ai insisté pour savoir s'il y avait des caves ; alors il m'a conduit devant un grand mur en me disant que c'était là qu'ils avaient été fusillés. Je me suis aperçu qu'il y avait une planche que j'ai retirée, et j'ai vu les corps des malheureux. Je suis rentré à la Roquette et j'ai tout raconté au commissaire de police. »

Le lendemain, lundi 29, le R. P. Escalle put se mettre à la recherche des victimes ; j'ai donné la partie de son rapport où il indique comment il fut amené à la cité Vincennes, rue Haxo. Il donne peu de détails sur l'état dans lequel furent retrouvés les corps :

« Les corps des cinquante victimes, dit-il, furent jetés dans la cave ; les prêtres d'abord, puis les gardes de Paris.

« C'est de là qu'avec beaucoup de peine, et en prenant toutes les précautions qu'exigeait la salubrité publique, nous avons retiré tous les cadavres. Malgré l'état de putréfaction avancée dans lequel nous les avons trouvés, il nous a été possible de reconnaître la plupart des prêtres.

Quelques pauvres femmes de gardes de Paris, arrivées dans la soirée, reconnurent leurs maris.

« Nous ramenâmes le même soir à Paris les corps du Père Olivaint, du Père de Bengy, du Père Caubert, tous trois jésuites de la rue de Sèvres; de M. l'abbé Planchat, directeur d'une maison d'orphelins, à Charonne ; de M. Seigneret, jeune séminariste de Saint-Sulpice.

« Les autres corps ont été mis dans des cercueils et inhumés chrétiennement, soit par les membres de leur famille, soit par les soins du clergé de Belleville. »

Une lettre adressée à la *Gazette du midi* ajoute les détails suivants sur les restes des jésuites :

« Enfin, la loupe bien connue du R. P. Olivaint, trouvée dans sa poche, le fait reconnaître ; son crâne brisé, ses traits aplatis ne laissent que sa bouche souriante qu'on puisse reconnaître ; il est, du reste, criblé de balles. Est-ce avant ou après sa mort que les cruautés se sont opérées, avec une rage diabolique, sans exemple dans les carnages révolutionnaires ? On l'ignore... Tous ont des balles dans le cœur et la poitrine ; mais, au ciel, quelle gloire pour les mutilations qu'ils subirent, et dont les traces glacent d'effroi ? Le sachet de toile pour la sainte hostie, au cou du vénérable P. Caubert, le fait enfin reconnaître. Quant au R. P. de Bengy, il restait lui, grand et fort ; on le reconnut aussitôt qu'il fut séparé et mis à la lumière du jour. »

Les dernières victimes de la Roquette, celles qui avaient succombé le 27 mai, avaient été les premières retrouvées.

« Tandis que nos troupes mettaient en liberté cent soixante-neuf otages, dit le R. P. Escalle, et écrouaient nos propres prisonniers, quelques habitants du quartier, attirés par mon vêtement ecclésiastique, vinrent m'apprendre que plusieurs otages parmi lesquels devaient se trouver des prêtres avaient été massacrés la veille au soir au moment où ils venaient de franchir la porte du dépôt des condamnés. Ils me désignaient en même temps, sur l'emplacement où bivouaquait une compagnie du génie, le lieu où s'était commis le crime.

« Une fouille pratiquée aussitôt nous fit découvrir sous quelques centimètres à peine de terre fraîchement remuée, quatre cadavres. Malgré de graves mutilations et de nombreuses meurtrissures, je n'eus aucune peine à reconnaître le corps de M. Surat, protonotaire apostolique et premier vicaire général de l'archevêque de Paris. Un autre cadavre était celui de M. Bécourt, le curé de Bonne-Nouvelle ; les deux autres étaient ceux d'un laïque qu'on a su depuis être employé de la Préfecture de la Seine, M. Charles Chaulieu, et d'une autre personne dont nous ne pûmes alors constater l'identité.

« Je fis disposer ces corps dans une salle de la maison des jeunes détenus, et je pris les dispositions nécessaires pour que les familles intéressées fussent promptement averties. »

La personne qui n'a pas été reconnue au premier moment était M. l'abbé Houillon, des Missions étrangères. Il était tellement défiguré, que M. l'abbé Guerrin et M. l'abbé Remy, quoique moralement certains que ce fut lui, hésitaient à déclarer le reconnaître. La même chose était arrivée à un des otages laïques survivants. Ce qui causait ces hésitations, c'est que non-seulement les corps des victimes avaient été mutilés, mais ils avaient été jetés les uns sur les autres et comme aplatis par la terre dont on les avait couverts à la hâte. Le spectacle était horrible, me disait le lundi 29 mai un des otages qui venait de la prison où il avait voulu aller voir une dernière fois ses compagnons de captivité.

Le corps de Mgr Surat fut reconnu par son domestique surtout à la croix de Mgr de Quélen qu'il portait sur sa poitrine. La *Semaine religieuse* de Paris a publié le rapport suivant du docteur Colombel, qui montre dans quel état était le corps et en même temps fixe le genre de mort de Mgr Surat :

« Je soussigné, docteur en médecine de la faculté de Paris, certifie avoir fait la levée et l'ensevelissement du corps de Mgr Surat, protonotaire apostolique, archidiacre de Notre-Dame de Paris, le lundi 29 mai 1871, dans la cour de la prison de la petite Roquette, et avoir constaté que la mort était due à un coup de feu tiré à bout portant au milieu de la poitrine ; la balle pénétrant à la partie antérieure et médiane du thorax avait son orifice de sortie dans un point parfaitement symétrique du dos. Après ce coup, sans doute, les meurtriers ont dû appliquer le canon du fusil sur l'œil gauche, et la balle, sortant par le côté opposé, avait entraîné les désordres suivants : l'œil gauche a disparu et toute la partie osseuse est broyée, un large lambeau de muscles de la face est pendant; la partie correspondante de la base du crâne est détruite et laisse à découvert la substance cérébrale ; les os du nez broyés ne laissent aucune forme de cet organe ; l'œil droit est encore adhérent par son bord supérieur ; toute la partie inférieure de l'orbite, l'os de la pommette et une partie du temporal sont brisés ; les muscles de la face sont moins déchirés que du côté opposé.

« Paris, le 29 mai 1871.

« Signé : Dr H. COLOMBEL,

« ancien interne des hôpitaux de Paris. »

Les obsèques de Mgr Darboy avaient été fixées au mercredi 7 juin. Pendant dix jours le corps fut exposé dans une chapelle ardente au palais archiépiscopal. L'affluence des fidèles était considérable ; chacun voulait venir prier auprès du martyr. Un prêtre se tenait près du lit et faisait toucher au corps tous les objets de piété qu'on lui présentait.

Par un sentiment qui l'honore, l'Assemblée vota qu'elle serait représentée aux obsèques par une députation de cinquante membres, double des députations habituelles ; elle voulait même venir tout entière. Elle vota également à l'unanimité et d'urgence que « les funérailles de Mgr Darboy, archevêque de Paris et des otages assassinés avec lui à Paris, seraient faites aux frais de l'État ».

Les obsèques se firent en grande pompe ; ce fut Mgr Allouvry, ancien évêque de Pamiers, qui officia ; Mgr Chigi, nonce apostolique, NN. SS. les évêques de Versailles, de Nancy, de Châlons, de Beauvais, de Coutances, de Bayeux, Mgr Guillemens et Mgr Desflèches, vicaires apostoliques en Chine, Mgr Maret et Mgr Buquet, évêques *in partibus* de Sura et de Parium, étaient présents. On remarquait dans l'assistance, M. Grévy, président de l'Assemblée nationale. La famille de Mgr Darboy était groupée, les hommes autour de M. Darboy, frère de l'archevêque, les femmes autour de mademoiselle Justine Darboy, compagne de sa captivité. Les cinq absoutes furent faites par Mgr le nonce apostolique et par NN. SS. les évêques de Versailles, de Bayeux, de Châlons et de Nancy.

Dans des écussons séparés entre eux par les armoiries de Mgr Darboy se trouvaient inscrits les noms des victimes.

Les cercueils étaient posés sur deux rangs; sur le premier rang, Mgr Darboy ayant à droite Mgr Surat et à gauche, M. l'abbé Deguerry, curé de la Madeleine; au second rang, M. l'abbé Sabatier, vicaire de Notre-Dame de Lorette, et M. l'abbé Bécourt, curé de Notre-Dame de Bonne-Nouvelle.

Le lendemain des obsèques, on lisait dans l'*Univers* :

« Aujourd'hui Paris a entendu le canon. C'était pour annoncer les funérailles de l'Archevêque. Le corps, quittant le palais archiépiscopal, est porté triomphalement à Notre-Dame; ce corps frappé il y a quelques jours contre le mur intérieur d'une prison, et enfoui avec d'autres à l'angle d'une rue! Derrière lui marche la France, représentée officiellement par l'Assemblée nationale; devant lui s'avance la croix, proscrite à vrai

17

dire depuis neuf mois; car le gouvernement régulier l'avait laissé chasser des écoles, avant que le gouvernement insurgé la fît tomber du fronton des églises et l'arrachât même des autels. La croix revendique et reprend ses droits par le martyre. Il y a une voix du sang et du témoignage qui l'appelle impérieusement. Il faut céder, Dieu le veut. Les barricades s'abaissent, la passion du sauvage s'impose le frein, la passion plus rebelle et plus sourde du lettré s'impose le silence, la croix passe. Vous ferez demain comme il vous plaira, vous comprendrez ou vous ne comprendrez pas, vous changerez de voie ou vous continuerez dans votre voie mauvaise : mais voici un martyr, et vous laisserez passer la croix !

« Il y a deux grandes palmes sur ce cercueil, deux palmes immortelles. La palme de l'obéissance est unie à celle du martyre. Avant de mourir avec cette sérénité qui accepte et qui pardonne, l'archevêque avait fait un acte de foi et d'humilité plus précieux même que sa mort. Entre la captivité du siége et la captivité de la prison, il s'est soumis à un décret de l'Église qu'il avait combattu. C'est la gloire de sa vie, sa couronne plus resplendissante que la couronne de sang, le triomphe de son âme sacerdotale. C'est par là qu'il a sauvé son Église, et qu'il obtiendra de Dieu pour son peuple un autre pasteur, qui le gardera dans la foi.

« Que la mémoire de Georges Darboy, archevêque de Paris, témoin de Pierre, vicaire du Christ, et témoin du Christ fils unique de Dieu, soit bénie à jamais !...

« Louis VEUILLOT. »

Les obsèques de M. l'abbé Deguerry, curé de la Madeleine, eurent lieu, dans son église, le vendredi 9 juin; jusque-là le corps resta exposé dans une chapelle ardente où se pressait la foule de ses paroissiens et d'où il fut tiré pour la cérémonie du 7.

Les corps des pères de Picpus n'avaient pas été enlevés en même temps que ceux des autres victimes. Ce fut seulement le jeudi du Très-Saint Sacrement que le T. R. P. Bousquet, supérieur général de la Congrégation, put les faire exhumer du cimetière de Belleville, où ils avaient été momentanément enterrés :

« Grâce aux prévoyantes mesures prises par un des vicaires de cette paroisse, M. l'abbé Raymond, dit le récit de la cérémonie publié par l'*Univers*, qui avait eu soin de faire placer à part les prêtres mêlés aux autres otages, on a pu aisément retrouver les restes précieux des martyrs et les reconnaître ou aux traits de leur visage non encore défiguré, ou à d'autres signes non moins certains. Si l'on n'a pu, comme on l'eût fait jadis, les déposer sous les dalles de l'église, au moins on les a rapprochés le plus possible d'une maison de la congrégation, afin que morts ils édifient encore leurs frères. Les quatre corps portés chacun sur un char funèbre ont traversé Belleville et ont été déposés à côté du dernier supérieur général de l'Institut, dans le cimetière d'Issy, où se trouve le principal noviciat de la congrégation. Étranges vicissitudes de cette vie terrestre! Il y a dix-huit mois à peine, le T. R. P. Euthyme Rouchouze, encore plein de vie et de santé, gouvernait paisiblement la congrégation en s'aidant des lumières de ceux qu'un chapitre général lui avait donnés pour conseillers. Une maladie soudaine l'enlève en quelques jours, et bientôt ceux qui l'aidaient naguère dans sa tâche laborieuse, qui hier l'accompagnaient en pleurant à sa dernière demeure, sont allés tous ensemble le rejoindre au champ du repos. »

Les corps des Dominicains massacrés près des Gobelins vers deux heures et demie gisaient encore sur le sol, lorsque les troupes victorieuses pénétrèrent dans le quartier. Ces corps avaient été mutilés au point d'être méconnaissables ; ces assassins avaient achevé leurs victimes à coups de crosse et de baïonnette et avaient même continué à frapper les cadavres, que des misérables avaient dépouillés. Dès l'arrivée des troupes, les corps furent recueillis par les frères des écoles chrétiennes, chez lesquels le curé d'Arcueil s'empressa de venir les chercher. Les obsèques eurent lieu immédiatement à Arcueil, dans cette école à laquelle le R. P. Captier avait voué toute son affection et toutes ses forces.

FIN DU LIVRE DEUXIÈME

LIVRE TROISIÈME

LES ÉGLISES ET LES ÉTABLISSEMENTS RELIGIEUX

CHAPITRE PREMIER

Les églises. — Pillage de l'Assomption. — Sainte-Geneviève. — Saint Pierre-Montmartre. — Arrêté de Le Moussu. — Trait d'esprit du *Rappel*. — Liste des églises déjà fermées au 18 avril. — Les réquisitions. — Un « changement d'usage ». — Le club Molière à Saint-Nicolas des Champs. — Les clubs dans les églises. — Un arrêté du citoyen Bayeux. Dumesnil. — Un vœu du club Nicolas-des-Champs. — Discussion de la Commune sur les églises ; les fabriques. — Démolition de l'église Bréa et de la chapelle expiatoire. — Résolutions du club Bernard, dit de la Révolution. — Clubs de femmes. — Trésor de Notre-Dame. — Dénonciation de Rochefort. — Réquisitions du vendredi saint. — Intervention du citoyen Lavallette. — Deuxième réquisition ; enlèvement du trésor. — Notre-Dame sauvée de l'incendie ; avis d'un incendiaire condamné à mort. — Les cadavres de Saint-Laurent. — *Le Cri du peuple*. — Le rapport illustré de l'administration de l'arrondissement. — Rapport médico-légal du docteur Piorry. — Les cadavres de Notre-Dame des Victoires. — L'*Estafette*. — Le pillage et l'orgie. — Récit de M. l'abbé Girandès. — Protestations des marguilliers. — L'église Saint-Sulpice. — Résistance des fidèles aux clubistes.

Dès le 5 avril, en même temps qu'ils arrêtaient M. l'abbé Deguerry, curé de la Madeleine, les fédérés faisaient irruption dans l'église de l'Assomption, et la mettaient au pillage. Les Polonais, que leur pauvreté et leur titre d'exilés auraient dû faire respecter, se voyaient dépouillés de leurs ornements et de leur argenterie d'église.

Ce n'était que le premier pas dans une voie où la Commune n'a cessé de marcher. D'abord, lorsque les journaux catholiques ou simplement conservateurs se récriaient contre les perquisitions, les vols, les fermetures d'églises, on leur répondait dans les organes officieux de la Commune que c'étaient là des excès regrettables, mais qu'il fallait faire la part des circonstances ; que les églises étaient soupçonnées de recéler des munitions, des armes, et que le meilleur moyen de mettre un terme à ces soupçons, c'étaient les perquisitions. Mais ce masque de modération ne fut plus longtemps conservé, et au bout de quelques jours les églises étaient, en vertu d'ordres réguliers, soumises à des perquisitions qui se terminaient régulièrement par l'enlèvement des vases sacrés, des ornements, du mobilier, par l'arrestation de tout une partie du clergé, et même trop souvent par la fermeture de l'église.

Comme d'habitude, la première église enlevée au culte fut Sainte-Geneviève. Depuis que la première révolution a souillé les caveaux de cette église des cendres de Voltaire, de Rousseau, de Mirabeau et de l'immonde Marat, il semble qu'aucune révolution ne peut avoir lieu sans dédier de nouveau le Panthéon au « culte des grands hommes ». La Commune suivit la tradition, et une grande cérémonie, qui dura deux jours, marqua la prise de possession. Les bras de deux croix qui étaient sur le fronton et sur la coupole de l'édifice furent sciés, et le drapeau rouge fut arboré devant les bataillons de la garde nationale et au bruit du canon. Ce drapeau avait été préalablement bénit par les membres de la Commune. On se moque volontiers dans les rangs de la libre pensée des « momeries » catholiques, mais on demande pieusement la bénédiction d'un Garibaldi ou d'un Pyat.

On a dit que le malheureux qui avait prêté son concours pour scier les bras des deux croix aurait été pris en descendant d'un étourdissement, et que, quelques heures après, il aurait expiré. Je raconte le fait sans en garantir l'authenticité, mais il m'a été affirmé par des personnes graves. Ce ne serait pas du reste la première fois que la justice de Dieu aurait atteint le coupable au moment même où il accomplissait son sacrilége (1).

Après Sainte-Geneviève ce fut le tour de Saint-Pierre-Montmartre. Le quartier-général de l'insurrection ne pouvait conserver ouverte une église catholique. Le curé de Saint-Pierre-Montmartre et ses vicaires furent arrêtés et l'église fut fermée par ordre du citoyen Le Moussu, commissaire de police du quartier Montmartre. Le citoyen Le Moussu s'est rendu célèbre par sa haine des églises qu'il fermait tant qu'il le pouvait, et par ses

(1) A Gentilly, un fédéré, apercevant une statue de la sainte Vierge, déclara qu'il voulait l'abattre ; malgré l'opposition d'un de ses camarades il monta sur une échelle et frappa la statue avec un marteau ; il perdit l'équilibre et, en tombant, se cassa les deux jambes : il mourut dans la nuit.

missions auprès des journaux, auxquels il était chargé de notifier leur arrêt de décès.

Sur une des colonnes de l'église fermée était affiché l'avis suivant :

« Attendu que les prêtres sont des bandits et que les églises sont des repaires où ils ont assassiné moralement les masses, *en courbant la France sous la griffe des infâmes Bonaparte, Favre et Trochu* (tout ce qui est souligné est en gros caractères romains dans l'affiche).

« Le délégué civil des carrières près l'ex-préfecture de police ordonne que l'église de Saint-Pierre (Montmartre) soit fermée et décrète l'arrestation des prêtres et des ignorantins.

« 9 avril 1871.

« LE MOUSSU. »

(Ici les deux cachets du Comité.)

Le même jour, 9 avril, dimanche de Pâques, d'autres églises furent fermées et d'autres prêtres arrêtés ; et le lendemain on lisait dans le *Rappel*, feuille de Victor Hugo, que rédigeaient ses compères, en l'absence du grand homme prudemment parti pour la Belgique :

« Hier, jour de Pâques, il n'y a pas eu de grand'messe à Sainte-Lorette. Probablement il en a été de même dans la plupart des paroisses de Paris. Les curés absents avaient laissé à leurs vicaires le soin de louer Dieu. »

Et l'auteur de ces lignes n'ignorait pas que les seuls prêtres qui ne fussent pas à leur poste étaient ceux que la Commune avait arrêtés et qui avaient dû se dérober au mandat d'amener déjà lancé contre eux.

LES ÉGLISES ET LES ÉTABLISSEMENTS RELIGIEUX.

Le 19 avril, l'*Univers* publiait une liste des églises fermées par la Commune. Ne pouvant raconter la fermeture de toutes ces églises, je publie cette liste, qui montrera que la Commune ne perdait pas son temps.

Sainte-Geneviève (le Panthéon),
Notre-Dame,
Saint-Leu,
Saint-Laurent,
Notre-Dame de Lorette,
La Trinité,
Saint-Philippe du Roule,
Saint-Pierre de Montmartre,
Saint-Martin,
Saint-Jean-Saint-François,
Saint-Eloi.
Saint-Jacques du Haut-Pas,
Saint-Roch,
L'Assomption,
Saint-Bernard de la Chapelle,
Saint-Denis de la Chapelle,
Saint-Ferdinand des Ternes,
L'Annonciation de Passy,
Saint-Pierre du Petit-Montrouge (1),
Saint-Honoré,
Notre-Dame de Plaisance,
Notre-Dame de Clignancourt,
Saint-Vincent de Paul.

(1) Saint-Pierre du Petit-Montrouge n'était qu'à moitié fermée ; on avait bien voulu laisser au culte une partie de l'église.

Et chaque jour, cette liste ne cesse de s'augmenter, jusqu'au moment où l'entrée des troupes dans Paris vint mettre fin à l'une des plus honteuses tyrannies que signale l'histoire. A ce moment-là, il restait à peine quelques églises ouvertes au culte, et encore le clergé devait-il, comme à Saint-Sulpice, céder le soir l'église à un club impie, ou comme à Saint-Pierre du Petit-Montrouge se contenter d'une chapelle, pendant que le reste de l'église était livré aux fédérés.

Lorsque les gardes nationaux venaient faire des perquisitions dans une église et la fermer, ils ne manquaient pas d'arrêter quelques prêtres et même le suisse ou le sacristain ; mais ce qu'ils recherchaient surtout, c'étaient les vases sacrés, l'argenterie, les ornements, tout ce qui avait une valeur. Et les recherches ne se bornaient pas aux églises, transformées en propriétés de la Commune avec tout leur mobilier par l'arrêté du 4 avril ; on n'oubliait jamais d'aller dans les presbytères, et là on faisait main basse sur les effets du clergé, sans s'inquiéter qu'ils fussent une propriété personnelle. Les caves n'étaient jamais oubliées, et les citoyens fédérés, après de larges libations, emportaient quelques bouteilles destinées à leur faire trouver moins longues les heures de garde ; et si ces bouteilles ne suffisaient pas, ils savaient retrouver le chemin de la cave.

Mais lorsque le curé avait mis en sûreté les vases sacrés et les ornements les plus précieux, le désappointement des délégués de la Commune chargés de diriger les perquisitions était grand. Ils ne parlaient alors de rien moins que d'arrêter tout le monde, surtout si le curé avait pu échapper à leurs recherches; les employés de l'église, leurs femmes, étaient soigneusement gardés jusqu'au moment où les vases sacrés étaient découverts, ou jusqu'à ce que, de guerre lasse, on se décidât à les relâcher, non sans les avoir beaucoup effrayés par les menaces les plus terribles, et quelque peu pillés.

Aux réclamations que soulevaient chez des journaux, même anticatholiques, les réquisitions sommaires de la Commune, les feuilles communeuses opposaient de singulières réponses. Le bel esprit que Paris a deux fois nommé député, le citoyen H. Rochefort, disait qu'il « aimait infiniment mieux voir la Commune faire des réquisitions dans les églises que chez les négociants ». Comme on lui faisait observer que si la Commune ne pouvait vivre que par les réquisitions, c'est-à-dire le vol organisé, elle devait disparaître, il répondait que les églises pouvaient être réquisitionnées sans hésitation, attendu que, « Jésus-Christ étant né dans une étable, le seul trésor que Notre-Dame doit posséder dans sa trésorerie, c'est une botte de paille. » Et après cette raison triomphante, le misérable plaisantin invitait la Commune à continuer.

D'autres communeux, moins dégagés de préjugés, ou plus impudents, essayaient d'esquiver l'accusation de vol :

« Les journaux de la réaction, disaient-ils, continuent

leurs ineptes calomnies. Ils annoncent que les églises ont été livrées au pillage.

« La vérité exacte est celle-ci : tout l'or et tout l'argent qu'on a trouvés dans les églises ont été envoyés à la monnaie, ainsi que l'argenterie des ministères, pour en faire des écus d'or et d'argent qui, jetés dans la circulation, seront bien plus utiles au travail et aux affaires.

« C'est donc un changement d'usage que la ville de Paris a fait subir à sa propriété. Le droit de transformer ce qui lui appartient pour le grand intérêt de tous ne saurait être contesté à Paris. »

Ce « changement d'usage » n'obtint pas grand succès, même auprès des partisans de la Commune. On se demandait si la monnaie recevait bien tout l'or et tout l'argent trouvés dans les églises, et la réponse n'était généralement pas affirmative ; on se demandait également si les fédérés qui vidaient les caves, si leurs citoyennes qui enlevaient le linge des sacristies et des presbytères, faisaient un « changement d'usage plus utile au travail et aux affaires ».

Bientôt la fermeture des églises ne suffit plus aux gens de la Commune, il leur fallut de plus les souiller. Il y avait salle Molière, un club de farouches communeux, où l'on votait à chaque séance la mort de l'archevêque de Paris. Un beau jour, ce club, sur l'invitation ou avec le consentement du délégué de la Commune à l'arrondissement, s'empara de l'église de Saint-Nicolas des Champs pour tenir ses séances. Dès le premier jour, un orateur en chaire, se tournant vers le tabernacle, jeta un défi à ce Dieu, que les imbéciles croyaient être là, mais qui n'existait pas. Ce sacrilége souleva l'indignation à tel point, que la Commune s'émut et répondit que le délégué de l'arrondissement avait autorisé les patriotes du club Molière à se réunir dans l'église parce qu'elle avait cessé de servir au culte, le clergé s'étant sauvé. C'était ajouter le mensonge à la violence ; les prêtres de Saint-Nicolas des Champs ne s'étaient nullement sauvés ; le matin même du jour où le club s'installa dans l'église, avait eu lieu la procession de Saint-Marc.

Le club Nicolas-des-Champs était à peine établi dans son nouveau local, que la Commune eut à s'occuper de lui. Le citoyen Durand demanda le transfert de ce club au Conservatoire des arts-et-métiers, mais cet avis était trop raisonnable pour prévaloir, et le club fut maintenu à Saint-Nicolas des Champs, parce que la municipalité du IIIe arrondissement l'avait ordonné et qu'en agissant ainsi elle « avait cru être utile à l'arrondissement ». Quelques jours après, le citoyen Mortier se plaignait de ce qu'un commissaire de police était venu dans le VIe arrondissement faire évacuer et fermer l'église Saint-Sulpice ; il ajouta que « cette opération s'était faite de telle façon qu'elle avait causé une espèce d'émeute dans le quartier ». Il n'obtint d'autre satisfaction que cette réponse hautaine du citoyen Cournet :

« La sûreté générale, en présence de faits très-graves qui se passent sur plusieurs points, a dû prendre des mesures exceptionnelles et les faire exécuter sans le moindre retard. Elle croit avoir rempli son devoir. Oui!) »

Le succès du club Nicolas-des-Champs, la haute approbation qu'il avait obtenue de la Commune devaient exciter l'émulation des autres clubs; aussi les vit-on s'emparer à l'envi des églises. A Montrouge, les fédérés firent valoir cette considération qu'ils ne pouvaient tenir leurs réunions dans les cabarets parce qu'on s'y grisait et que les orateurs n'étaient plus capables de parler. Saint-Bernard, Saint-Ambroise, la Trinité, Saint-Eustache, l'église de Vaugirard, Saint-Germain l'Auxerrois, Saint-Sulpice, etc., eurent leurs clubs qui rivalisaient de violence, de sottise et d'impiété. Dans le IXe arrondissement, l'administrateur délégué, le citoyen Bayeux-Dumesnil, essaya de s'opposer à ce mouvement et rendit l'arrêté suivant :

L'administrateur délégué à la mairie du IXe arrondissement.

Considérant que l'occupation par la garde nationale de certains édifices de l'arrondissement consacrés au culte n'a plus de raison d'être, par suite des perquisitions que la sûreté générale y a fait opérer;

Après en avoir conféré avec le délégué à la sûreté générale,

Arrête :

Les églises, temples et synagogues du IXe arrondissement qui pourraient être occupés par la garde nationale devront être évacués par elle dans la journée de samedi 29 avril.

L'exécution du présent arrêté est confiée au colonel de la 9ᵉ légion.

Paris, le 29 avril 1871.

BAYEUX-DUMESNIL.

Je ne crois pas que cette défense ait été suivie d'effet, mais elle n'en tranche pas moins sur ce qui se faisait dans les autres arrondissements, et elle n'est pas sans courage.

Quoiqu'il vît son exemple suivi, le club Nicolas-des-Champs n'était pas encore satisfait, et il adressa à la Commune la résolution suivante, acceptée à l'unanimité (il n'aurait pas été prudent de dire non) par 5,000 citoyens :

« La réunion de Saint-Nicolas des Champs demande encore que la Commune autorise les citoyens de chaque arrondissement à se servir des églises le soir pour tenir des réunions publiques ou des clubs, afin que l'instruction et l'éducation politique des citoyens puisse se faire et qu'ils soient tenus au courant de la marche des affaires publiques.

« Cette réunion prie la Commune de mettre une note dans ce sens au *Journal officiel* afin que les délégués aux mairies des vingt arrondissements mettent les monuments destinés au culte à la disposition des citoyens pour tenir tous les soirs des réunions publiques. »

La Commune, toujours si empressée d'adopter les propositions les plus saugrenues, ne donna pas suite à cette résolution.

A diverses reprises, elle s'occupa de la question des églises, mais toujours sans rien décider. La plus curieuse discussion est celle qui eut lieu le 3 mai, et où Raoul Rigault débita gravement et sans le comprendre ce que lui avait appris Mgr Darboy relativement aux fabriques. Voici cette discussion qui n'aboutit pas :

Le citoyen président. — « Voici un projet de décret sur les églises.

« La Commune de Paris,

Décrète :

« Les édifices religieux, étant biens communaux, ne doivent être utilisés que sur la proposition de la Commune auprès de chaque municipalité.

« COURNET, BLANCHET, ETC. »

Le citoyen Billioray. — « Dans le projet que nous venons d'entendre, on lit que les églises seront considérées comme biens communaux. Jusqu'à présent, j'ai toujours cru que ces édifices appartenaient à la ville, et je trouve tout à fait inutile de déclarer qu'ils seront des biens communaux.

« La ville en en disposant ne fait que rentrer dans sa propriété, et elle a parfaitement le droit d'en faire ce qu'elle veut.

« C'est tout ce que j'avais à dire. »

Le citoyen Raoul Rigault. — « Dans ce qu'il vient de dire, le citoyen Billioray a commis, je crois, une erreur de fait.

« Un grand nombre d'églises ont été aliénées sous l'ancienne administration Haussmann. (Interruption.)

Le citoyen Lefrançais. — « Nous n'en avons pas tenu compte. (Bruit.)

Le citoyen Raoul Rigault. — « Il y a de ces édifices qui appartiennent, non à la ville, mais à des sociétés religieuses qui se masquent sous le voile de sociétés civiles.

« Que le décret les absorbe, je n'y vois absolument aucun inconvénient ; mais je tenais cependant à constater que le citoyen Billioray avait commis une erreur de fait qu'il importait de rectifier.

Le citoyen Lefrançais. — « Qu'entendez-vous par églises communales ? Il est évident que, s'il y a des églises particulières, vous ne pouvez vous charger de les entretenir.

Le citoyen Rigault. — « Nous pouvons distinguer les églises et les chapelles. Mais il y a des églises qui appartiennent à des sociétés civiles qu'on appelle fabriques, et qui n'ont pas exclusivement le caractère religieux. Mais l'État aussi concourt à leur entretien.

Un membre. — « Si l'État concourt à leur entretien, elles sont à nous. (Interruptions.) »

Relativement aux églises, en dehors du décret du 4 avril, la Commune ne rendit qu'un décret moins religieux que politique, pour prescrire la démolition de l'église Bréa, voici ce décret :

« La Commune de Paris,

« Considérant que l'église Bréa, située à Paris, 76, avenue d'Italie (XIII⁰ arrondissement), est une insulte permanente aux vaincus de Juin et aux hommes qui sont tombés pour la cause du peuple,

« Décrète :

« Art. 1er. L'église Bréa sera démolie.

« Art. 2. L'emplacement de l'église s'appellera place de Juin.

« Art. 3. La municipalité du XIIIe arrondissement est chargée de l'exécution du présent décret. »

La chapelle expiatoire fut également condamnée à disparaître, mais seulement par un arrêté du Comité de salut public dont Pyat faisait partie.

« Le Comité de salut public,

« Considérant que l'immeuble connu sous le nom de chapelle expiatoire de Louis XVI est une insulte permanente à la première révolution et une protestation perpétuelle de la réaction contre la justice du peuple,

« Arrête :

« La chapelle dite expiatoire de Louis XVI sera démolie. »

Deux clubs se faisaient surtout remarquer par leur énergie révolutionnaire, le club Nicolas-des-Champs qui le premier

<blockquote>Etait entré dans la carrière</blockquote>

et le club Bernard, dit club de la Révolution.

Le premier, non content de demander la tête de Mgr Darboy et d'avoir voté le divorce, accepta la proposition de dresser une liste de suspects, mais le temps lui manqua pour cette belle opération. Le second envoya à la

Commune les résolutions suivantes prises à l'unanimité par 3,000 citoyens (il y avait toujours unanimité) :

Suppression de la magistrature qui a précédé, et anéantissement des codes ; leur remplacement par une commission de justice chargée d'élaborer un projet de lois en rapport avec les nouvelles institutions et aspirations du peuple.

Suppression des cultes, arrestation immédiate des prêtres, comme complices des monarchiens, cause de la guerre actuelle ; la vente de leurs biens, meubles et immeubles, ainsi que ceux des fuyards et des traîtres qui ont soutenu les misérables de Versailles, le tout au profit des défenseurs du droit.

Les travaux et entreprises pour la Commune devront être donnés aux différentes corporations ouvrières.

« Exécution d'un ôtage sérieux toutes les vingt-quatre heures, jusqu'à la mise en liberté et l'arrivée à Paris du citoyen Blanqui, nommé membre de la Commune. »

A côté des clubs d'hommes, il y avait les clubs de femmes qui se tenaient à la Trinité, à Vaugirard, à Saint-Germain l'Auxerrois ; on y votait des résolutions en faveur du divorce ; on y demandait le maintien du clergé et même des évêques, mais à condition qu'ils seraient élus par les fidèles et que les femmes seraient éligibles ; on y réclamait la disparition des « femmes noires » etc.

Et tout cela se passait dans les églises, où le culte n'était plus que toléré quand il l'était.

Ne pouvant donner les détails de ce qui s'est passé dans toutes les églises, je tiens au moins à faire connaître quelques-uns des faits les plus graves.

Le trésor de Notre-Dame avait été signalé à l'avidité de la Commune par le citoyen Rochefort qui, dans son *Mot d'ordre*, l'évaluait à deux millions ; il n'en fallait certainement pas tant. Le vendredi-saint dans la soirée, le bruit courut que le trésor avait été pillé ; le lendemain on sut qu'il n'en était rien ; voici ce qui s'était passé.

« Le vendredi saint, à deux heures quarante-cinq minutes, après la vénération des saintes reliques, quelques hommes habillés les uns en civils, les autres en gardes nationaux, entrèrent dans l'église, ayant à leur tête un individu jeune encore qui avait gardé sa casquette sur la tête et avait l'air assez déterminé. Quelques-uns de ces hommes se dirigèrent vers le sanctuaire, les autres allèrent à la sacristie du chapitre et à celle de la paroisse. Ils étaient accompagnés par un homme qui se disait commissaire et qui avait un mandat de délégué de la préfecture de police. Ce n'était point le commissaire du quartier Notre-Dame, qu'on dit être un homme honorable.

Il se fit ouvrir les armoires du trésor de la sacristie et procéda à l'inventaire des vases sacrés, des bronzes et des ornements. Pendant ce temps, d'autres avaient amené un serrurier qui, à l'aide d'un instrument, ouvrit le tombeau des archevêques, dans lequel ils allèrent faire une visite, toujours la casquette sur la tête et la pipe à la bouche. Le tabernacle n'a pas été profané, parce qu'il était ouvert.

« Ceux qui étaient dans la sacristie s'emparèrent des troncs, dans lesquels se trouvaient les offrandes des pieux fidèles. M. le commissaire ayant terminé son inventaire s'empressa de compter le produit de ces troncs qu'il renferma dans un sac.

« Il donna ensuite l'ordre de transporter tout le mobilier de Notre-Dame dans une voiture qui, requise à cet effet, stationnait sur la place du Parvis.

« L'un des employés, désolé de cette spoliation, courut à l'Hôtel-de-Ville informer MM. les membres de la Commune de ce qui se passait. Ces messieurs parurent surpris, et l'un d'eux s'écria : « C'est affreux, surtout un vendredi-saint ! » A peine cet employé était-il rentré, qu'un délégué de la Commune arriva et se fit exhiber le mandat dont se disait muni le commissaire. M. Lavalette (c'est, nous pensons, le nom du délégué) trouva que ce mandat était irrégulier, que le délégué de la préfecture de police prenait un droit qui ne lui appartenait pas, etc. Il ordonna donc que tous les objets fussent retirés de la voiture et ramenés dans la sacristie. Il appela le sacristain du chapitre pour lui faire vérifier que le tout était bien rapporté. Il se fit rendre compte aussi du contenu des troncs qu'on avait mis dans un sac, et le fit remettre dans la sacristie.

« Cette opération terminée, M. le délégué fit dresser procès-verbal de ce qui venait de se passer, le signa lui-même et le fit signer ensuite par le sacristain du chapitre et par quelques gardes nationaux qui se trouvaient présents ; ensuite, il fit fermer les portes et apposer les scellés. Le commissaire voulut s'emparer du procès-verbal, mais M. le délégué le retint en sa possession, déclarant qu'il se chargeait de cette affaire, et établit le sacristain gardien des scellés. M. le délégué fit aussi établir un poste de gardes nationaux pour veiller à la sûreté de la basilique et recommanda qu'on l'avertît en cas d'une nouvelle invasion.

« Depuis ce temps, l'église est gardée par d'honnêtes gardes nationaux, mais les scellés ne se lèvent pas et l'église reste toujours fermée, à la grande désolation des pieux fidèles. Il serait à désirer pour l'honneur de la capitale qu'un tel état de choses prît une prompte fin. Et le vénérable chapitre serait heureux que M. Lavalette, à qui il doit la conservation du trésor, rendît maintenant l'église au culte et en assurât la paisible possession (1). »

On pouvait croire le trésor sauvé ; mais il n'en était rien. Peut-être la première spoliation avait-elle été arrêtée, sur cette considération qu'on ne pouvait dépouiller le vendredi-saint une église comme Notre-Dame de Paris. Quel que fût du reste le motif qui avait empêché le vol, toujours est-il qu'on revint à la charge une vingtaine de jours après, et cette fois, après quelques hésitations, le trésor fut enlevé.

« Lundi 26 avril, dans l'après-midi, raconte l'*Univers*, un certain nombre de gardes nationaux accompagnés

(1) *Univers*, 13 avril.

LES ÉGLISES ET LES ÉTABLISSEMENTS RELIGIEUX. 315

de soi-disant délégués de la Commune, ont fait charger pour la deuxième fois dans deux voitures le trésor de Notre-Dame. Puis, ayant sans doute rencontré quelques difficultés, ils ont fait dételer les chevaux et ont laissé les deux voitures chargées.

« Le lendemain, à une heure, on affichait pompeusement à l'Hôtel-de-Ville et à la mairie du IVe arrondissement que le trésor de Notre-Dame venait de lui être restitué intégralement. Mais, vers trois heures, cinquante gardes nationaux sont arrivés à Notre-Dame, les chevaux ont été de nouveau attelés, et les deux voitures ont été conduites on ne sait où.

« Ces messieurs doivent revenir, car ils n'ont fait que la moitié de leur besogne ; le temps ne leur a pas permis de tout prendre.

« Voilà donc à quoi aboutissent les promesses et les protestations de messieurs les membres de la Commune, qui déclarent hautement que la probité est leur vertu dominante. »

On a beaucoup parlé des dangers qu'avaient couru Notre-Dame et l'Hôtel-Dieu lors de l'entrée des troupes dans Paris ; ces dangers ont été très-réels. Déjà le feu avait été mis à des amas de chaises ; les portes de l'Église avaient été fermées ; défense était faite de porter secours ; les flammes devaient nécessairement gagner les endroits où se trouvaient déposés de la poudre et du pétrole. Les internes de l'Hôtel-Dieu, les convalescents et quelques habitants, bravant la défense des fédérés, pénétrèrent dans l'église, renversèrent les chaises, éteignirent les commencements d'incendie, et sauvèrent ainsi le chef-d'œuvre que Victor Hugo admirait tant jadis. L'arrivée des troupes qui s'emparèrent de la cité fit disparaître tout danger.

Les renseignements positifs me permettent de dire que cette arrivée ne fut pas fortuite. Une Cour martiale siégeait au Luxembourg et prononçait sur le sort des individus qui étaient ou relâchés, ou envoyés à Versailles, ou enfin, en cas de faits graves bien établis, condamnés sommairement à mort. Un individu, condamné comme incendiaire, attendait le moment de l'exécution ; dans la même salle était un prêtre de Saint-Sulpice venu pour préparer à la mort les malheureux condamnés. Tout à coup l'individu s'approche du prêtre, lui demande l'heure et sur sa réponse lui dit qu'il n'y a pas de temps à perdre, si l'on veut sauver Notre-Dame. « Je suis, ajoute-t-il, un de ceux qui ont préparé l'incendie ; j'en éprouve des remords et comme je sais de source certaine qu'on doit mettre le feu à dix heures, je vous en préviens pour que vous avisiez. » Le prêtre va immédiatement trouver un des officiers qui étaient là ; des ordres sont envoyés ; les troupes s'emparent de la Cité, et Notre-Dame est sauvée. Quant au condamné, il avait été exécuté ; Dieu lui aura tenu compte de son repentir (1). Je tiens ce fait du prêtre lui-même.

(1) Les prêtres qui s'étaient constitués les aumôniers des fédérés condamnés par les cours martiales, et qui ont montré un dévouement au-dessus de tout éloge, n'étaient presque jamais repoussés par ces malheureux, dont la plupart sont morts en chrétiens et quelques-uns d'une manière édifiante.

Quant au trésor de Notre-Dame, la *Semaine religieuse de Fréjus* déclare tenir « d'une source très-sûre et très-honorable », que « tous les objets pillés à Notre-Dame ont été retrouvés au garde-meuble et restitués intégralement ; toutes les saintes reliques et reliquaires avaient été cachés. »

Pour éviter que tous ces pillages et toutes ces fermetures d'églises ne finissent par exaspérer la population, la Commune avait besoin de la monter contre le clergé ; on inventa les « quatorze cadavres de Saint-Laurent ». Ce fut le *Cri du peuple* de Jules Vallès qui lança l'affaire.

« On apprenait, dit-il, que des faits étranges se passaient dans l'église Saint-Laurent. Un officier d'état-major reçut la mission de s'y rendre et de les vérifier exactement.

« A son entrée dans l'église, il vit différents souterrains ouverts, et grand fut son étonnement quand il aperçut un espace de plus de vingt mètres cubes rempli d'ossements humains.

« Plus loin, quelques squelettes, remontant à une date plus récente, furent trouvés ; après une minutieuse perquisition on remarqua que ces cadavres appartenaient au sexe féminin. Un d'eux surtout avait encore une chevelure abondante d'un blond cendré.

« On se souvient qu'il y a environ dix années, une histoire de séquestration de personnes pesa sur le curé de Saint-Laurent ; un homme oublié et endormi dans l'église avait été réveillé par des gémissements.

« L'affaire, rapportée dans la presse, souleva l'indignation générale ; des rumeurs circulèrent, mais le parti clérical, aidé par les écrivains du trône et de l'autel, soudoya des médecins qui firent passer le spectateur de cette scène pour un halluciné.

« Il y a là un mystère qu'il faudra éclaircir, une série de crimes qu'il faudra dévoiler pour l'édification des timorés et la confusion des hypocrites et des gens de mauvaise foi qui blâment la mesure relative à la fermeture des églises. »

In cauda.... veritas. On était gêné par les gens qui blâmaient la fermeture des églises, et on lançait une infâme calomnie comme diversion.

La calomnie lancée, toutes les feuilles communeuses prirent feu, sauf le *Rappel* qui, à Saint-Laurent comme quelques jours plus tard à Notre-Dame des Victoires, ne vit jamais que des ossements provenant d'anciens cimetières. Un rapport fut publié par les soins de la mairie du Xe arrondissement ; il était signé Leroudier. L'auteur faisait parler aussi les prétendues victimes :

« Les prêtres, nos bourreaux impitoyables, après nous avoir attirées ici par force ou par ruse, après avoir assouvi sur nous leur brutale lubricité, se lassèrent bientôt ; alors il nous fallut faire place à de plus jeunes ou de plus belles ; puis, après les outrages d'une dernière orgie, nous fûmes endormies par l'effet d'un puissant narcotique, livrées sans résistance possible à ces monstres, qui nous dépouillèrent de nos vêtements et nous lièrent si fortement, que l'on peut voir encore la contraction des os les uns contre les autres. Au bout d'un certain temps, l'ivresse du narcotique s'étant dissipée, le sentiment de l'existence nous revint; des terreurs, des angoisses inexprimables nous saisirent; nous cherchâmes d'instinct à nous dégager des liens et de la terre qui nous oppressaient!

« Vains efforts, nos liens nous paralysaient; seule notre tête put se tordre sous la terre encore molle; nous essayâmes d'aspirer le peu d'air ambiant provenant d'un escalier et d'un soupirail; c'est pourquoi toutes nos têtes sont tournées vers ces issues, cherchant à boire le peu d'air s'infiltrant entre les interstices de la terre. Comprenez notre agonie, notre lutte contre l'étouffement produit par la terre emplissant notre bouche à chaque effort tenté pour respirer. Touchez nos mâchoires contorsionnées et horriblement ouvertes. Autant de cadavres, autant de martyres!... Flétrissez, maudissez nos bourreaux! Le crime impuni est là!... visible!... palpable!... écrasant! Soyez nos vengeurs! »

Et pour donner plus de force à cet appel à l'assassinat, ce rapport était illustré d'une épouvantable gravure!

L'auteur ajoutait que « la science calme et froide était venue constater que ces débris appartenaient tous à des infortunées enterrées depuis moins de dix ans. » Or, voici ce que constatait « la science calme et froide » d'un médecin peu suspect, le docteur Piorry, choisi par l'administration du Xe arrondissement:

« *Copie du rapport médico-légal de l'affaire dite de Saint-Laurent, envoyé le 13 mai* 1871.

« Je soussigné, professeur de la Faculté de médecine, médecin honoraire de l'Hôtel-Dieu, membre de l'Académie de médecine, etc., etc., déclare qu'en vertu d'une ordonnance de M. Moiré, juge d'instruction, en date du 6 mai dernier, j'ai été requis par M. Bloud, commissaire de police du quartier, X[e] arrondissement, à l'effet de me rendre à l'église Saint-Laurent, faubourg Saint-Martin.

« Il s'agissait de déterminer à quelle époque les squelettes qui viennent d'être découverts dans un caveau situé au-dessous du chœur de ladite église avaient été inhumés. Je me suis transporté ce matin à dix heures dans le lieu où ils avaient été déposés, et j'ai constaté les faits suivants :

« Dix-huit squelettes de femmes étaient couchés les uns près des autres sur le sol du caveau dont il s'agit; l'un d'eux était encore en partie couvert de terre. Les ossements étaient ceux de dix-huit femmes, la plupart fort âgées et ayant presque toutes perdu pendant leur vie plusieurs dents; un seul squelette les avait toutes conservées; les os étaient profondément altérés par un séjour prolongé dans la terre. Deux de ces restes de cadavres avaient appartenu à des femmes rachitiques.

« Toutes les parties molles étaient détruites, et la décomposition était si complète et avait si bien formé un terreau, qu'on ne sentait aucune odeur méphitique; du reste, un ou deux soupiraux ouverts sur la rue avaient suffi pour renouveler l'air du caveau.

« Il me parut impossible de déterminer positivement et précisément l'époque à laquelle l'enterrement de ces corps a eu lieu, mais à coup sûr il date d'un grand nombre d'années. Il ne peut s'agir ici d'un événement ou d'un crime récent, mais bien de l'ensevelissement de gens qui ont voulu être enterrés dans l'église Saint-Laurent et dans le caveau sépulcral dont il vient d'être fait mention. Il est à croire que cette sépulture a eu lieu du temps où il était d'usage d'être enseveli dans les églises et au temps aussi où les cadavres auxquels avaient appartenu d'innombrables ossements avaient été déposés dans les autres parties du monument, et ces ossements, en énormes proportions, ont été aussi retirés du sol de l'église, et forment par leur volume une masse considérable.

« Signé : PIORRY. »

Voilà ce que disait le 13 mai « la science calme et froide » du docteur Piorry, et cependant le 19 mai, le *Journal officiel* reproduisait le prétendu rapport dont j'ai cité plus haut un passage.

Malgré tout, la comédie de Saint-Laurent avait manqué ; on la reprit sur nouveaux frais à Notre-Dame des Victoires. Cette église devait être odieuse à la Commune parce qu'elle était en vénération chez les fidèles, et par ses riches offrandes tenter les avides communeux.

Ce fut le *Réveil du Peuple,* le propre journal de Delescluze, ce « diamant de la démocratie », qui attacha le grelot ; n'ayant pas son article, je cite celui de l'*Estafette,* qui lui emboîtait fidèlement le pas :

« Au pied de l'autel de la Vierge, on a trouvé un cercueil en chêne, où était enseveli un prêtre. D'après les renseignements donnés par le curé actuel, ce corps aurait été déposé là depuis dix ans.

« Dans un caveau, près du même autel, les travailleurs ont mis à jour plusieurs caisses d'argenterie et d'objets précieux. À côté de ces caisses est une tête de femme avec de longs cheveux blonds.

« Dans un autre caveau, on a découvert quatre cadavres de femmes dont l'ensevelissement est récent.

« A gauche de l'entrée de l'église, sous une chapelle latérale, est un petit caveau où les travailleurs ont trouvé deux bracelets de femme en or. Sur le mur de ce caveau on remarque l'empreinte d'un bras, orné d'un bracelet. Cette empreinte ne peut s'être produite que pendant une lutte, et alors que la peinture du caveau était fraîche.

« Dans toute l'église on sent une odeur cadavéreuse, qui fait présager de nouvelles découvertes.

« Quatre prêtres de Notre-Dame des Victoires ont été arrêtés. »

Cette calomnie servit à amener le pillage de Notre-Dame des Victoires ; c'était tout ce qu'on voulait.

M. l'abbé Giraudet, vicaire de Saint-Augustin, a raconté ce pillage auquel il a assisté ; je lui laisse la parole :

« C'est le matin de l'Ascension, sur les sept heures, que les fédérés se présentèrent au presbytère de Saint-Augustin, demandant le prêtre qui remplaçait M. le curé. Sur la réponse du concierge, que ce prêtre était à l'autel, ils cernèrent l'église, amenèrent une voiture jusqu'à la grille et firent irruption dans la chapelle de la Sainte-Vierge. J'étais à l'élévation, quand j'entendis une rumeur insolite, quelques cris de femmes, un commandement militaire, puis le bruit sourd d'une douzaine de crosses de fusil tombant lourdement sur le parquet. Je compris sans me retourner que j'étais pris au piége ; les précédents de la Commune ne pouvaient me laisser aucune illusion à cet égard. Je continuai sans me troubler le saint sacrifice de la messe, priant mentalement Notre-Seigneur de ne pas permettre que les saintes espèces fussent profanées ; je communiai au moins cent personnes et je terminai sans encombre au milieu d'un silence interrompu seulement par quelques sanglots.

« Quand je me retournai pour donner la sainte bénédiction, une couronne de baïonnettes aiguës et luisantes ceignait notre petite chapelle. J'avais depuis longtemps envisagé la possibilité d'une arrestation, et je m'étais promis à moi-même, pour ma dignité d'homme et ma conscience de prêtre, de protester contre toute violence. Je voulais aussi donner à ces hommes l'odieux de m'arrêter revêtu des ornements sacerdotaux. Je devais prêcher sur l'Ascension. J'élevai la voix : « Je demanderai aux citoyens gardes nationaux ici présents s'ils ont l'intention de me laisser achever l'office. » Un capitaine s'avança en faisant du geste un signe affirmatif. Je fis asseoir les fidèles, plus morts que vifs, à la vérité, et je commençai à parler. Au bout de cinq minutes, la patience des fédérés était à bout : l'un d'eux se fraya un passage jusqu'à l'autel et me croisant sa baïonnette sur ma poitrine : « En voilà assez ! cria-t-il » — « Mes frères, dis-je à mon tour d'une voix émue, je vous prends tous à témoin de la violence que je subis et contre laquelle je proteste de toute mon âme. » Puis je descendis de l'autel emportant le ciboire plein d'hosties consacrées. Les fédérés me suivirent. A la sacristie, j'enveloppai le ciboire dans un voile, puis je le confiai à un jeune homme de l'église pour le porter chez les religieuses gardes-malades, nos voisines. Tout cela fut fait si rapidement que les insurgés ne s'en aperçurent pas sur le moment. Ce ne fut que plus tard qu'ils apprirent qu'on avait sorti de l'Église un vase sacré et que les religieuses en étaient dépositaires. Mais les saintes espèces étaient en sûreté. Le lendemain, ils faisaient une descente chez les bonnes religieuses. « Vous avez, cachés ici, les calices de Saint-Augustin, dit brutalement le délégué à la supérieure ; il nous les faut. » La supérieure leur montre la maison en détail. Arrivés à la chapelle, elle ouvrit le tabernacle et, se plaçant en face : « Quant à ceci, dit-elle avec fermeté, c'est le bon Dieu et vous n'y toucherez pas ou vous me tuerez avant. » Ils hésitaient à savoir s'ils ne prendraient pas le ciboire en laissant les hosties ; mais, après conseil, il fut convenu qu'on reviendrait. La Providence ne leur en laissa pas le temps.

« A la sacristie je me fis montrer les pouvoirs du délégué. Tout était en règle. On fermait l'église par ordre du citoyen Le Moussu, commissaire extraordinaire du comité de salut public. Je demandai des explications. On me répondit que j'allais être satisfait, car on allait me conduire au citoyen Le Moussu. Le commissaire avait son quartier général à Notre-Dame des Victoires. Je fus placé en voiture à côté d'un capitaine agrémenté d'un revolver; un mien ami, le maître de chapelle de la paroisse, avait obtenu l'autorisation de m'accompagner. J'ignorais ce qui se passait à Notre-Dame des Victoires.

« Quand nous y arrivâmes, la place était encombrée d'insurgés. C'était le bataillon des Enfants-Perdus, les Vengeurs de Flourens et une compagnie du 159e de Belleville. L'agitation était à son comble. On apportait là des ossements qu'on montrait à la foule indignée. Treize *cadavres* (!!!) venaient d'être découverts dans un souterrain, grâce à la puissante intuition de Le Moussu. Un peigne en écaille, une *magnifique chevelure blonde* témoignait assez du sexe des victimes. Les treize cadavres étaient de jeunes femmes assassinées. Le citoyen Pothier, membre de la Commune, maire du IIe arrondissement, l'avait déclaré du haut de son infaillible écharpe rouge. Trois cents hommes étaient chargés de faire les perquisitions, c'est-à-dire pour parler franc, de piller l'église. C'était la rage et la désolation du vandalisme dans le lieu saint. Toutes les dalles étaient descellées et brisées; la tombe du saint fondateur de l'archiconfrérie était à découvert. On défonçait les tabernacles à coups de pied. On jetait les saints à terre, au vent les reliques. Des enfants de quinze ans à peine, revêtus des aubes et des chasubles, couraient les uns après les autres en chantant des refrains obscènes, parodiaient la liturgie et se jetaient des poignées d'hosties à la tête en criant: Tiens, communie-toi ! et cent mille horreurs qu'une plume sacerdotale se refuse à décrire. et tout cela avec accompagnement de libations, d'indigestions, etc. L'église était devenue un vrai cloaque. Un délégué *ad hoc*, son nom appartient à la postérité, le citoyen Roussel, le seul ami intime qu'on ait connu à Raoul Rigault, faisait décrocher les ex-voto, les lampes et les bronzes. Le tout était mis en tas, dans la sacristie où j'étais retenu, avec les soieries, les joyaux précieux et les vases sacrés, au fur et à mesure qu'on les trouvait. Le nombre de cœurs d'argent et d'or était surtout considérable. On découvrit aussi une cassette qui contenait pour plus de cent mille francs d'objets d'art finement travaillés ; c'étaient les belles couronnes de la statue miraculeuse, les joyaux offerts en actions de grâces depuis plus d'un demi-siècle par la piété des fidèles des deux mondes. Pour la Commune et les communards, tous ces objets étaient les dépouilles des malheureuses victimes trouvées dans l'église. Et le peuple croyait tout cela, comme il croyait aux cadavres, aux chausses-trapes et aux souterrains.

« Un exemple de l'effronterie criminelle des uns et de la sotte ignorance des autres donnera une idée du sentiment qui animait la foule pendant ces exécutions. Il y avait sous l'autel privilégié de Notre-Dame des Victoires, derrière un châssis de cristal, le corps recouvert de cire d'une jeune sainte tirée des catacombes de Rome ; c'était la pieuse offrande du Saint-Père à la vénérable chapelle de la Vierge. Les fédérés coupèrent la tête de la martyre, et après l'avoir fixée à la pointe d'une baïonnette, ils l'exposèrent au fond de l'église, en ayant soin de fermer les grilles du chœur pour qu'on ne pût approcher de trop près. Cette tête pâle et triste, encadrée d'épais cheveux blonds, était, dans la demi-obscurité, d'un effet saisissant. Voyez, criaient-ils alors au peuple qu'ils laissaient entrer librement. Voilà l'ouvrage des prêtres, de ces monstres que vous défendez encore. Voilà la dernière jeune fille qu'ils ont égorgée. Nous croirez-vous maintenant? — Eh bien oui, ma chère, disait une voisine à sa voisine, je ne l'aurais pas cru si on me l'avait dit, mais je l'ai vu, et j'y crois, c'était une jeune femme de vingt ans à peine, pâle et flétrie : elle avait *une magnifique chevelure blonde!* » Et nous sommes au dix-neuvième siècle! vraiment c'est à décréter avec M. Jules Simon : l'instruction obligatoire ou la mort.

« Nous étions cinq captifs, trois prêtres, mon ami, le maître de chapelle et un médecin, tous coupables, de près ou de loin, de servir un peu le bon Dieu. Je restai là douze mortelles heures, douze siècles, au milieu de ces forbans, cherchant partout, à défaut de la justice, un visage honnête.

« Pour l'honneur de la vérité, je dois dire que nous rencontrâmes un ou deux officiers polis, prévenants même, dont les manières urbaines et douces contrastaient singulièrement avec les fonctions de geôliers qu'ils remplissaient. Tous nos mouvements étaient surveillés. Comme nous nous attendions à chaque instant à être dirigés sur Mazas ou à la Conciergerie, nous nous étions donné l'absolution sous le regard inconscient de nos gardiens. Des citoyennes entraient de temps à autre dans notre cellule, on leur passait des anneaux aux doigts et on leur distribuait des présents. Une cantinière vint nous regarder effrontément sous le nez : « Tiens, dit-elle en éclatant de rire, des curés vivants ! »

« Le lendemain, la même cantinière se présentait chez un joaillier du Palais-Royal avec une croix en pierreries qu'on estimait 20,000 fr. (1). »

Le reste du récit de M. l'abbé Giraudet est consacré à sa délivrance, qu'il a due à un membre du Comité central.

Les marguilliers de Notre-Dame des Victoires ont publié une protestation, où se trouve le passage suivant relatif aux faits qui s'étaient passés la veille de l'Ascension.

« Le mercredi 17 mai, veille de l'Ascension, un commissaire de police, du nom de Le Moussu, qui s'est fait une triste célébrité par ses exécutions, envahit l'église à la tête du 159e bataillon de la garde nationale, appartenant au 20e arrondissement (quartier de Belleville), à cinq heures moins un quart, au moment où finissait l'exercice du Mois de Marie.

« Pendant qu'il expulsait brutalement, mais non sans peine, les fidèles restés dans la chapelle de la très-sainte Vierge, M. l'abbé Delacroix, sous-directeur de l'archiconfrérie, sauvait les saintes espèces qu'il emportait, escorté d'un marguillier, dans l'église de Saint-Roch.

(1) *L'Univers*, 5 juillet.

Le Moussu, après avoir mis en état d'arrestation deux vicaires de la paroisse, MM. les abbés du Çaurroy et Amodru, et deux membres du conseil de fabrique, ordonna le sac de l'église. Une rage vraiment infernale fut déployée dans cette orgie communeuse : les tabernacles furent arrachés, les autels démolis, les confessionnaux renversés, les dalles du temple brisées.

« Le corps de sainte Aurélie, qui reposait sous l'autel de la sainte Vierge, et celui du vénérable M. des Genettes, ancien curé de la paroisse et fondateur de l'archiconfrérie, inhumé au pied du même autel, furent profanés. Les caveaux renfermant les ossements desséchés des religieux augustins qui étaient morts dans cet ancien couvent furent violés. En même temps, on volait l'argent des troncs, on dépouillait l'église de tous ses ornements sans exception, on dévalisait les sacristies; la fureur de ces misérables ne s'arrêta que lorsque le sanctuaire ne présenta plus que l'aspect de la ruine.

« Alors commença une autre orgie non moins navrante. L'argent trouvé dans l'église avait été partagé entre ces héros de pillage. Il servit à payer les frais d'une ripaille à laquelle prirent part des cantinières et d'autres femmes de mœurs douteuses. Ces revenants de 93 se revêtirent des ornements sacerdotaux et simulèrent des cérémonies religieuses où l'odieux était mêlé au grotesque. La saturnale ne cessa que lorsque la fatigue et l'ivresse eurent couché les pillards sur le carreau. »

Je terminerai ce chapitre par un récit consolant; un club s'est tenu à Saint-Sulpice pendant les derniers jours de la Commune, mais les clubistes n'ont pas pu s'établir sans peine ; pendant trois jours les fidèles ont défendu leur église contre les profanateurs, et, s'ils ont fini par céder, c'est pour obéir aux invitations du vénérable curé, M. Hamon, qui appréhendait de voir de graves malheurs résulter de cette résistance.

Voici l'une des journées, telle qu'elle est racontée dans une lettre datée du 14 mai et adressée à l'*Univers* de Versailles :

« Lorsque nous entrâmes, M. X...., mes fils, un de leurs jeunes amis et votre servante, il y avait des groupes très-animés sur la place, et l'église éclairée était déjà pleine de monde. On n'y faisait pas de bruit. Les femmes en majorité et un assez grand nombre d'hommes, tête nue, remplissaient la nef. En avançant, je vis un citoyen à figure de pion, coiffé d'un chapeau tuyau de poêle, tournant le dos à l'autel, et qui essayait de haranguer d'une voix modérée les bonnes femmes qui l'entouraient. Georges lui ordonne d'ôter son chapeau. Le citoyen répond qu'il est chez lui. Georges jette le chapeau à terre. La citoyenne le replace sur la tête de son bonhomme. Un officier de la garde nationale accourt, menace Georges, dit au citoyen de garder son chapeau, et M. X. s'écrie d'une voix de tonnerre : Sortez d'ici, misérables! vous êtes chez nous. C'est nous, chrétiens, qui avons bâti cette église pour Dieu, et nous la défendrons ! Vive Dieu ! Vive la Sainte Vierge! Bravo! s'écrie la foule, Vive Dieu! Vive Marie! A bas la Commune!

« Toute l'église retentit d'exclamations. L'officier et

le špion deviennent tout pâles et se sauvent presqu'à quatre pattes, souffletés, houspillés, ramassant l'un son chapeau, l'autre son képi, et nous entonnons un formidable *Magnificat*. Si nous avions eu l'orgue, la victoire était à nous. Tout le monde chantait.

« Mais les deux battus étaient allés chercher du renfort, et à peine finissions-nous le *Gloria Patri*, qu'une troupe de gamins débraillés se mit à braire la *Marseillaise* derrière la chaire. Plusieurs même essayèrent d'y monter. Georges leur donna des coups de canne drus comme grêle. Ils essayaient en vain de parler ; on criait si fort : A bas ! à bas ! qu'ils ne pouvaient se faire entendre. Les demoiselles de la confrérie chantaient un cantique, les bonnes femmes deux ou trois autres, les messieurs le *Parce Domine*. C'était une cacophonie effroyable.

« Les gardes nationaux arrivèrent et menacèrent de leurs baïonnettes. On se moqua d'eux. Ils furent griffés, pincés, houspillés par les femmes. L'un d'eux, grand gaillard, monté sur deux chaises, criait comme un démon : A bas le Christ ! Une brave petite bretonne, que je connais. fit un signe à d'autres femmes : elles tirèrent les chaises, et le misérable tomba rudement, ce qui réjouit fort l'assistance.

« Le tumulte croissait. Mes garçons, placés dans le banc des marguilliers avec M. X..., faisaient un tel vacarme et étaient si remarqués, que M. X... voulut les emmener. Nous nous repliâmes en bon ordre tous les cinq, sous le nez des gardes nationaux.

« Peu après, ils firent quelques arrestations avec leur brutalité ordinaire. Ils déchirèrent les vêtements d'une femme, en traînèrent une autre par les cheveux, et, finalement, emmenèrent au poste quatre messieurs, que les femmes du marché firent relâcher quelques heures après, au petit jour. Enfin les lampes baissant, et tout le monde époumonné, chacun s'en alla. Quelques traces ignobles souillaient les marbres de la chapelle absidale. Il n'y eut point d'autres dégâts.

« Hier à quatre heures, au mois de Marie, notre bon curé a recommandé à ses paroissiens de se tenir tranquilles et de laisser le club s'installer. On a obéi, fort à contre-cœur. Le soir, tout au contraire de la veille, les clubistes tenaient la nef et y péroraient, tandis que les paroissiens, bien plus nombreux qu'eux, mais muets et tristes, erraient dans les bas-côtés. Je suis persuadé que si vendredi, au lieu de faire les exercices du mois de Marie à quatre heures, M. le curé nous avait tous convoqués à l'heure habituelle et nous eut donné l'orgue, nous serions restés maîtres de l'église. Vous ne pouvez vous imaginer avec quel élan le *Magnificat* fut chanté. Notre ami M. X... en est encore enroué. Il était furieux. Du reste, tout le monde l'était, et la colère et le mépris ne laissant aucune place à la peur, personne n'a faibli. La fatigue et l'obscurité seules ont dispersé les combattants. J'en suis encore à me demander comment on n'a pas arrêté mes compagnons. Assurément ils ont tout fait pour être mis au violon ; la chose eût été grave pour deux réfractaires. »

CHAPITRE DEUXIÈME

Les établissements religieux. — Animosité de la Commune. — Les maisons des Jésuites. — Liste des établissements perquisitionnés au 15 avril. — Les Petites Sœurs des pauvres du faubourg Saint Antoine. — Les dames Augustines. — Présence d'esprit d'une pauvre femme. — Les dames de Picpus. — Calomnies. — Deux protestations. — Article de M. Louis Veuillot. — Motifs de la haine contre la congrégation de Picpus. — Les hôpitaux, les orphelinats, les ouvroirs et les maisons de charité. — Les écoles. — Avis et arrêtés de la Commune. — Les écoles libres. — Calomnie officielle contre les frères et les sœurs. — Les élèves des frères de la rue de Fleurus. — Les religieuses de la maison du Bon-Pasteur, les péripéties de leur voyage le 22 mai.

La haine de la Commune contre les congrégations religieuses était encore plus grande que contre les paroisses. Les communeux n'ignoraient pas que les établissements religieux sont les postes avancés de l'Église et qu'on la frappe au cœur en les détruisant; ils connaissaient la puissance des préjugés et savaient que tous les excès leur seraient pardonnés, dès qu'ils auraient prononcé ce mot terrible, jésuites. Dès qu'il s'agit des jésuites ou de ceux qui sont réputés tels (et pour la populace, tout religieux et souvent même tout prêtre est jésuite), la crédulité publique est sans bornes; n'a-t-on pas trouvé récemment des personnes pour dire et croire que les jésuites avaient offert à M. Thiers de payer les cinq milliards d'indemnité de guerre, à condition que la France rétablirait le Pape dans ses États.

Ce fut, du reste, par les jésuites que commencèrent les perquisitions et les réquisitions dans les maisons religieuses. L'école de la rue Lhomond fut envahie le 3 dans la nuit, et la résidence de la rue de Sèvres le 5 dans la soirée ; des deux côtés le pillage fut consciencieux, et la cave et l'office furent surtout vidés avec un soin tout particulier. Seulement on s'étonna de ne pas trouver de millions chez ces jésuites si prodigieusement riches.

L'impulsion était donnée, elle ne s'arrêta pas ; après les jésuites, vinrent les autres congrégations religieuses, et le 15 avril les établissements déjà perquisitionnés et réquisitionnés étaient les suivants :

3 avril. Collége des Pères Jésuites, rue de Lhomond, 18.

4 — Couvent des Dominicains, rue Saint-Jean-de-Beauvais.

5 . — Maison des Pères Jésuites, rue de Sèvres, 35.
Maison des Lazaristes, rue de Sèvres, 90.

6 — Séminaire de Saint-Sulpice, place Saint-Sulpice.
Petites-Sœurs des pauvres, faubourg Saint-Antoine.

7 — Couvent des Pères Capucins, rue de la Santé.
École Bossuet, aux Carmes.
Couvent des dames Augustines, rue de la Santé.

8 — Petit séminaire d'Issy, maison de la Solitude.
10 — Institution de l'abbé Lévêque, rue du Buis, à Auteuil.
11 — Maison-mère des Frères des écoles chrétiennes, rue Oudinot, 27.
12 — Maison des Sœurs de charité des Ternes.
Maison des Sœurs de charité, faubourg Saint-Jacques.
Maison-mère des Pères de Picpus, rue Picpus.
Couvent des Dames blanches de l'Adoration, rue Picpus.
13 — Asile de la paroisse Saint Roch, passage Saint-Roch.
Maison des Sœurs de charité, rue Boutebrie.
Établissement de charité, rue de la Ville-l'Évêque.
14 — Couvent des dames du Sacré-Cœur, rue de Varennes.
15 — Couvent des Oiseaux, rue de Sèvres.
L'école des Frères du carré Saint-Martin, rue Montgolfier.
L'école des Frères du XXe arrondissement.

Ces établissements avaient été, en général, fort maltraités ; il y avait eu cependant des exceptions : ainsi au couvent des Oiseaux, au Sacré-Cœur de la rue de Varennes, on avait été convenable et on n'avait pas réquisitionné, il en avait été de même aux Lazaristes, mais dans d'autres maisons, et notamment chez les Capucins, il ne restait plus rien.

La visite faite aux Petites-Sœurs des pauvres du faubourg Saint-Antoine, commencée sous de terribles auspices, s'acheva très-bien.

« Tout au haut du faubourg Saint-Antoine, dit l'*Univers*, au moment où les vieillards se couchaient et où les Petites-Sœurs allaient prendre leur collation, un coup de feu retentit à la porte de la maison.

« C'est le signal, on le sait, par lequel ces sortes d'expéditions s'annoncent. Émoi de la petite communauté et terreur dans tout l'asile. On ouvre les portes ; une troupe de près de cent hommes se précipite avec fracas dans la maison. Ils sont menaçants, l'officier surtout paraît échauffé et terrible.

— « Fermez les portes, s'écrie-t-il, placez des factionnaires, et si une seule de ces femmes essaye de sortir, fusillez-la. »

« La supérieure de la maison, celle que dans l'usage de la petite famille on appelle la bonne mère, était présente. Le commandant, de ce ton dont il parlait à ses hommes, et qui n'admet pas de réplique, lui demanda à visiter la caisse.

« La bonne mère le conduit tranquillement à son tiroir, l'ouvre, et expose à ses yeux les trésors de la communauté.

« Je n'en sais pas le chiffre, mais ce chiffre étonna le capitaine : « Vous n'avez que cela ? dit-il, d'un air de défiance et d'interrogation. — Pas davantage, répondit la bonne mère, c'est tout ce que nous possédons : les Petites-Sœurs vivent au jour le jour, comme les oiseaux du ciel. Du reste, monsieur, vous pouvez chercher partout. »

« Il ne refuse pas; elle le conduit par la maison. C'était le soir, nous l'avons dit. Les vieillards étaient sur le point de se coucher, quelques-uns étaient déjà dans leurs lit. On entre dans le dortoir; notre capitaine y entend un concert auquel il ne s'attendait pas. Les prières et les supplications partent de tous côtés et se mêlent aux injures et aux malédictions.

« — Que voulez-vous faire à nos bonnes Petites-Sœurs ? c'est indigne, c'est une honte ; vous êtes des lâches ! Mon bon Monsieur, que deviendrons-nous si vous nous les enlevez ?

« Les bonnes femmes étaient furieuses, quelques bons hommes pleuraient. Le capitaine se sent troublé. Il tâche de rassurer tout ce pauvre monde.

« — N'ayez pas peur, bonnes gens, nous ne ferons aucun mal aux sœurs », leur dit-il. Il avance ainsi quelque temps ; mais plus il avance, plus il a à multiplier les promesses et plus il s'engage. Il s'arrête enfin.

« — Ma sœur, dit-il, vous n'avez pas fermé votre tiroir.

« — C'est vrai, monsieur, répond la bonne mère, mais je n'en ai pas l'habitude. Chez nous, vous savez, c'est bien inutile !

« — Du tout, du tout, reprend l'officier, il faut le fermer, cela vaut mieux ; je ne connais pas tous les gens qui sont là. » Il rebrousse chemin vivement, ferme le tiroir sans toucher au contenu, et remet la clef à la bonne mère. Il est ému et tout à fait radouci : il ne peut s'empêcher de dire :

« — Je ne savais pas ce que c'était que les Petites-Sœurs ; c'est bien beau ce que vous faites.... se dévouer ainsi à tous ces pauvres vieux !...

« En le voyant si bienveillant, une petite sœur des plus effrayées dans le principe, une sœur Simplicienne, comme il y en a dans toutes les communautés, se hasarde d'approcher et de dire : Monsieur l'officier, nous avons grand'peur. On nous a dit que les rouges voulaient venir chez nous faire des perquisitions. Vous serez assez bon pour nous protéger ! — Certainement, répond l'officier. Donnez-moi la main, ajoute-t-il en tendant la sienne, je vous promets que si quelqu'un veut vous tourmenter, il aura affaire à moi !

« Cependant la supérieure offrait à boire à la compagnie. Quelques gardes seulement acceptèrent. Le plus grand nombre refusa, et toute la troupe prit congé d'un tout autre air qu'elle n'était entrée.

« Je ne savais pas ce que c'était que les Petites-Sœurs ! » Combien d'autres de ces malheureux égarés l'ignorent aussi ! *Pater, dimitte illis....*

« Ils sont coupables sans doute ; mais les vrais misérables sont ceux qui leur persuadent que les communautés religieuses renferment des richesses et fomentent des complots. Ceux-là, Dieu peut toujours leur pardonner, mais la société leur doit demander un compte sévère de leurs perversités, sinon elle périra malgré tous les trésors de foi, de prière et de charité qu'elle renferme dans son sein et qui ont si vivement touché et transformé l'officier et les gardes nationaux dont nous parlons. »

Voici encore un récit sur ces premières perquisitions ; moins intéressant, il n'en montre pas moins, comme le précédent, qu'il y avait chez ces malheureux fédérés beaucoup d'ignorance et que tous les bons sentiments n'avaient pas disparu.

« Dans la rue de la Santé, à côté du couvent des Capucins qui a été visité et pillé par les gardes fédérés, se trouve un couvent de dames Augustines qui eut récemment le fâcheux honneur d'une semblable perquisition. La supérieure, qui est une femme de grand esprit et de rare énergie, sut en imposer aux gardes visiteurs par sa bonne grâce et sa dignité. Elle conduisit elle-même les réquisiteurs à travers la maison et, chemin faisant, elle parla si bien qu'elle décida la plupart d'entre eux à accepter des médailles. Ce n'était pas ce qu'ils étaient venus prendre.

« L'opération finie, le capitaine ne put s'empêcher de balbutier des excuses et tendit sa main à la supérieure comme pour réparer la brutalité de son invasion: « Volontiers, capitaine, dit la supérieure en souriant, mais je vous demanderai une autre grâce. Tous vos hommes ont pris les médailles que je leur ai offertes. Me refuserez-vous celle-ci? » Le capitaine hésitait ; mais, au bout d'un moment : « Après tout, dit-il brusquement, je suis catholique, moi. Donnez, ma sœur. »

« Et d'un geste rapide, il enleva la médaille, puis disparut. »

Dans les derniers jours de la lutte, le 24 mai, alors que les fédérés, se repliant devant les troupes, mettaient le feu partout, un petit garçon entend deux fédérés noirs de poudre parler de mettre le feu à une maison des Petites-Sœurs des pauvres qui était dans le voisinage. Il prévient sa mère, pauvre hôtelière chez qui ils s'étaient arrêtés pour boire.

« La pauvre mère se hâte d'aller à eux, elle les flatte, les plaint. Quel malheur! dit-elle. La Commune est perdue! Vous avez le droit pour vous, vous êtes des braves, et vous allez périr! — C'est vrai! disent ces hommes; mais nous ne mourrons pas sans vengeance. — Oui, répond-elle, je le sais; vous voulez mettre le feu au collége, qui est plein d'enfants innocents. Chez les Petites-Sœurs, où il y a deux cents vieillards malheureux? — Y avez-vous pensé? — Votre père et votre mère seront peut-être un jour recueillis par les Petites-Sœurs? — Avez-vous des enfants? — J'en ai cinq, dit un de ces hommes, et il se met à pleurer. — Eh bien, il faut vous échapper! — C'est impossible, nous sommes cernés, et tout le monde nous a vus sur la barricade.

« Promettez-moi de ne pas mettre le feu, donnez-moi vos armes et je vous gage que je vous sauverai.

« Ils se laissent persuader. Elle saisit les armes, les cartouches, jette tout dans les lieux et prenant les habits de son mari absent, déguise à la hâte les deux fédérés, et les cache avec soin. La nuit suivante, elle les fit évader.

« L'un d'eux est venu la remercier hier, chose méritoire, car il vient de loin. Vous m'avez épargné un crime et sauvé la vie, a-t-il dit. Je vous promets de vivre désormais en bon et honnête ouvrier.

« Les Petites-Sœurs ont su tout cela et me l'ont raconté. Leur bienfaitrice inconnue s'est fait recommander à leurs prières. Certes, elles ne lui manqueront pas.

Les Dames blanches de l'Adoration, appelées vulgairement les Dames de Picpus, ont été moins heureuses que les Petites-Sœurs des pauvres et les dames Augustines; non-seulement elles ont été pillées, mais elles ont été calomniées et emprisonnées. C'est bien l'un des épisodes les plus tristes du régime de la Commune.

La pièce avait été habilement montée; les Dames de Picpus gardaient dans un pavillon trois pauvres folles qu'elles soignaient; on en fit des victimes cloîtrées. Sous le pavillon était une cave; la cave défoncée fut présentée aux badauds comme le lieu où étaient enfermées les pauvres victimes. Des lits orthopédiques, employés jadis pour le traitement de la taille de quelques élèves, devinrent des instruments de torture. Des ossements furent trouvés, chose assez naturelle, dans un ancien cimetière. On y ajouta pour les besoins de la cause un souterrain communiquant avec le couvent des Pères de Picpus de l'autre côté de la rue, couvent que personne n'a retrouvé depuis, et d'autres accessoires.

Dans cette courageuse campagne contre des femmes sans défense, trois hommes se distinguèrent, Rochefort avec son *Mot d'ordre*, Pyat avec son *Vengeur*, Jules

Vallès avec son *Cri du Peuple*; ils eurent même pour auxiliaires les correspondants de certains journaux anglais qui, n'écoutant que leur haine de sectaires, se mirent de la partie. Malgré tous ces efforts, la vérité fut établie et se fit jour. Les anciennes élèves du couvent de Picpus protestèrent ainsi qu'un certain nombre de parents ; ils signèrent leur protestation, ce qui était un acte de courage, surtout pour les derniers, la Commune n'entendait pas qu'on se permît d'entraver ses petites manœuvres.

Voici ces deux protestations, je les reproduis quoiqu'elles aient été publiées dans tous les journaux, parce que ce sont des pièces décisives qui tranchent la question et à ce titre doivent rester :

« Les anciennes élèves du couvent de Picpus, présentes à Paris, protestent toutes contre les assertions calomnieuses émises par le *Mot d'ordre* et le *Cri du Peuple* sur les religieuses dites « les Dames blanches »; ces élèves sont prêtes à se porter témoins dans les informations de la justice.

« Nous affirmons que les sœurs Victoire, Bernardine et Stéphanie étaient attaquées d'aliénation mentale depuis nombre d'années, et que c'est par suite d'accès réitérés qu'elles ont dû être séparées du reste de la communauté et placées dans un pavillon aéré, chauffé et situé au milieu du jardin, où elles avaient un libre accès.

« Quant aux instruments supposés de torture trouvés entassés dans un grenier au dessus d'une chapelle dédiée à sainte Anne, nous les reconnaissons pour des lits orthopédiques, avec accessoires, sur lesquels ont été traitées nos compagnes affectées de déviations.

« Pour le petit berceau, trouvé dans le même grenier, ce n'est autre chose qu'un jouet d'enfant.

« Les ossements exhibés proviennent de la position de la propriété, située sur l'emplacement d'un ancien cimetière. A différentes époques déjà, après des fouilles motivées par la rectification de la chapelle et autres travaux, nous avons vu extraire des ossements. »

(Suivent les signatures.)

« Nous, pères de famille, qui connaissons à fond l'établissement des religieuses de Picpus, agirions aussi lâchement que les calomniateurs eux-mêmes si nous ne venions donner le démenti le plus formel et le plus catégorique aux infâmes allégations de deux hommes qui se font les persécuteurs acharnés de la morale et de la religion.

« Tout le monde sait que les ossements dont on parle tant, après avoir été exhumés du cimetière voisin de Picpus, ont été en partie déposés dans les caveaux du couvent, en attendant une destination définitive.

« Viennent ensuite les soi-disant instruments de torture auxquels une de nos jeunes filles même, qui se porte à ravir, a été soumise par suite d'une déviation de taille.

« Enfin les trois religieuses folles, dont nous ne parlerons pas aujourd'hui, les détails les plus exacts ayant été donnés sur elles par l'*Univers*.

« Quant à l'indigne petit volume trouvé dans une cellule, rien ne peut nous empêcher de supposer qu'il ait été déposé en arrivant par un de ces hommes à l'esprit infernal qui depuis quelque temps remplissent avec tant de zèle les fonctions de dénonciateurs.

« En attendant que justice se fasse sur tant d'infamies, nous protestons de toutes nos forces contre ces indignes mensonges, qui ne devraient trouver de crédit que parmi l'ignorance et l'immoralité. »

Mais il ne suffisait pas que la vérité fut établie; il fallait que les dames de Picpus fussent vengées, et que les calomniateurs fussent punis. M. Louis Veuillot s'en charge et dans un admirable article, il fit bonne justice des drôles de la Commune et glorifia les religieuses insultées. On relira certainement ces belles pages avec plaisir.

« Comme Pyat a senti le besoin d'un comité de salut public, Rochefort et Vallès ont senti le besoin d'une victime cloîtrée. En politique sociale, cette pièce n'est pas moins indispensable que les pinces, les poignards, les bons de la Commune et l'eau-de-vie. Cela saoûle, cela force les portes et cela tue.

« Il leur fallait donc une victime cloîtrée. Ils l'ont trouvée au couvent de Picpus, faubourg Saint-Antoine, récemment pillé. Même ils en ont trouvé trois. Trois pauvres folles que leurs sœurs gardaient pour ne pas les livrer aux maisons spéciales. Deux ont été mises à l'abri par la charité communeuse, très-honnêtement, dans une caserne. La troisième est restée au couvent envahi, sous l'égide des gardes nationaux et d'une « brave citoyenne », *mariée ou non*, qui la montre au peuple.

« Là-dessus, les gens de Rochefort et de Vallès rebâtissent l'histoire des crimes des couvents. Jamais elle ne fut rebâtie par des goujats plus ineptes. Les instruments de torture, les cachots, les souterrains pour aller du couvent des femmes au couvent des hommes, les ossements qui « doivent être » des ossements humains et des ossements d'enfants supprimés, ils y fourrent tout. Leurs imaginations sales, mais bêtes et stériles, n'ajoutent rien à ces accessoires anciennement connus.

« On imagine les déclamations de ces vertueux qui défroquent leurs sœurs de Saint-Lazare pour les faire maîtresses d'école et infirmières à la place de nos sœurs de charité. Entre Rochefort et Vallès, Vermorel finira par faire figure d'homme de bien.

« Rochefort a délégué un rédacteur « au crime et au mystère de Picpus ». Il n'a pas eu la main heureuse. Son choix est tombé sur un mascurat qui manque de génie jusqu'à n'être pas absolument sans conscience. Invité par « les honorables gardes nationaux » à visiter ce théâtre de crimes, il s'y est rendu avec sa boîte à couleurs. Il atteste qu'il a tout vu, et son tableau atteste qu'il n'y a rien à voir. En outre, il raconte comment une sœur, non folle et non intimidée, qu'il s'est permis d'interroger, a fortement mitigé son insolence naturelle.

« Il ne garantit pas les ossements ; il n'a pas vu « le « souterrain qui faisait communiquer le couvent avec « un établissement de religieux situé tout en face » ; il n'a pas vu « le traité des avortements trouvé chez la « supérieure ». Tout cela sont les dires des « honorables gardes nationaux ». Il les rapporte, il les croit ; il aimerait mieux passer pour *rural* que de ne pas les croire ; mais pourtant l'imbécile ne veut pas articuler ce qu'il a vu. Tu n'iras pas loin, galopin démocratique et social, si tu t'embarrasses de ce reste d'honneur ! Et enfin qu'as-tu vu ?

« Il a vu la sœur Bernardine, grande première victime cloîtrée ; il a vu les instruments de torture ; il a vu un berceau... « un très-petit berceau !!! »

« Quant à la sœur Bernardine, elle a cinquante ans. Elle se porte bien, mais « ses paupières boursoufflées » attestent de longues et horribles souffrances. Elle se plaint d'avoir été mal nourrie et bien battue. Elle parle peu. Lorsqu'on lui demande si elle n'a pas eu envie de se marier, elle baisse les yeux, et tout bas, tout bas elle murmure le nom du père Raphaël !... Ici notre galopin étouffe un soupir et dérobe un pleur.

« Quant aux instruments de torture, il en donne une description travaillée, destinée à faire frémir et qui a dû lui coûter gros Des sommiers étroits, déchirés, couverts de crochets et de courroies, une couronne de fer toute rouillée, un *carcan* étroit, un poids, une tringle de fer terminée en fourche, « évidemment destinée à assujettir le menton », un corset de fer, avec des courroies, d'autres tringles, un support « dans lequel on fixait probablement les pieds de la patiente », un tourniquet, etc., etc , et enfin « toutes ces horreurs » reléguées dans une

chapelle entourée « d'immenses terrains vagues, qu'au-
« cun cri, si poignant fût-il, n'a jamais pu franchir ! »
Le rochefortin se demande « à quoi les religieuses em-
« ployaient-elles cet attirail, qui rappelle *assez bien* ce
« qu'on a trouvé plus d'une fois à Rome *ou en Espa-*
« *gne,* dans les *caves* de l'Inquisition ? » Il répond que
peut-être l'enquête le dira. Mais en attendant, il propose
sa petite idée, fort digne de lui : « On *commence à com-*
« *prendre,* dit-il, quand on a vu près de l'un de ces
« sommiers un tout petit berceau qui n'a pu *évidem-*
« *ment* recevoir que des nouveaux-nés. »

« Ce qu'il y a d'abominablement plaisant, c'est que le
gredin n'ignore rien du tout, et il en convient. Ayant
rencontré l'une des sœurs prisonnières, il a eu l'impu-
dence de la questionner. Avec le dédain convenable,
très-sensible dans sa propre relation, elle lui a dit que
les sommiers étaient de vieux lits orthopédiques et que
le berceau servait à faire une représentation de Jésus
dans la crèche. Ensuite, quoiqu'il voulût continuer l'entretien, elle l'a planté là, suffisamment déconfit. Il traite
cette religieuse de Bismarck féminin. Le fait est qu'elle
l'a bismarcké. Mais il n'a pas voulu perdre sa description, et, comme on le voit, il se venge.

« Tels sont « les crimes et les mystères » du couvent
de Picpus, d'après les propres inventeurs. On y a trouvé,
en résumé, trois religieuses folles, deux vieux lits orthopédiques et une crèche. C'est d'ailleurs tout ce qu'il
faut à Paris, en ce moment, pour être pillé, volé, emprisonné, diffamé par la racaille à plume, déchiré par la

racaille à griffes et à dents. Rien ne peint mieux la Commune et les communeux.

« Ils se sont particulièrement rués sur cette congrégation de Picpus. Avant de piller les religieuses, il en avait pillé les religieux. Nulle part, ils n'ont montré autant de fureur, autant volé, commis autant de sacriléges. Dans l'église des religieux, ils ont mutilé une statue de la sainte Vierge, fusillé une statue de saint Pierre et une statue de saint Joseph, brisé les reliquaires, enlevé les ostensoirs et les vases sacrés. Dans les cellules ils ont coupé les bras des crucifix, décapité les images pieuses, brûlé papiers et livres. Ils ont arrêté tous les religieux, prêtres et frères, et les tiennent sous les verroux. Ils ont enfermé pendant deux jours dans un cachot le frère Lievin-Jacob, infirme. Ils ont mis le revolver sur la poitrine d'un autre (le frère Brunat) et l'ont sommé de jurer qu'il n'y a pas de Dieu. Le frère a dit tranquillement : Eh bien ! je jure qu'il y a un Dieu ! Et ils ne l'ont pas tué, — ils l'ont dit, — pour ne pas faire un martyr, calcul que le bon frère ne leur pardonne pas aisément. Quelques-uns de ces gens-là savent bien ce qu'ils font. A l'égard des religieuses, on voit ce qu'ils ajoutent. C'est tout à la fois plus savant, plus scélérat et plus lâche. Insulter des femmes et des vierges, et de cette façon, l'art ne saurait aller plus loin. Ce Paris, cette Commune et cette littérature sont pleins de ces artistes, tous consommés.

« Pour les catholiques, un mot expliquera cette préférence donnée à la congrégation de Picpus. Il est probable que les exécuteurs n'en connaissent pas la cause.

« La voici:

« La congrégation des Sacrés-Cœurs, dite de Picpus, a été fondée en 1794, dans le sang versé par la Terreur, encore chaud, on peut le dire. Elle naquit de ce sang, elle sortit des tabernacles brisés et des hosties profanées par les scélérats qui s'étaient targués d'anéantir la foi catholique. Elle leur attesta que Jésus-Christ vivait toujours, que l'Église était toujours féconde, que le sang des martyrs était toujours une semence de chrétiens, et qu'il n'y avait plus de terre stérile où ce sang était répandu.

« Joseph Coudrin, bon et saint prêtre de Poitiers, assisté d'une pieuse femme, établit la double congrégation, hommes et femmes, pour l'adoration perpétuelle et pour la réparation des ouvrages faits au Saint-Sacrement dans les tabernacles. C'est le but spécial. On y ajouta l'éducation et l'assistance des enfants pauvres, les missions dans les campagnes et les missions lointaines.

« En 1814, les deux congrégations vinrent s'établir à Picpus, près du lieu des exécutions révolutionnaires, sur le lieu même, sur le champ des martyrs où les victimes avaient été enterrées. Des personnes pieuses leur donnèrent une partie de ces terrains sanglants qu'elles avaient achetés, afin que la prière pour les morts, victimes et bourreaux, n'y cessât point. Les gens de la Commune viennent de violer ces cimetières ; ils les ont fouillés, ils ont ouvert et profané les caveaux, toujours pour y chercher des armes ; ils ont ajouté cela au reste ;

et les ossements qu'ils produisent appartiennent sans doute aux innocents que leurs « pères de 93 » ont assassinés.

« A travers diverses vicissitudes, généralement dures et cruelles, la Congrégation a néanmoins prospéré. Elle remplit son but. Les religieuses que Rochefort et Vallès insultent pour activer le débit languissant de leurs feuilles élevaient, et en grande partie nourrissaient et habillaient plus de trois cents petites filles pauvres de ce quartier au milieu duquel elles peuvent être assassinées en plein jour. Ses missions sont florissantes. Elle gouverne trois districts de l'Océanie, les îles Gambier, les Marquises et Honolulu. Elle y a porté la civilisation chrétienne à la place de la barbarie et de l'anthropophagie. L'évêque d'Honolulu et l'évêque des Marquises étaient au Concile. Ce sont deux fondateurs de peuples. Nous avons vu des lettres qu'ils recevaient de leurs diocésains dont les grands-pères et les pères étaient des sauvages.

« Mgr Maigret, vicaire apostolique d'Honolulu, a bâti des églises, fondé une langue, établi une imprimerie. Il nous a donné des livres, des cantiques, un journal qu'il a *composés* lui-même, de son esprit et de ses mains, dans son imprimerie d'Honolulu. Lui et son collègue ont trouvé parmi leurs sœurs des femmes assez généreuses pour se dévouer à ces missions d'où l'on ne revient guère. Elles y souffriront toutes les privations et tous les travaux de l'apostolat, mais elles n'y seront insultées que par les journaux protestants et francs-maçons qui vont traduire là-bas les infectes calomnies de la barbarie et de l'anthropophagie renaissantes chez nous.

« Les révolutions démocratiques et sociales sont faites pour détruire ces œuvres. Elles donnent aux Marat et aux Hébert le plaisir de « raccourcir » ces ouvriers de Dieu. Elles mettent les Théroigne sur l'autel de la Raison, et elles attachent au pilori l'honneur des vierges sacrées, en attendant qu'elles les égorgent.

« La religion grandit au milieu de tout cela et se relève plus brillante. Mais les sociétés qui le permettent se dégradent et meurent ignoblement jusqu'à ce que la justice les délivre par le glaive, et la liberté individuelle par le bâton. »

Les religieuses de Picpus n'en restèrent pas moins à Saint-Lazare, jusqu'à la chute de la Commune !

Les gens de la Commune n'étaient pas capables de se laisser arrêter par des considérations d'humanité. Les religieuses des hôpitaux, des orphelinats, des ouvroirs, des maisons de charité, furent frappées comme les autres. Peu importait aux citoyens qui trônaient à l'Hôtel-de-Ville que les malheureux souffrissent, que leurs propres blessés fussent mal soignés, les femmes et les enfants de leurs gardes nationaux mal ou même point secourus. Quelques administrateurs plus humains gardèrent les sœurs en leur faisant quitter leur croix et prendre une ceinture rouge ; l'un d'eux s'excusait même d'agir ainsi et disait qu'il avait la main forcée et que par prudence les sœurs devaient éviter tout ce qui pourrait exciter l'animosité des fédérés. La plupart des agents de la Commune obéirent avec empressement à ses ordres humains, quand ils ne les prévinrent pas. Le sauveur de la sœur Rosalie ne put pas protéger sa maison. Périssent les malades, périssent les pauvres, périssent les orphelins, mais que notre haine soit satisfaite !

C'est surtout contre les écoles congréganistes que les administrations communales déployèrent leur activité. Partout les frères et les sœurs furent chassés et souvent ils ne furent pas remplacés immédiatement. Quand on se rappelle, du reste, à quels hommes et surtout à quelles femmes était livré l'enseignement, on regarde comme favorisés les quartiers qui ont vu fermer leurs écoles. L'étude seule de cette question de l'enseignement demanderait un volume pour énumérer seulement les arrêtés et avis des administrations municipales et les mesures prises pour en procurer l'exécution. Je me bornerai à rappeler deux ou trois décrets importants.

La Commune avait supprimé les congrégations enseignantes et chassé les instituteurs congréganistes ; cela ne lui suffisait pas et le 12 mai le *Journal officiel* publiait la note suivante :

« Bientôt l'enseignement religieux aura disparu des écoles de Paris.

« Cependant dans beaucoup d'écoles reste sous forme de crucifix, madones et autres symboles, le souvenir de cet enseignement.

« Les instituteurs et les institutrices devront faire disparaître ces objets, dont la présence offense la liberté de conscience.

« Les objets de cet ordre, qui seront en métal précieux, seront inventoriés et envoyés à la Monnaie. »

Quelques jours plus tard une mesure décisive est prise.

« Sur la proposition de la délégation à l'enseignement,

« La Commune décide :

« Vu les nombreux avertissements donnés aux municipalités d'arrondissement de substituer partout à l'enseignement religieux l'enseignement laïque,

« Il sera dressé dans les quarante-huit heures un état des écoles tenues encore par les congréganistes; cet état sera publié chaque jour dans l'*Officiel* avec le nom des membres de la Commune délégués à la municipalité de l'arrondissement où les ordres de la Commune au sujet de l'établissement de l'enseignement exclusivement laïque n'auront pas été exécutés. »

Il va sans dire qu'il n'était fait aucune distinction entre les écoles communales et les écoles libres; les frères et les sœurs étaient expulsés de partout, et quand ils objectaient que leur école était libre, on leur répondait : « Nous avons la force »

Fidèle à ses habitants, la Commune n'a pas dédaigné de calomnier les humbles instituteurs qu'elle proscrivait.

« Les frères et les sœurs des Écoles chrétiennes, lit-on dans son *Journal officiel*, ont abandonné leur poste,

« Appel est fait à tous les instituteurs laïques, afin qu'ils aient à se présenter à la mairie, bureau du secrétariat général.

« Nous espérons que cette lacune sera bientôt comblée et que chacun reconnaîtra que jamais occasion plus solennelle ne nous a été offerte d'inaugurer plus définitivement l'instruction laïque, gratuite et obligatoire.

« L'ignorance et l'injustice font place désormais à la lumière et au droit !

« Vive la Commune ! Vive la République ! »

Tout le monde savait parfaitement à quoi s'en tenir sur cet « abandon » de leur poste, par les frères et les sœurs, mais on n'en mentait pas moins avec l'espérance qu'il en resterait toujours quelque chose.

Les frères des écoles chrétiennes, ces zélés instituteurs de l'enfance, ces brancardiers dévoués que tout le monde admirait pendant le siége, ont eu leurs maisons pillées et trente-deux frères arrêtés ; trois ont été relachés du 11 au 12 mai, les autres sont restés à Mazas jusqu'au 25 et quand ils sont sortis, le frère Néomède-Justin a été tué, un autre blessé et plusieurs ont été prisonniers des fédérés.

J'ai dû, dans ce court exposé, passer sous silence bien des faits intéressants, bien des traits édifiants, mais je tiens au moins à donner les deux récits suivants, l'un est relatif aux frères, l'autre à la maison du Bon-Pasteur, rue d'Enfer, 71.

« Ce matin, dimanche, entre sept et huit heures, lit-on dans l'*Univers*, un groupe de tout petits enfants était formé devant la porte de la maison des Frères (rue de Fleurus, la maison venait d'être fermée) : ces enfants se baissaient, se couchaient par terre, criaient, se relevaient pour se concerter entre eux, et de loin on ne savait à quel jeu ils s'appliquaient. En approchant, on reconnut que ces enfants appelaient les Frères : Cher Frère, criaient-ils sous la porte, cher Frère, nous entendez-vous? et le pauvre petit se retournait vers ses camarades : Il ne nous entend pas.

« Le désappointement était grand, mais n'entrainait pas de découragement. On recommençait : Cher Frère, cher Frère, ne nous entendez-vous pas? — Enfin l'un de ces petits obstinés se releva vivement : Il m'a entendu, il m'a entendu ! — Aussitôt tous se précipitèrent sur le pavé, ils passaient à l'envi les uns des autres leurs petites mains sous la porte : Cher Frère ! cher Frère ! c'est nous! Comment allez-vous ?...

« Un témoin de cette démonstration touchante ne put se retenir, et abordant la bande, il voulut la complimenter. Au premier mot tous les enfants se levèrent vivement et s'écartèrent de tous côtés comme une volée d'oiseaux. »

Les religieuses de Saint-Thomas de Villeneuve tiennent la maison du Bon-Pasteur, rue d'Enfer, 71. Deux fois, elles avaient reçu les visites des agents de la Commune et n'avaient pas eu trop à s'en plaindre. Le 22 mai, les gardes nationaux envahissent l'établissement et s'y installent en déclarant « qu'ils n'ont d'autre but que de garder les personnes de la maison et de se sauvegarder eux-mêmes, en se ménageant une retraite en cas de revers. » Ils tinrent mal cette promesse.

« Les religieuses et leurs chères filles, dit le P. F. P.,

auteur de ce récit et témoin sûr, ne trouvèrent bientôt plus d'asile nulle part : le combat s'engageait avec violence ; les projectiles pleuvaient abondamment ; impossible pour elles de s'évader par les jardins, les envahisseurs devenaient de plus en plus furieux et elles étaient tout à fait à leur merci ; ils les poussèrent dans la cave, où eux-mêmes cherchèrent à trouver un refuge.

« Mais l'armée libératrice avançait toujours ; bientôt il n'y eut plus d'espoir pour ces hommes de la Commune, ils se voient vaincus : ce fut le moment de leur plus atroce fureur. Avant de fuir, ils voulurent laisser les traces sinistres de leur passage : ils mettent le feu partout ; le pétrole leur vient en aide, un affreux incendie se déclare.

« Les religieuses et leurs filles sont encore dans la cave. — Elles brûleront avec nous, dit avec rage le chef de la bande.

« Le lieutenant, plus humain, s'y oppose ; une lutte s'engage, le commandant lève son sabre avec fureur, le lieutenant lui résiste. il a juré de sauver ces malheureuses filles, elle ne seront donc pas brûlées vives ; mais seulement cinq minutes leur sont laissées pour fuir.

« Elles sortent donc avec les religieuses par une brèche pratiquée dans le mur, car il était impossible de sortir par les portes ; les insurgés veulent aussi s'échapper par cette brèche, les vainqueurs de toutes parts les environnent, leur cause est désespérée ; ils n'en sont que plus furieux et plus acharnés contre leurs victimes ; mais le lieutenant vient à leur secours, il les accompagne et ne les délaissera pas qu'elles ne soient en sûreté.

« Voilà donc cent quarante filles et leurs mères spirituelles qui, frappées d'épouvante, s'en vont, à onze heures du soir, par l'avenue de l'Observatoire. Le canon retentit de tous côtés, l'incendie seul les éclaire ; souvent elles se heurtent contre les cadavres dont est jonché le chemin qu'elles parcourent, et ce qui augmente leur effroi, c'est qu'on leur dit que le quartier Saint-Jacques doit sauter, ainsi que le faubourg Saint-Germain, et tous les couvents doivent être brûlés.

« Où les conduit-on ? elles ne le savent point, elles ne peuvent le savoir ! Plusieurs d'entre elles étaient malades, les plus robustes de leurs compagnes les avaient arrachées de leur lit et les emportaient dans leurs bras. L'une de ces malades avait été administrée la semaine précédente. On les prit en pitié, ces pauvres malades, elles furent recueillies dans une maison de la rue d'Enfer, les autres poursuivaient leur marche à travers les barricades et au milieu des périls de cette lutte acharnée entre les combattants de la Commune et les soldats de l'armée libératrice.

« Ainsi elles arrivent jusqu'à l'église Saint-Jacques du Haut-Pas ; il fut question de les y enfermer ; on renonça à ce projet. Elles marchaient donc encore, entendant les accents de compassion et d'indignation des uns et ne pouvant se soustraire aux paroles injurieuses des autres ; on passe devant le Collége de France, on est bientôt au boulevard Saint-Michel.

« Sur la place Saint-André des Arts, de tous jeunes gens, qu'on pourrait appeler des gamins, travaillent avec la plus vive ardeur à construire des barricades. Voyant venir nos pauvres déshéritées, ils s'écrient : Voilà des citoyennes qui vont bien nous aider. En face la fontaine Saint-Michel, elles sont cernées et on les met en joue, mais le lieutenant qui s'est constitué leur gardien et leur protecteur se hâte d'accourir ; il entre en pourparlers avec les officiers chargés de tenir cette formidable position, il se concerte avec eux et l'on décide qu'elles seront conduites à la sûreté générale ou à l'Hôtel-de-Ville.

« A la sûreté générale ou préfecture de police, la vénérable mère supérieure se présente dans les bureaux. On lui répond en disant : « Qu'est-ce que c'est que ça ? Que veulent ces femmes ? Que signifie cet habit ? Sommes-nous en carnaval ? Elles disent que leur maison brûle ; eh bien, si elle brûle, qu'elles y retournent, elles iront plus vite au Ciel. Elles ne savent où aller, disent d'autres : Qu'elles aillent dans les bâtiments neufs ; elles y trouveront, comme nous ici, des obus et un cercueil. »

« En attendant, ces pauvres filles, plus mortes que vives, étaient dans la rue de Jérusalem, les gardes les entouraient et leur prodiguaient des témoignages de sympathie ou des expressions d'antipathie, selon le caractère et les habitudes de chacun.

« Leur protecteur ne les abandonnait pas. « Courage ! leur disait-il, suivez-moi, ne craignez rien. » Il les ramène sur la place Saint-Michel, là on dit qu'il faut les envoyer à la caserne qui est en face ; elle avait été évacuée le matin, mais il n'était question de rien moins que de la faire sauter le lendemain. Par bonheur quelqu'un, on ne sait qui, met en avant l'Hôtel-Dieu. Ce fut là le salut. Ce fut là la délivrance. Le directeur, quoique appartenant à la Commune, consent à les recevoir, les accueille avec humanité, leur parle avec bonté. La révérende mère prieure et les religieuses hospitalières de garde les embrassent toutes avec une affection maternelle. Les voilà donc enfin en présence d'âmes charitables et dévouées qui comprennent leur douloureuse position et qui sauront y apporter les soulagements nécessaires.

« On dit que le généreux lieutenant, revenu près des siens, a été fusillé par eux, parce qu'il s'était formellement opposé à ce que l'on incendiât l'hospice des Enfants-Trouvés, situé en face du Bon-Pasteur. »

Georges Darboy était né à Faye-Billot, chef-lieu de canton du diocèse de Langres. Il fit ses études au petit séminaire de Langres et passa de là au grand séminaire où il se fit remarquer parmi ses condisciples par son intelligence et par son jugement. Prêtre en 1866, il débuta comme vicaire à Saint-Dizier, mais il ne resta pas longtemps dans le ministère ; Mgr Parisis, bon juge en fait de mérite, le distingua et l'appela comme professeur au grand séminaire dès 1845.

Quelques années après, en 1845, M. l'abbé Georges Darboy vint à Paris ; il fut nommé l'année suivante deuxième aumônier du Collége Henri IV, où avaient passé des aumôniers comme M. l'abbé Lacordaire, Mgr de Salinis, Mgr Gerbet. En 1851, il devint premier aumônier et prit la direction du *Mémorial catholique*.

Mgr Sibour, allant à Rome en 1854 pour la proclamation du dogme de l'Immaculée-Conception, emmena avec lui M. l'abbé Georges Darboy qui fut nommé prélat romain. Lorsque Mgr Sibour fut assassiné par Verger, Mgr Darboy fut son exécuteur testamentaire. La confiance de Mgr Morlot, nouvel archevêque de Paris, en Mgr Darboy, ne fut pas moins grande que celle de son prédécesseur. Il le désigna en 1859 pour prêcher aux Tuileries, et la même année Mgr Darboy était appelé à l'évêché de Nancy.

A la mort de Mgr Morlot, dont il fut également l'exécuteur testamentaire, Mgr l'évêque de Nancy devint archevêque de Paris ; nommé le 10 janvier 1863, il prit possession le 21 avril.

L'histoire de l'épiscopat de Mgr Darboy est trop connue pour qu'il soit nécessaire de la faire ; je ne rappellerai qu'un fait ; opposant au Concile à la proclamation de l'infaillibilité, Mgr Darboy avait fait une adhésion complète. L'Église avait parlé.

Dès les premiers jours de la Commune, Mgr Darboy avait été prévenu par diverses personnes qu'il serait arrêté ; il n'en doutait pas et cependant il ne voulait pas quitter son poste ; il ne daigna même pas se coucher et attendit dans son palais archiépiscopal les délégués de la Commune.

On sait tout ce que Mgr Darboy a eu à souffrir dans sa captivité de près de deux mois ; sa santé était tellement ébranlée, qu'il fallut à Mazas le changer de cellule. Pendant cette longue captivité, sa patience et sa résignation ne se démentirent pas. « Mon cher docteur, disait-il un jour à M. de Beauvais qui lui donnait l'espoir d'une délivrance prochaine, pour moi, la vie est une surface plane ; elle n'a ni haut ni bas. » Il ne se faisait pas illusion sur le sort qui l'attendait, et le 12 avril, en exprimant à un correspondant du *Times* qui avait obtenu la permission de le voir, l'espoir de recevoir sa visite au palais archiépiscopal, il ajoutait, en montrant sa tête : « Pourvu qu'on permette à ceci de rester à sa place. » Son grand regret était de ne pouvoir comme Mgr Affre qu'il avait beaucoup connu, aller mourir sur une barricade pour arrêter l'effusion du sang.

Mgr Darboy avait fait de nombreux ouvrages, parmi lesquels se trouvent une *Vie de saint Thomas Becket*, archevêque martyr de Cantorbéry, et une *Traduction des Œuvres de saint Denis l'Aréopagite*, dont l'introduction est un morceau de critique historique remarquable.

« Né à Paris le 27 février 1804, Mgr Surat, dit la *Semaine religieuse* de Paris, après avoir fait ses études à la petite communauté, puis au séminaire de Saint-Sulpice, fut appelé à l'archevêché de Paris, où il remplit, de 1828 à 1840, les fonctions de secrétaire particulier de Mgr de Quélen.

« Les modestes fonctions réservées à l'abbé Surat sont

délicates en tout temps ; elles le furent surtout auprès de l'illustre prélat dont le nom évoque le souvenir d'une époque pénible pour l'archevêché de Paris. Mais les difficultés de plus d'un genre avec lesquelles, presque tous les jours, il se trouvait aux prises ne furent pas supérieures à l'intelligence et au grand cœur du jeune secrétaire. Il souffrait des épreuves dont se composait la vie de Mgr de Quélen ; mais il lui était agréable de les adoucir en multipliant les preuves de son affection et de son dévouement. L'histoire serait touchante et instructive à plus d'un titre de retracer pendant cette époque la vie de l'abbé Surat.

« Nommé chanoine honoraire dix mois après son entrée en fonction, et chanoine titulaire en 1838, M. Surat quitte l'archevêché à la mort de Mgr de Quélen et se borne pendant quelques années à remplir ses fonctions de chanoine titulaire. En 1844, Mgr Affre lui confie la paroisse de Notre-Dame en le revêtant de la dignité d'archiprêtre. Avec la charge pastorale un nouveau champ d'action s'offrait au zèle de l'abbé Surat.

« Il se livra à l'esprit du ministère paroissial avec une ardeur tempérée par la prudence, et avec une activité d'autant plus efficace qu'une grande modération la rendait plus constante et plus durable.

« Les archevêques de Paris en se succédant sur le siége de Mgr de Quélen semblaient hériter de son estime pour l'abbé Surat. Mgr Sibour lui demande ou plutôt contraint sa modestie d'accepter le titre de vicaire général et d'archidiacre de Saint-Denis. Nommé archidiacre de Sainte-Geneviève en 1850, il fut confirmé dans ces mêmes fonctions en 1857 par Mgr Morlot, et par Mgr Darboy en 1863. A la fin de cette même année, il succéda dans l'archidiaconé de Notre-Dame à M. l'abbé Buquet, nommé évêque de Parium et chanoine de Saint-Denis. En 1867, notre saint-père le pape Pie IX, pour honorer la carrière ecclésiastique de Mgr Surat, le nomma protonotaire apostolique *ad instar participantium*. »

Agé et malade, Mgr Surat souffrit beaucoup en prison ; mais il supporta ses souffrances en chrétien, en prêtre. « Tout à la sainte volonté de Dieu, qu'il soit béni de tout et de tous », écrivait-il de sa prison. Ce fut dans ces sentiments de résignation que la mort le frappa, au moment où la délivrance était si proche.

L'abbé Deguerry était né à Lyon en 1797 ; il était par conséquent âgé de soixante-quatorze ans.

Après avoir commencé ses études au séminaire de sa ville natale, il alla les terminer au collège de Villefranche où il fut ordonné prêtre, avec dispense d'âge, en 1820.

Pendant quatre ans, il professa la philosophie, la théologie, l'éloquence, et se livra ensuite à la prédication. En 1824, il prêchait à Lyon ; en 1825 et en 1826, à Paris, et l'année suivante il fut nommé par Charles X aumônier du 6e régiment de la garde royale. Il suivit son régiment jusqu'en 1830, à Orléans, à Rouen et à Paris.

En 1828, il prononça, à Orléans, l'éloge de Jeanne

d'Arc, qu'il devait vingt-huit ans plus tard faire de nouveau.

Après avoir repris exclusivement, de 1830 à 1839, le cours de ses prédications, M. Deguerry fit, en 1840, un voyage à Rome. A son retour, il devint successivement chanoine de Notre-Dame, archiprêtre en 1844, curé de Saint-Eustache en 1845, puis, en 1849, curé de la Madeleine.

Au mois de juin 1861, il fut appelé à l'évêché de Marseille, mais il n'accepta pas et fut remplacé par M. Cruice.

En 1868, il avait été chargé de l'éducation religieuse du prince impérial.

Décoré en mai 1846, il avait été fait officier de la Légion d'honneur en 1853, et commandeur le 8 mai 1868.

M. Deguerry a publié de nombreux ouvrages religieux.

Dans sa prison, M. l'abbé Deguerry s'est fait remarquer par son inaltérable fermeté et par son égalité d'humeur. « Pourquoi voulez-vous, répondait-il à ceux qui s'étonnaient de son calme, que j'éprouve du trouble à la pensée de la mort? Les missionnaires, et nous en avons au milieu de nous, ne partent-ils pas avec un cœur joyeux, malgré la presque certitude de succomber? Mourir comme eux serait un si grand honneur que je n'ose l'espérer. » Il disait encore : « Mourir à soixante-quatorze ans, il n'y a pas grand mérite, car à cet âge on a déjà un pied dans la tombe. Je voudrais avoir vingt-cinq ans pour faire un sacrifice en offrant ma vie. » Et à M. Plon, l'avocat qui venait le voir pour sa défense : « Mon cher ami, si je savais que mon sang fût utile à la religion, je me mettrais à genoux devant eux pour les prier de me fusiller. »

L'abbé Bécourt était de ce diocèse d'Arras si fécond en vocations sacerdotales. Depuis qu'il était attaché au diocèse de Paris, il avait été successivement vicaire à Saint-Séverin, curé de Dugny, de Puteaux et de Notre-Dame de Bonne-Nouvelle où il avait été appelé par Mgr Darboy il y a dix-huit mois.

Invité à fuir dans les premiers jours d'avril, M. l'abbé Bécourt s'y refusa et déclara qu'on le trouverait dans son presbytère si on voulait l'arrêter. Il y fut arrêté, en effet, le 11 avril.

On a trouvé dans sa prison quelques feuillets qui ont été communiqués à l'*Univers* et que ce journal s'est empressé de publier ; les voici avec les réflexions dont les avait fait précéder M. Louis Veuillot :

« On a bien voulu nous communiquer quelques feuillets trouvés à la Roquette dans la cellule de M. l'abbé Bécourt, curé de Bonne-Nouvelle. Ce sont ses dernières pensées et ses adieux. Les bourreaux, qu'il attend de minute en minute, ne paraissent pas, il se hâte d'ajouter un nom qui pourra toucher ou même servir quelqu'un. A ces souvenirs, il mêle des recommandations brèves, quelques avis, des expressions de son amour pour Dieu. Ce sont les pulsations de l'agonie d'un juste, doux et aimant, sévère à lui-même, plein de foi, craignant Dieu. Au moment de paraître devant le Juge éternel, il s'examine d'un regard inquiet, mais néanmoins confiant. Il va à la justice, mais aussi à la miséricorde. *Cor contritum et humiliatum non despicies.*

« Nous nous permettrons de donner quelques extraits de ce testament soudain, écrit sous le couteau. Dans sa simplicité et son désordre, il vaut la plus haute méditation sur la mort, et on ne l'estimera pas moins comme peinture vivante d'une âme chrétienne et sacerdotale. Nous indiquons ce document à tant d'hommes qui, avec plus ou moins de science et de conscience, se font les adversaires, nous ne voulons pas dire les diffamateurs du clergé.

« Voilà un pauvre prêtre que l'on va tuer. Il n'a rien à attendre des hommes qu'une mort cruelle et immédiate. Il n'espère du monde aucun secours, son humble mémoire n'a besoin d'aucune réparation. Désormais son unique affaire est avec Dieu. Il se confesse à Dieu. L'on ne peut imaginer des conditions de sincérité plus entières.

« Il a vécu cinquante-sept ans, il a été curé, il a gouverné en dernier lieu une grosse paroisse. Voyez de quoi il s'est mêlé dans le monde, ce qu'il a fait, ce qui l'inquiète au dernier moment, de quelle façon il reçoit cette cruelle et injuste mort. Il nomme tous ceux qu'il a connus pour les embrasser une dernière fois ; pas une parole et visiblement pas un mouvement de son cœur contre personne ; il tombe assassiné comme s'il mourait par accident et ne songe à ceux qui le précipitent que pour leur pardonner. Vous avez le prêtre.

« LOUIS VEUILLOT. »

« *Prison des condamnés, à la Roquette.*

« Jeudi 25 mai, 45ᵉ jour de détention, quelques moments avant ma mort.

« Je remets mon âme à Dieu.

« Je me mets sous la protection de Marie et Joseph.

« J'envoie à ma bonne mère mes dernières respectueuses et affectueuses salutations. — Un souvenir à mon cher père, mort en 1840.

« Adieu chère mère, bonne sœur et bon frère. Adieu Mgr d'Arras.

« Que Mgr d'Arras veuille bien les consoler.

. . . .

« J'ai désiré être curé de Paris; c'est l'occasion de ma mort : c'est un ancien pressentiment et peut-être une punition.

. . . .

« Adieu à Dugny (où il avait été curé), aux pauvres comme aux riches. Croyez tous à mon amour en Notre Seigneur Jésus-Christ. Adieu! Adieu!

. . . .

« Je demande pardon à Dieu;
« A ma mère de mes manquements,
« A mes frère et sœur de mes duretés,
« A mes parpissiens de mes défauts,
« A mes pénitents que j'ai mal dirigés.

. . . .

« Je demande pardon de certaines oppositions que l'amour-propre m'a fait faire à l'égard de deux curés, M. Hanicle et M. Barot.

« Je demande pardon à tous ceux que j'ai offensés et scandalisés.

« Je pardonne à tout le monde, sans le moindre mouvement d'animosité. A ceux qui, par imprudence, auront occasionné mon arrestation et ma mort.

« Au ciel, parents et amis, au ciel !

« Pardon, mon Dieu, pardon !

« Que ceux qui sont ennemis aujourd'hui, demain soient d'accord, et que Paris devienne une ville de frères qui s'aiment en Dieu.

« Tout à Dieu, tout pour Dieu.

« Que Dieu soit aimé, — que mes paroissiens croient à la parole d'un mourant.

« Je me prépare comme si j'allais monter à l'autel.

« Que l'on dise bien aux paroissiens et aux enfants que je meurs parce que j'ai voulu rester à mon devoir et sauver les âmes en ne quittant pas Paris.

« Que tout le monde prie pour moi.

« Dieu me recevra-t-il ?

« Je prie que l'on me recommande partout aux prières. Priez pour le malheureux curé de Bonne-Nouvelle, si pécheur en sa vie.

« *Au commencement de nos malheurs, au mois de septembre, je m'étais offert en victime pour Paris*. Dieu s'en est souvenu.

« Que *mon sang soit le dernier versé !*

« Mgr Daveluy, mon sous-diacre à ma première messe, a été martyrisé en Corée, en 1865.

« Je meurs dans la foi et l'union de la sainte Église.

« Que Dugny, que Puteaux se convertissent !

« Je pardonne, je pardonne avec Jésus-Christ en croix.

. . . .

« Je meurs à 57 ans et ….. jours.

« Si j'en avais profité…..

« Ce vendredi 26 mai,
6 heures et demie du soir.

« Je meurs dans l'amour de mon Dieu, avec soumission à sa volonté sainte.

« Confiant dans Marie.

« Nonobstant mes péchés.

« Mes parents, mes amis, mes paroissiens et même ceux qui ne me connaissent pas personnellement, priez pour moi.

« Je prierai pour vous si Dieu me met dans son saint paradis.

« Depuis deux jours, je fais mon sacrifice d'heure en heure.

« Heureux celui que la foi soutient dans ce terrible moment.

« Dieu veut toujours notre plus grand bien pour l'éternité.

« Il ne l'a pas voulu.

« Tout à sa volonté.

« Un de mes confrères ayant une sainte hostie, j'ai reçu la communion en viatique. »

M. l'abbé Jean-Marie Sabathier, était né en 1820, à Varagnes, diocèse de Saint-Flour. De bonne heure, il s'était senti la vocation sacerdotale, mais la pauvreté de sa famille ne permettait pas de lui donner l'instruction nécessaire. Il allait être obligé de renoncer à ses idées et se décidait à entrer chez les frères, lorsqu'un de ses parents qui était prêtre le prit avec lui et l'emmena à Paris pour lui faire faire ses études. Jean-Marie Sabathier les commença à l'âge de dix-neuf ans et les termina au grand séminaire de Beauvais En 1847, il fut ordonné prêtre par Mgr Gignoux, évêque de Beauvais.

Nommé immédiatement vicaire à Choisy-le-Roi, il y resta huit ans, jusqu'en 1855, où il fut appelé à Notre-Dame de Lorette, qu'il ne quitta pas depuis cette époque. Comme bien d'autres prêtres, M. l'abbé Sabathier fut invité à quitter Paris, il s'y refusa : « Nous resterons ensemble, disait-il à un de ses confrères, nous serons les témoins de Jésus-Christ, et si nous mourons, nous serons des martyrs. »

Lorsque les fédérés envahirent, le mardi 11 avril, l'église de Notre-Dame de Lorette, l'abbé Sabathier aurait probablement pu s'échapper, mais il pensa que si les envahisseurs ne trouvaient aucun prêtre, leur rage en serait accrue, et sa chère église aurait à souffrir davantage, et il resta.

Voici quelques détails sur l'état dans lequel fut retrouvé son corps :

« Le 3 juin, dit le *Figaro*, le docteur Levrat, appelé à constater le nombre et la nature des blessures reçues par l'abbé Sabathier, n'a pas compté moins de huit trous de balle. La mâchoire inférieure est brisée par trois coups de feu ; une balle a pénétré par l'œil gauche, elle est ressortie en brisant le crâne et projetant la cervelle. Deux coups de feu ont traversé la poitrine, et on voit deux trous de balle au milieu du ventre. Mais hélas ! les misérables qui l'ont frappé ne se sont pas contentés de simple assassinat ; en retirant la victime de la bière pour la transférer dans son dernier cercueil de plomb, on a constaté que les meurtriers s'étaient livrés sur le malheureux prêtre qui avait cessé de vivre à des brutalités inouïes. Ils l'ont frappé de la crosse des fusils et à coups de talon, et lui ont brisé les membres l'un après l'autre ; il leur semblait que le mort n'avait pas assez souffert, et ils se vengeaient par d'inutiles et horribles mutilations de sa courte agonie. »

L'ABBÉ PLANCHAT.

« Appartenant à une honorable famille de la magistrature, écrit M. l'abbé Taillandier, curé de Saint-Pierre de Chaillot, dans la courte notice qu'il a consacrée à M. l'abbé Planchat, M. l'abbé Planchat commença par se faire recevoir avocat. Mais dévoré du zèle du salut des âmes et brûlant de se vouer à l'apostolat de ses frères souffrants, il abandonna le monde pour entrer au séminaire Saint-Sulpice et fut ordonné prêtre en 1850, à l'âge de 28 ans.

« Il s'agrégea ensuite à la société naissante des Frères de Saint-Vincent de Paul, dont la maison-mère dirige l'orphelinat de Vaugirard ; et c'est là que pendant plus de vingt ans, menant la vie la plus humble, la plus mortifiée, la plus laborieuse, il se fit tout à tous pour gagner tous les cœurs à Jésus-Christ. Par sa courageuse persévérance, il sut communiquer une impulsion puissante à des œuvres apostoliques, qui, si elles eussent été plus multipliées autour de nous, eussent peut-être préservé Paris des horreurs et des désastres dont il vient d'être témoin. Vaugirard, Grenelle, Charonne, ont été successivement le théâtre de ses efforts infatigables pour combattre l'ignorance et le vice et faire pénétrer l'esprit chrétien dans notre population des faubourgs. Soin des orphelins, premières communions tardives, patronage des apprentis, retraites de jeunes gens, direction des saintes familles et des cercles ouvriers, telles étaient les œuvres qui occupaient tous ses instants, et pour lesquelles il savait solliciter et obtenir d'importantes ressources. Car s'occupant constamment des plus pauvres et des plus déshérités de la société, il avait besoin de frapper à bien des portes pour subvenir à d'immenses misères matérielles et morales, qu'il travaillait sans relâche à guérir.

« Pendant la durée du siége, il avait converti son patronage de Charonne en un cercle militaire, et nul ne pourrait dire le nombre considérable de gardes mobiles et de militaires de toutes armes qu'il a réconciliés avec Dieu et qui ont trouvé en lui un père et un ami.

« Qui eût jamais pensé que cet humble serviteur des petits et des pauvres, qui commençait par observer lui-même la plus stricte pauvreté, eût jamais pu faire ombrage à qui que ce soit et attirer sur lui les rigueurs des despotes sanguinaires entre les mains desquels Paris était tombé ?

« Sans doute, Dieu a voulu que pour le salut de plusieurs il exerçât pendant quelque temps, dans la prison, le zèle des âmes qui consumait son cœur ; il a voulu surtout que les chrétiens humbles et fervents, prêtres et laïques, qui sous la bannière de saint Vincent de Paul ont entrepris de se dévouer à régénérer les classes ouvrières et à les soustraire à l'influence délétère du matérialisme et de l'impiété, fussent encouragés et soutenus par la mort héroïque d'un de leurs frères les plus vaillants et les plus intrépides.

« La vie sacerdotale de l'abbé Planchat avait été toute d'abnégation et de dévouement. Elle est dignement couronnée par la palme du martyre, et sa mémoire demeurera en bénédiction parmi les nombreuses familles ouvrières dont il a été l'apôtre. »

L'ABBÉ ALLARD.

M. l'abbé Allard, qui fit partie des premières victimes, venait du champ de bataille au moment où il a été arrêté. Aumônier militaire, il continuait son œuvre de dévouement, et avait consacré la journée à soigner et à consoler les blessés.

« Il fallait que la haine du prêtre fût bien vive dans le cœur de ces forcenés, pour qu'ils en soient arrivés à arrêter l'abbé Allard : nous l'avons vu bien des fois dans le quartier Saint-Sulpice, et véritablement, tout dans son extérieur indiquait un homme d'action et de dévouement. Sa longue barbe annonçait le missionnaire qui oubliant tout, famille, amis, patrie, va dans les contrées lointaines se sacrifier pour le salut de ses frères : ses vêtements étaient toujours grossiers, et parfois tellement usés, qu'on lui aurait volontiers fait l'aumône pour l'aider à les remplacer. Il marchait dans les rues avec une précipitation peu ordinaire, ne s'occupant nullement de ce qui se passait autour de lui, et se hâtant de voler là où il y avait quelques bonnes œuvres à faire.

« Sa conduite pendant le siège avait été admirable ; aussi combien de nos pauvres soldats lui ont-ils dû, sur le champ de bataille, les premiers soins sans lesquels ils seraient peut-être morts avant d'être relevés ; combien y en a-t-il d'autres à qui il a ouvert les portes de l'éternité en les réconciliant avec Dieu ! »

L'ABBÉ HOUILLON.

M. l'abbé Houillon était missionnaire ; il appartenait à cette Congrégation des Missions étrangères qui depuis son origine, remontant au R. P. de Rhodes, ne cessa d'envoyer partout ses admirables missionnaires et qui a donné tant de martyrs à l'Église. M. l'abbé Houillon vient augmenter cette liste glorieuse.

Revenu de Chine à cause de sa santé, M. l'abbé Houillon, de même que son compagnon de captivité, M. l'abbé Perny, comptait y retourner prochainement.

Dieu en a décidé autrement ; il a accepté le sacrifice de sa vie que le dévoué missionnaire lui avait fait tant de fois. Dans sa prison, M. l'abbé Houillon, dont la santé n'était pas encore complétement remise, a beaucoup souffert et l'on a dû le mettre pendant quelques jours à l'infirmerie ; sa patience, sa résignation ne se sont pas démenties un seul instant.

« Il ne m'appartient pas, écrit M. l'abbé Perny, de dire la solide piété, l'esprit de zèle et d'abnégation de mon cher compagnon de captivité, M. Houillon. Il avait, j'en suis persuadé, l'intime conviction qu'il serait l'une des victimes de la Commune. Ce cher et vénéré confrère, originaire du diocèse de Saint-Dié, avait quarante-cinq ans environ. Il était de retour de la Chine depuis l'année dernière, pour rétablir sa santé gravement altérée. »

LES PÈRES JÉSUITES.

La Compagnie de Jésus a fourni cinq martyrs : les pères Decoudray, Clerc, Olivaint, Caubert et de Bengy.

Le premier était, depuis plusieurs années, recteur de l'école Sainte-Geneviève, rue Lhomond.

« Comblé des dons de l'intelligence et de la fortune, dit un de ses anciens élèves, M. d'Esclaires, ingénieur des mines, de bonne heure il avait sacrifié tous les avantages que le monde admire aux ardeurs de sa nature généreuse et croyante. Mais, en se dérobant au monde, il avait conservé ces grâces aimables et cette exquise affabilité qui révélaient en lui une âme d'élite. Investi jeune encore de la direction de l'école Sainte-

Geneviève il en remplissait avec un dévouement sans réserve les hautes et difficiles fonctions. Pénétré du besoin de se faire aimer il savait se donner tout à tous et tempérer la rigueur de la discipline par l'onction la plus paternelle et la plus gracieuse bienveillance. Nul ne résistait à l'attrait de ce prêtre qui joignait à toutes les autres vertus de la vie apostolique l'élévation du langage et de la pensée toutes les qualités qui sont l'apanage d'un grand caractère et qu'il excellait à semer dans les âmes, tant il en était la réelle et vivante personnification. »

Le R. P. Clerc, ancien officier de marine, avait renoncé à une carrière brillante pour entrer dans cette compagnie, que les indifférents mêmes poursuivent de leurs insultes et de leurs calomnies, en haine de l'Église. C'est le R. P. Clercq qui fut à la Roquette le confesseur de M. le président Bonjean; cet ancien adversaire des jésuites avait perdu ses préventions, dès qu'il avait vu de près ceux qu'il avait tant attaqués.

Le R. P. Caubert avait également renoncé pour entrer dans la Compagnie de Jésus à une position brillante, celle de sous-chef de bureau au ministère de la justice. Sa longue captivité n'altéra pas un seul instant sa gaîté et cependant il n'ignorait pas le sort qui l'attendait, lui qui disait à M. Rousse, venu pour lui offrir ses services : « Je dois être fusillé ; je veux être fusillé. »

Le R. P. Anatole de Bengy appartenait à une famille illustre du Berry, il avait été aumônier militaire en Crimée. Lorsque la guerre éclata entre la France et la

Prusse, il offrit de nouveau ses services qui furent acceptés et il assista à la bataille de Raucourt ; il revint à Paris avec le corps d'armée du général Vinoy et pendant tout le siége ne cessa de se consacrer avec un infatigable dévouement aux soldats et aux blessés. Lorsqu'il n'était pas aux tranchées, il passait son temps aux ambulances

Le R. P. de Bengy supporta sa longue captivité, sans que son courage en fut ébranlé ; le 9 mai, il écrivait qu'il n'avait éprouvé ni souffrances physiques ni défaillance morale.

« Le R. P. Olivaint, écrit M. Louis Veuillot, avait été maître des conférences à l'École normale, et l'un des élèves les plus distingués de cette institution, où il sut non-seulement conserver sa foi, mais la défendre et la répandre. Je l'ai connu en ce temps-là dans une petite société de jeunes gens qui s'était formée autour du vénérable M. Edouard Dumont, et dont faisait aussi partie Pierre Hernscheim, juif converti. Celui-ci, peu de temps après, est mort prêtre et frère prêcheur, laissant une mémoire bénie.

« Le 1er mai 1845, je rencontrai Olivaint. C'était quelques jours après le vote rendu par la Chambre des députés contre les jésuites, sur les interpellations de M. Thiers, qui, d'accord avec la gauche et pour tuer le temps, s'était amusé à provoquer la persécution. Olivaint avait l'air tout joyeux. Je lui demandai où il allait d'un pas si alègre. — « Aux jésuites, me dit-il. J'hésitais, je n'hésite plus. M. Thiers m'a indiqué mon chemin.

C'est par là que la persécution se dirige, c'est là qu'il faut aller. J'entre aujourd'hui. » Maintenant il est arrivé.

« Un quart d'heure avant son arrestation, il se promenait dans le cloître de la rue de Sèvres, disant son bréviaire. Un ennemi vint le prévenir de la prochaine visite des socialistes. Il répondit avec sa sérénité et son sourire ordinaires : « Je les attends. »

« Ils sont venus, ils l'ont emmené, ils lui ont donné la mort, et quelle mort ! Mais assurément, ils n'ont pas un moment réussi à troubler son âme, et tout son cœur leur a pardonné.

« Ami, frère, père, priez pour moi ! »

J'ai eu l'honneur d'être présenté au R. P. Olivaint le jour même de son arrestation, lorsqu'il attendait les fédérés. Il était aussi calme que s'il se fut trouvé en parfaite sécurité. « Qu'importe à un religieux, disait-il, d'être libre ou d'être dans une prison ; du moment qu'il est où l'appelle la volonté de Dieu, tout est bien. » J'admirais ce calme qui ne s'est pas un seul instant démenti et j'ai conservé une vive impression de cet entretien.

LES PÈRES DE PICPUS.

M. l'abbé Ignace Oursel, ancien élève des Pères de Picpus, a consacré les lignes suivantes aux quatre martyrs du 26 mai :

« Armand Radigue, né le 8 mai 1823 à Saint-Patrice du Désert (Orne), entra tout jeune au petit séminaire de Séez. A la fin de ses humanités, il entra au noviciat de

Picpus en 1843 et prononça ses vœux au commencement de 1845. Nommé à la fin d'octobre 1848, directeur au noviciat d'Issy, il y resta en cet qualité jusqu'en 1863 et fut délégué deux fois dans cette intervalle aux chapitres généraux de son ordre. En 1863, le chapitre général lui confia la charge de maître des novices, et, en 1868, celle de prieur de la maison principale où la révolution l'a pris à son poste.

« Polycarpe Tuffier, né le 16 mars 1807 au Malsieu (Lozère), élève et novice des Pères de Picpus dès l'âge de douze ans, prononça ses vœux en 1823. Tout jeune prêtre, chassé de Paris par la révolution de 1830, il fut nommé curé de Martainville (diosèce de Rouen) par son supérieur général, alors grand vicaire de Croy. Après dix ans de ministère laborieux et utile dans cette paroisse, il fut successivement aumônier de religieuses et supérieur du collége des Petits-Carmes à Cahors. En 1863, nommé procureur de la maison principale, il a rempli jusqu'à son arrestation cette charge. Il avait été délégué trois fois aux chapitres généraux de l'ordre.

« Marcellin Rouchouze frère ainé de l'ancien supérieur général qui a gouverné pendant quinze ans la congrégation avec tant de fermeté et de douceur, naquit le 14 décembre 1810, à Saint-Julien en Jarrest (Loire). Élève des Pères de Picpus, il entra au noviciat en 1834, et fit profession au commencement de 1837.

« Pendant près de trente ans, il se dévoua à l'éducation de la jeunesse, dans les colléges, comme professeur d'humanités et de philosophie, préfet d'étude et supérieur.

Délégué trois fois, durant ce temps, aux chapitres généraux, il fut appelé à Paris en 1865, pour y remplir la charge de secrétaire du supérieur général et de la congrégation où la Commune est venue le saisir.

« Frézal Tardieu naquit le 18 novembre 1814, à Chasseradez (Lozère). Novice en 1837, il prononça ses vœux en 1839. Nommé, en 1841, directeur au noviciat de Louvain, il fut élevé, en 1845, à la charge de supérieur ou maître des novices dans cette même maison, et y fut maintenu jusqu'à la fin de 1858. Il avait été délégué deux fois aux chapitres généraux. Depuis cette époque, il était conseiller du supérieur général et professeur de dogme à la maison-mère.

« Il faudrait de nombreuses pages, monsieur le rédacteur, pour décrire les vertus et les qualités imminentes de ces quatre pères. J'ai préféré laissé parler la confiance de leurs supérieurs, les charges importantes qu'ils ont remplies, les ministères qu'ils ont exercés, et leur mort éloquente, digne couronnement d'une si belle vie. C'est le plus beau des panégyriques.

« Prêtres saints et toujours dignes, que nous avons connus, estimés, aimés, vénérés, admirés, recevez ici un nouvel hommage de notre piété filiale, de notre éternelle reconnaissance, de notre juste admiration ! Obtenez à l'Église et aux ordres religieux des prêtres qui vous ressemblent ! »

L'ABBÉ SEIGNERET.

L'abbé Paul Seigneret avait vingt ans. Tous les

otages échappés au massacre parlent avec attendrissement de ce jeune homme, de sa candeur angélique, de sa piété, de sa résignation. On a publié quelques fragments des lettres qu'il écrivait de sa prison à M. l'abbé Sire ; il est impossible de les lire sans être ému :

« Vous pouvez être parfaitement tranquille sur notre compte, écrivait-il de Mazas le 16 mai ; ici les jours se succèdent pour nous comme de vrais jours de fête, sans langueur ni tristesse. Cet événement providentiel est destiné à répandre sur toute notre vie une sérénité sans tache. Nous en remercions Dieu du plus profond de notre cœur. L'avenir, de quelque façon qu'il nous arrive, se présente pour nous sous les apparences les plus heureuses.

« Je vis toute la journée plongé dans ma Bible, en présence de l'éternelle beauté qui, Dieu merci, m'a ravi pour jamais . . . .

. . . .

« Adieu, mon cher monsieur Sire ! Je chante le *Te Deum* tout le long du jour : vous voyez que je ne suis pas à plaindre. Hélas ! pendant que je vis si tranquille, il y en a des millions qui souffrent tant et de toute façon ! »

Et quelques jours après :

« Plus notre captivité se prolonge, plus nous sommes émus des témoignages sans nombre que nous y recevons ; nous ne sortirons d'ici que le cœur plein du plus profond amour des hommes.

« Vous avez vu sans doute dans les journaux les discours furibonds prononcés à l'Hôtel-de-Ville, après le renversement de la colonne Vendôme. Nos pauvres familles doivent être épouvantées ! Ce sont elles qui sont à plaindre, et non pas nous ! Pour nous, la Commune, sans qu'elle sans doute, nous a fait tressaillir d'espérance avec ses menaces. Serait-il donc possible qu'au début seulement de notre vie, Dieu nous tînt quittes du reste, et que nous fussions jugés dignes de lui rendre ce témoignage du sang, plus fécond que l'emploi de mille vies ? Heureux le jour où nous verrons ces choses, si jamais elles nous arrivent ! Je n'y puis penser que les larmes dans les yeux ! »

LES DOMINICAINS.

Des Dominicains massacrés aux Gobelins, quatre appartenaient au tiers-ordre enseignant, les père Captier, Cotvault, Delhorme et Chatagneret, ce dernier sous-diacre Ils s'étaient voués à l'enseignement avec un zèle au-dessus de tout éloge, et le nom seul du R. P. Captier rappelle de nombreuses luttes soutenues pour l'enseignement libre et chrétien.

« Seul le R. P. Bourard faisait partie du grand ordre; il était à Arcueil en qualité d'aumônier et servait, en quelque sorte, de lien entre les deux branches de l'ordre des Frères-Prêcheurs. Le P. Bourard était né à Paris; il achevait son droit et faisait son stage d'avocat, quand l'abbé Lacordaire songea à rétablir en France l'ordre de Saint-Dominique. Bourard résolut de s'associer à lui; toutefois, il ne faisait pas partie du premier groupe qui se rendit en Italie pour prendre l'habit et faire le noviciat avec le P. Lacordaire.

« Bourard ne partit que la seconde année et rejoignit les autres religieux à la Quercia, que le pape Grégoire XVI leur avait assignée pour résidence. Il était le dernier survivant des premiers compagnons du P. Lacordaire. Tous sont morts successivement en France, en Italie, dans les missions, victimes pour la plupart de leur zèle et de leur charité. Dès son entrée dans l'ordre, le P. Bourard se prit pour les doctrines de saint Thomas d'une admiration et d'un amour qui ne lui ont jamais fait défaut; toute sa vie a été consacrée à l'étude et à la diffusion de la philosophie thomiste. Outre les cours qu'il a professés dans plusieurs des couvents de son ordre, il a écrit quelques articles de journaux et de revues, et publié une traduction complète, très-fidèle, très-exacte, très-claire, du manuel philosophique de Goudin, l'un des plus remarquables de l'enseignement dominicain. (4 vol. in-8°, Poussielgue-Rusand.)

« Le P. Bourard n'était pas seulement un savant; c'était surtout un bon religieux et un excellent homme; on l'aurait cru un moine du moyen-âge transporté au dix-neuvième siècle; austère pour lui-même, il était facile et indulgent pour les autres, d'une gaieté perpétuelle et inaltérable, toujours prêt à s'imposer les fatigues et les démarches les plus pénibles pour rendre un service. C'était une de ces natures originales et sympathiques auxquelles on s'attache forcément dès les premières relations. Ceux qui l'ont connu regretteront amèrement ce religieux si bon, si simple, si dévoué ; leur seule consolation sera de penser, suivant les dernières paroles des nobles victimes : *Qu'ils ont souffert pour le bon Dieu.* »

Enfin, le 23 mai, deux jours avant sa mort, le séminariste écrivait encore ces lignes d'une étonnante sérénité :

« Nous sommes ici dans la prison des condamnés : j'en bénis Dieu de toute mon âme. Tout me réussit à souhait ; j'avais si souvent demandé que s'il devait arriver malheur à quelqu'un, ce fût à moi ! Il me semble déjà voir l'accomplissement de mon désir. Vous dire la fête où je suis serait chose difficile ; je récite le *Te Deum* du matin au soir ! »

Quand les corps des martyrs du 26 ont été retrouvés, le corps de M. l'abbé Seigneret était le plus reconnaissable, son visage avait conservé le même air de douceur, de modestie, que de son vivant; on aurait pu le croire endormi.

LE FRÈRE NÉOMÈDE-JUSTIN.

Le frère Néomède-Justin, Philippe Saguet, était né le 8 mai 1836 aux Hermaux, diocèse de Mende. Il entra au noviciat des frères des écoles chrétiennes au Puy. Envoyé à Paris après sa probation, il y fut pendant quatorze ans employé à l'instruction gratuite des enfants pauvres et s'y consacra pleinement. Pendant le siége de Paris, il était du nombre de ces frères brancardiers qui ont excité l'admiration générale.

A la paix, il retourna à son école d'Issy, mais la Commune ne lui permit pas d'y rester; il fut obligé de se retirer à l'orphelinat de Saint-Nicolas pour éviter d'être enrolé dans un bataillon fédéré. Il fallut bientôt évacuer l'orphelinat lui-même, et ces frères partirent avec un permis du commandant du fort d'Issy; mais ce permis ne les empêcha pas d'être arrêtés et conduits au dépôt de la préfecture, d'où ils furent, quelques jours après, transférés à Mazas.

Le 25 mai, les frères purent sortir et s'échapper, mais le frère Néomède-Justin moins heureux fut pris par les fédérés, et conduit par eux à la barricade du pont d'Austerlitz où il fut tué par un éclat d'obus.

FIN.

TABLE DES MATIÈRES

LIVRE PREMIER.

Les otages   5

LIVRE DEUXIÈME.

Les massacres 161

LIVRE TROISIÈME.

Les églises et les établissements religieux 297

www.ingramcontent.com/pod-product-compliance
Lightning Source LLC
Chambersburg PA
CBHW060553170426
43201CB00009B/760